校长 XIAOZHANG

主 办：上海教育出版社

编辑委员会

主　　任：吕德雄　王铁军

主　　编：周龙军

副 主 编：程晓樵　路庆良　孟维杰

编　　委：（以姓氏笔画为序）

王建磊　朱建人　汤　勇　李宝森　杨莎莎

陈　璇　陈卫东　周　峰　周鑫燚　赵丰平

夏建平　诸东涛　常红忠　童富勇

国内发行：

南京大圭文化传播有限公司

发行人员：

庞桂明　刘　宁　高向海

徐　林　胡　珏　荣　敏

投稿邮箱：

13151577810@163.com

3693448718@qq.com

图书在版编目（CIP）数据

校长.第三辑 / 周龙军主编.—上海：上海教育出
版社，2024.10.— ISBN 978-7-5720-3138-0

Ⅰ.G471.2

中国国家版本馆CIP数据核字第20244N2B13号

策划编辑　刘美文

责任编辑　李良子　曹书婧　余佳家

封面设计　陆　弦

校长　第三辑

周龙军　主编

出版发行　上海教育出版社有限公司

官　　网　www.seph.com.cn

地　　址　上海市闵行区号景路159弄C座

邮　　编　201101

印　　刷　南京璇坤彩色印刷有限公司

开　　本　890×1240　1/16　印张 12

字　　数　304 千字

版　　次　2024年10月第1版

印　　次　2024年10月第1次印刷

书　　号　ISBN 978-7-5720-3138-0/G·2779

定　　价　98.00 元

如发现质量问题，读者可向本社调换　电话：021-64373213

目　录

本期专题

1　我国个性化学习与教学研究现状综述　胡素梅

政策速递

6　中国义务教育阶段教学的新革命
　　——义务教育课程方案和课程标准（2022 年版）解读　赵胜男

领 导 力

12　论中小学校长领导力的关键组成
　　——基于国内外研究综述　赵光义

名校风范

17　构建"景德相生·乐创同长"的一方"池塘"　施妙衍
21　"乡"伴成长，让乡土文化浸润幼儿心田　孙筱娟　毛丽君
25　"曲中龙舞"校本课程建设的传承与创新　丁志云
29　依托汉字文化建设校园文化
　　——以"字在教育"育人体系为例　宋　凯
33　构建高中教育新样态：仪征中学六维实践探索　姚国平
37　美育综合实践课程建设
　　——以常熟市尚湖高级中学的实践探索为例　张治中　江　水

管理思绪

41　基于课程改革的初级中学教育教学管理浅谈　缪小建

45　以德为先，以爱为本

　　——幼儿园教师队伍建设思与行　康培珍

49　人文关怀理念下初中教学管理的实践与思考　卞书彦

53　涵福行动：塑造农村初中生劳动品格　何志刚

57　义务教育减负政策的执行困境与博弈分析　王　彪

61　积极心理学视域下中小学心理健康教育改革探析　董建干

65　普通高中学生发展指导体系研究　卢啸虎

69　文化管理："以人为本"的学校管理寻绎　许波建

教研天地

73　"醋"不及防，与你相遇——幼儿园营地课程研究　秦月娥

76　亲自然理念下幼儿创意美术的实践与研究　张紫娟　杨烨君

80　课程游戏化背景下的科学投放绘本的策略　许亚琴

84　园本化教研路径探索

　　——以七星湖幼儿园为例　仲玉萍

88　基于情境教育的特殊学生数学教学研究　陆灵俊

92　儿童无边界阅读支撑系统的建构与实施　袁干斌　蒯红良

96　乡村小学"绿色校园教育"课程的实施与思考　杨广宇　陈树华

100　基于张謇"知行并进"教育理念的小学课程建设方略　杭强圣

104　经典润童心　书香溢校园

　　——以东北塘中心幼儿园新经典诵读课程建构为例　黄　芳

108　创新作业管理，提升管理效能

　　——以江苏省大港中学为例　毛罕华　黄卫荣

112　立德树人视域下音乐教育探析　顾　蕾

116　创设情境化读写区促进小班幼儿的早期阅读　欧阳爱华

教海探航

120　以传统节日为载体的小学语文跨学科主题学习实践　曹　海

124　基于核心素养的小学语文阅读教学策略

　　——以班本特色阅读课程为例　蒋　源

128　小学数学单元作业设计策略探究　章跃亮

132 小学数学分层作业的实践与思考　钱露萍

136 有效追问在小学数学课堂中的应用案例和策略　马　晔

140 初中地理课堂借助"一例到底"培育家国情怀的探索与思考
　　——以"青藏地区自然特征与农业"为例　王心宇

144 "适合教育"思想下的初中物理跨学科模式构建探析　卢　凌

148 小说教学中次要人物的价值探析
　　——以《变色龙》为例　陈以军

152 "生长教育"理念下小学数学推理意识的培育路径　房　芸

156 高中数学"建模与探究"主线教学策略研究
　　——以"一类图形应用题"教学为例　杜志国

160 幼儿园劳动启蒙教育课程园本化的实践探索　赵小华　王黛智

教育技术

164 论信息技术在学生自主学习中的应用优势和策略　王景年

168 核心素养视域下信息技术在学校体育教学中的应用　张震义　王　萌

172 基于虚拟现实技术沉浸式创新实验服务教学的研究　戚正华　朱石明

176 数字资源体系贯通的策略与路径研究
　　——以四川省智慧教育平台建设为例　屈　亮

他山之石

180 零件博物馆融入 STEAM 教育，促进幼儿综合能力发展　苏萍娟

184 学习共同体：走向小学数学深度学习的重要路径　王德兵

我国个性化学习与教学研究现状综述

◎胡素梅

摘　　要　因材施教、个性化培养是世界各国关注的重点，也是中国教育的八大理念之一。本研究在厘清个性化学习与教学的概念和内涵的基础上，分析了个性化学习与教学的模式特征，系统梳理了支撑个性化学习与教学的服务技术的进展，包括学习者分析技术、个性化资源推荐技术、个性化学习路径规划、个性化学习系统与环境。本研究在深化个性化学习与教学理论认知的同时，从实践应用和技术层面出发，展现我国个性化学习与教学的研究现状。

关 键 词　个性化学习；个性化教学；研究现状

作者简介　胡素梅，江苏省沭阳县龙庙初级中学教师，一级教师。

近年来，世界各国尝试利用教育大数据推动教育创新改革，大数据技术正推动着教育领域发生更深层次的变革。美国《教学 2030》指出，教学生态将发生变化：认知科学和技术的进步使师生能够进行沉浸式个性化学习，教师将结合脑研究的新发现和前沿技术改善教学，基于学生的学习风格和需求定制个性化学习方案。我国印发了《中国教育现代化 2035》，提出的教育八大理念之一就是因材施教、个性化培养。由此可见，世界各国关注的重点都涉及学生学习的个性化。

个性化学习着眼于学生个性的养成和学习能力的提高，强调以学生学习为中心，尊重学生的学习需求、学习方式、兴趣、价值观等个性化学习特征，挖掘每一个学生的学习潜力，促进学生个性化学习目标的实现。过去受时代和技术所限，个性化学习仅仅停留在理论探索层面，如今大数据的出现极大地改变了人们的决策方式，教育大数据使学生主体可量化，个性化学习在大数据时代将迎来实质性进展。

一、个性化学习与教学概念界定

个性化学习与个性化教学是学习过程的两个视角，个性化教学概念的提出早于个性化学习概念。个性化教学是指教师以个性化的教为手段，满足学生个性化的学，并促进个体人格健康发展的教学活动，具有民主性、主体性、创造性及和谐性等特征。个性化教学强调的是教学中学生的自由，即在教学活动中学生以非强制的方式进行学习的状态，教师采用恰当的教学组织形式形成自由教学秩序，在这样的教学活动中学生是按照其自己的意图和计划行事，学生成为自己学习的主人。较早开始使用"个性化学习"概念的李广等对个性化学习进行了理论建构和特征分析，提出个性化学习的学习过程应是针对学生个性特点和发展潜能而采取恰当的方法、手段、内容、起点、进程、评价方式等，促使学生各方面获得充分自由和谐发展的过程。

个性化学习是技术与教育深度融合在高级阶段的表现形式。在技术的推动与辅助下，个性化学习从组织形式到实施成效以及评价手段都取得了飞跃发展。在互联网＋时代到来之前，有学者认为每个儿童的课堂学习都是个性化的历程，这种个性化体现在学生的认知过程中，和学习情感与社会关系上。随着互联网的发展，大数据成为个性化学习的强有力推手，数字化的学习环境中学习者、学习内容、学习资源、学习工具、学习环境等会产生丰富的过程性数据，这些数据为个性化学习与教学提供了高价值的研究基础，基于大数据学习分析技术的个性化学习成为教育学和认知科学的研究趋势。大数据学习分析对个性化学习中的教师、学生和教育管理者等利益相关者产生了积极影响。在"人工智能+"时代，个性化学习应以学习者为中心，以目标、过程和评价为导向。个性化学习首先要把握学习者的心智特征，并在此基础上为其全学习过程提供符合其个性需求的内容、活动、路径和评价，最终在学习目标上实现自我导向的有意义学习，在成长目标上培育自主发展的核心素养。

二、个性化学习与教学模式的特征

（一）以个体为出发点，目标驱动

个性化学习的首要条件是满足学生个体的需求。研究者提出了一种目标驱动的个性化学习模式，基于开发的计算机应用系统，由学习者提出明确的学习目标，以目标驱动为学习者创造各类必要的学习条件和阶段性目标，并提供支持促进进阶过程，系统注重个性化发展并具有目标明确、自主选择、过程清晰等特点，对学习者的学习积极性有很好的挖掘和促进作用。

个性化教学理念下，课程教学目标不再追求整齐划一的标准性，而遵从个体需求呈现更个性化的目标导向和价值追求。在此理念下，个性化教学有五种主要教学模式：集体指导补充模式、学习进度模式、学习起点模式、学习顺序模式、课题选择模式，这些模式从个体出发，充分考虑每一个学生的学习需求，关注学生的差异性，能更有效地促进学生的全面发展。

（二）充分利用网络平台和资源

互联网的发展使得利用网络实现师生、生生交互越来越方便快捷，利用互联网平台和资源有

助于构建个性化学习新模式。在互联网技术的支持下，学生可以根据自己学习的兴趣、计划、动机和需要等实际情况，自由选择针对不同学习路径的个性化学习资源；同时，互联网技术为学生的个性化学习与交流活动提供必要的学习支持包括导学支持和助学支持等，并通过学习评价和反馈帮助学生了解个人学习情况，及时调整学习行为，提高学习效率。

比如，在 MOOC 学习中，学习者在独特的学习情境下进行个性化学习，他们自主选择和定制个性化的课程，达到个性化的目标，能主动沉浸于课程内容及交互过程，并创造性地完成课程任务和进行反思。同样，开放教育领域的教学过程更依赖网络。个性化教学呈现教学内容层次性设计、教学目标弹性化及伸缩性、教学策略多样化、教学评价多元化等特点，能针对学习者需求和特征，更好地提升个性化教与学效果。

（三）课堂类型多样化

在基础教育领域，学习的主要场所依然是课堂，实现个性化学习势必要转变课堂，转变整齐划一的班级授课模式，实现课堂类型多样化。丁念金等秉持每个学生都是独特的宗旨，深入探讨了个性化学习多方面的价值，设计了基于个性化学习的多种课堂类型，有常规课、讲座课、自由学习课、展示交流课。这些课堂模式成效显著，有较高的实践意义和推广价值。将个别教学、小组教学、集体教学有机结合起来，既能实现从学生需求出发的独立自主的学，又能通过小组合作交流，共享差异，同时使集体教学中师生交流更高效。其中，小组学习在个别学习和集体学习之间起着重要的中介载体作用。小组学习又可划分为交流分享型、分工协作型、帮助扶持型、互评互促型，不同的类型适用于不同的学习场景，有不同的条件要求和学习流程。

（四）教学理论创新指引教学模式创新

教学理论创新引导着个性化教学模式的变

革与创新。新建构主义强调情境、协作、会话、知识创新、意义建构，采用"零存整取"式的学习策略。利用信息技术手段，依托网络环境，创作碎片化知识存入网络并反复迭代，进行个性化改写，实现化零为整、知识创新的目标。以新建构主义理论为基础，通过学习者特征分析、学习环境、学习资源与工具、学习活动和学习评价等五个方面对大学生个性化学习的教学设计进行研究，可以得出五种典型的个性化学习的教学模式：基于移动终端的个性化学习教学模式、基于个人学习环境或空间的个性化学习教学模式、基于智慧课堂的个性化学习教学模式、基于MOOCs的个性化学习教学模式和基于个性化学习平台的个性化学习教学模式。实践案例证明，这些模式能有效促进个性化创新学习。

三、个性化学习服务与技术支持

互联网的发展、教育大数据的产生、人工智能技术的普及都为个性化学习与教学提供了更为精准的支持服务。个性化学习的服务与技术支持可概括为以下三个方面：

（一）学习者分析

作为个性化学习的主体，学习者是研究的重点和焦点。随着技术的发展，对学习者的分析呈现出精细化、智能化的特征。

1. 学习风格测量

不同学习风格类型的学生对学习资源、环境和学习策略有不同的偏好，这对个性化学习效果有显著影响，也促使研究者设计各类测量方法来判定学习者的学习风格并匹配适合的学习策略、学习资源，提供更有针对性的学习服务。

2. 学习需求分析

对学习者的分析最核心的部分是学习需求分析。如，牟智佳等人从系统动力学视角，对学习者各方面学习情况变化状况和其主要因素进行模拟仿真分析，发现内容难度和评价标准是个性化学习需求变化的主要因素，内容难度需求与学习者知识总量高度正相关，学习兴趣需求则与评价标准高度正相关，且不同课程中，这种正相关现象有所不同。

3. 学习行为分析

个性化学习支持服务的研究同样起源于远程教育领域，分析在线学习行为以提供个性化资源推荐是大数据时代来临之前的主要研究热点。随着用户线下学习行为的可测量数据增多，教育大数据日益丰富，学习分析从线上延伸到了线下，行为分析也从在线数据延伸到了课堂，深入分析学习者的日常学习行为。

4. 学习者建模

学习者建模即利用相关建模理论，基于大量用户基础和行为数据，借助计算算法和人工智能技术，获取学习者的学习特征数据，分析学习者的特征要素，形成个性化学习特征数据集，即学习者模型。例如，CELTS-11学习者模型规范是中国远程教育领域专为学习者制定的符合中国教育实际情况的规范，从八个方面规范描述了学习者的信息：个人信息、学业信息、管理信息、关系信息、安全信息、偏好信息、绩效信息和作品信息。

5. 用户画像

人工智能、大数据技术的发展及其在校园中的普及，促进了智慧校园的发展，催生了教育大数据。用户画像即通过深入挖掘学习者相关的各类数据信息如个人基本信息、学习兴趣、学习风格、资源偏好以及互动情况和兴趣变化等情况，得到一个标签化的用户特征模型。通过深入挖掘学习者在各个平台的基本信息、学习内容、学习进展、学习日志等相关数据，可将非结构化数据和半结构化数据进行识别转化，形成结构化数据，从个性化学习需求角度深入细致地刻画学生群体，为提供个性化学习服务奠定决策基础。

（二）基于学习分析的支持服务

1. 个性化资源推荐

随着开放资源的日益增多，从大量学习资源中快速提取有用的资源，实现资源个性化推荐，是学习者最需要的学习支持服务。早期，资源发布与共享的系统能自动跟踪并记录学习者需求和评价数据，形成学习者特征数据，并基于元数据标准描述资源特征，采用适当的匹配算法计算学习者特征数据与资源描述数据的关联，按照计算结果为学习者推荐配送适当的资源。

教育大数据的发展使个性化资源推荐有了充足的数据支撑。基于教育大数据，运用人工智能技术对试题进行特征提取表达，建立试题与知识关联网络等，可设计实现试题推荐系统，辅助学生课外自学。在此基础上，基于学生学习情况的个性化学习推荐模型 LS-PLRM，比试题推荐系统更为全面，该模型基于协同过滤算法，利用学习情况检测结果改进推荐算法，对学习者的知识基础进行分析，建立知识地图，计算知识点相关度，计算学习者的学习进展及其对各知识点掌握程度，并计算知识点推荐度，根据计算结果生成个性化学习方案。

2. 个性化学习路径规划

要向个性化学习者提供更有效的学习支持，激发和保持学习兴趣，提升学习效果，仅向学习者推荐资源是不够的，更需要基于学习资源和学习者分析，提供精准的个性化学习路径规划。

学习路径规划即基于学习者大数据分析结果，向学习者提供有机的学习活动序列，指引学习者进行更有效的个性化学习。在路径推荐算法研究过程中，学习者群体的局部相似性学习群体行为数据价值凸显。姜强等人基于 AprioriAll 算法，对学习者群体进行学习行为轨迹挖掘，分析相似偏好和相近知识水平的学习者的群体特征，与学习资源的媒体及内容难度等属性进行匹配计算，用以向学习者提供更为个性化学习路径推

荐。基于多种智能算法的个性化学习路径推荐模型，能够分析用户个体化差异，基于神经网络分类和蚁群优化路径推荐等算法，结合协同过滤推荐算法，对学习者在线学习过程进行动态调控和引导。基于学习画像的精准个性化学习路径生成性推荐模型，更契合学习过程中学习者水平动态变化的特性，提高了推荐的精准性。

（三）个性化学习系统与环境

个性化学习作为以学习者为绝对主体的学习模式，其学习活动具有空间分离和相对独立的特征。随着技术的发展，研究者设计开发了多种个性化学习系统和环境。早期，人们期望设计独立的学习系统模型来支持个性化学习，此时的个性化学习模型系统一般由用户接口、个性化处理引擎、个性化学习资源库、管理员端口和用户库组成。学生通过用户接口选择课程学习，系统通过学习工具教学资料库提供个性化资料，整个学习过程在用户接口与处理引擎之间循环。智慧学习背景下，研究者通过数据动态采集、精确学习分析和可视化反馈构建基础教育个性化学习平台。基础教育领域中课堂教学是主题，在课堂中使用个性化学习平台，学生需要在教师引导下进行分层分组的群组个性化学习，而在课外自主学习环境下可采用智能学伴促进个性化学习。人工智能技术的发展促进了人机交互智能化，研究者将人机交互智能化阶段的学习空间称为个性化学习空间。个性化学习空间的核心是利用个性化学习引擎向学习者提供个性化学习支持服务。大数据时代的来临引发了教学方式的重大变革，基于大数据分析技术的自适应学习平台个性化学习成为教育技术新范式。

四、结语

技术的革新和个性化需求的日益突出促使学校教育的组织形式和管理模式产生重大变革，同质化教育必然向更高效、更个性化的教育转型。

目前，个性化学习和教学理论逐渐丰富，教育者和研究者越来越注重学生的个性化发展。个性化教学应用研究更多关注线上学习行为，对线下学习过程关注较少。这与传统教学过程更难监控、数据难以获取直接相关。此外，基于大数据的学习分析技术提高了学习模型的丰富性，但是基础教育领域的学习模型构建及应用有待增强。随着智慧校园的普及，以人工智能技术为代表的新兴信息技术发展，学生的课堂行为、学习投入状况、学业水平状况等数据将得到进一步的挖掘和分析，从而助力个性化教学在学校教学中落地。

参考文献：

[1] 李广，姜英杰.个性化学习的理论建构与特征分析[J].东北师大学报，2005（03）：152-156.

[2] 夏雪梅.理解与评估个性化学习：课堂观察视角[J].中国教育学刊，2013（03）：35-38.

[3] 牟智佳."人工智能+"时代的个性化学习理论重思与开解[J].远程教育杂志，2017，35（03）：22-30.

[4] 郑云翔.信息技术支持下目标驱动的个性化学习模式[J].电化教育研究，2010（07）：89-92.

[5] 王庭波，刘艳平.个性化教学模式的实践探索[J].课程·教材·教法，2011，31（08）：24-29.

[6] 郭延兵.现代远程开放教育个性化教学的特点[J].电化教育研究，2011（07）：73-77.

[7] 丁念金.基于个性化学习的课堂转变[J].课程·教材·教法，2013，33（08）：42-46.

[8] 刘艳平，艾庆华，王猛.个性化教学组织形式中的小组学习类型[J].中国教育学刊，2014（07）：48-53.

[9] 王竹立.新建构主义：网络时代的学习理论.远程教育杂志.2011（02）：11-18.

[10] 郑云翔.新建构主义视角下大学生个性化学习的教学模式探究[J].远程教育杂志，2015，33（04）：48-58.

[11] 牟智佳，王卫斌，李雨婷，严大虎.MOOCs环境下个性化学习需求预测建模与仿真——系统动力学的视角[J].电化教育研究，2018，39（11）：29-37.

[12] 孙力，张婷.网络教育中个性化学习者模型的设计与分析[J].远程教育杂志，2017，35（03）：93-101.

[13] 刘海鸥，刘旭，姚苏梅，王妍妍.基于大数据深度画像的个性化学习精准服务研究[J].图书馆学研究，2019（15）：68-74.

[14] 王冬青.远程教育个性化学习支持服务研究[J].中国远程教育，2008（08）：38-42，79-80.

[15] 刘淇，丁鹏，黄小青，董晶晶.基于试题网络的个性化学习推荐系统研究[J].现代教育技术，2018，28（06）：11-16.

[16] 苏庆，陈思兆，吴伟民，李小妹，黄佃宽.基于学习情况协同过滤算法的个性化学习推荐模型研究[J].数据分析与知识发现，2020，4（05）：105-117.

[17] 姜强，赵蔚，李松，王朋娇.大数据背景下的精准个性化学习路径挖掘研究——基于AprioriAll的群体行为分析[J].电化教育研究，2018，39（02）：45-52.

[18] 申云凤.基于多重智能算法的个性化学习路径推荐模型[J].中国电化教育，2019（11）：66-72.

[19] 曹晓明，朱勇.学习分析视角下的个性化学习平台研究[J].开放教育研究，2014，20（05）：67-74.

[20] 张进良，郭绍青，贺相春.个性化学习空间（学习空间V3.0）与学校教育变革——网络学习空间内涵与学校教育发展研究之五[J].电化教育研究，2017，38（07）：32-37.

中国义务教育阶段教学的新革命

——义务教育课程方案和课程标准（2022 年版）解读

◎赵胜男

摘　　要 2022 年最新修订的义务教育课程方案和课程标准引起了社会各界的广泛关注，这是一场中国义务教育阶段教学的新革命。课程方案引领着义务教育的发展方向，能够体现国家意志及其对义务教育的定位，对义务教育阶段的学习内容作了基本规定。本次新课程方案中义务教育的培养目标是"有理想、有本领、有担当"，明确了义务教育对时代新人的培养要求。课程标准则明确了各个学段的学业质量标准，倡导学生素养的养成而非简单的知识习得。随之发生根本改变的是知识形态的呈现方式。新课程标准的颁布要求学科知识学习逐步向学科素养转化，以达到求知和育人的统一。从培养目标、课程与教学改革、核心素养三个方面解读义务教育课程方案和课程标准（2022 年版），可丰富新课标的研究和解读视角，为广大教育工作者的教育教学提供启示与参考。

关 键 词 义务教育课程标准；核心素养；培养目标；课程与教学改革

作者简介 赵胜男，江苏省南京市浦口区汤泉中学教师，一级教师。

习近平总书记多次强调，课程教材要发挥培根铸魂、启智增慧的作用，必须坚持马克思主义的指导地位，体现马克思主义中国化最新成果，体现中国和中华民族风格，体现党和国家对教育的基本要求，体现国家与民族的基本价值观，体现人类文化知识积累和创新成果。随着我国义务教育的全面普及，当前我国的教育需求渐渐从"有学上"转向了"上好学"。我们必须进一步优化学校育人蓝图，明确"培养什么人、怎样培养人、为谁培养人"。随着科学技术的迅猛发展，新媒体技术与媒介迅速普及，人们的学习、工作、生活方式正不断改变，青少年儿童的成长环境也在发生深刻变化，我们的人才培养不断面临新的挑战。义务教育课程标准和课程方案需要与时俱进，于是义务教育课程方案和课程标准（2022 年版）（以下简称"新课程方案""新课程标准"）应运而生。

一、新课程方案和新课程标准完善了义务教育阶段的培养目标

（一）培养目标的时代背景

新课程方案的培养目标基于新的时代背景，致力于落实新时代党和国家对时代新人的培养要求，在发展以往课程方案培养目标内涵的同时，承接了《普通高中课程方案（2017 年版）》的培养目标要求。

1. 新时代党和国家对人才培养提出了新的要求

立德树人是我们发展具有中国特色的社会主

义教育事业的根本任务，也是培养德智体美劳综合素质全面发展的社会主义接班人和建设者的本质要求。新课程方案坚持以落实立德树人的根本任务为指导思想，把培育和切实践行社会主义核心价值观融入义务教育的整个过程，以求充分发挥学校课程在人才培养中的核心作用，并从立德树人的高度定位培养目标。

2. 2001年颁布的《义务教育课程设置实验方案》培养目标内涵需要发展

2011年中国实现了义务教育的全面普及，教育的需求也发生了深刻的转变，从曾经的"有学上"转向了现在的"上好学"。在如此背景下，以"有道德、有理想、有纪律、有文化"的"四有新人"为核心的2001年版义务教育培养目标内涵就需要有新的发展。如今，新的培养目标转变为培育"有理想、有本领、有担当"的时代新人，就是对"四有新人"的进一步概括和提升，二者一脉相承的同时又与时俱进，为时代新人的成长道路指明了新方向，也提出了新希望，一切都旨在培育和引领具有出色的才华本领、高度的责任担当、坚定的理想信念的时代新人。这是在向着第二个百年奋斗目标进发之际，国家层面对中学毕业生时代新人形象的最大期望，也是将个人的理想与追求融入人民幸福、民族复兴、国家富强的伟大梦想中的课程表征。

（二）培养目标的学理基础

2003年，经济合作与发展组织（OECD）发布核心素养总体概念框架。如今，世界范围内的很多国家、地区、国际组织和研究机构等皆根据区域特征与育人目标，不断尝试研制并颁布相关的核心素养培育框架。在此背景下，中国在广泛开展了一系列基础理论研究、教育政策研究、国际比较研究、课程标准分析、传统文化分析、专家访谈、实证调查研究等工作的基础上，于2016年9月发布了《中国学生发展核心素养》总体框架。

中国学生培育发展核心素养的根本出发点是落实立德树人这一根本任务，目的在于观照立什么德、树什么人的关键问题的同时，充分体现社会主义核心价值观，系统落实党和国家的育人方针，并将其科学地细化为更加具体的人才培养目标，涵盖学生适应社会发展和终身发展所需要的素质与能力。

新课程方案和新课程标准的关键抓手和工作重点是"让核心素养落地"。聚焦核心素养导向一方面是研制课程方案工作的主要线索，另一方面也是课程标准文本的主旋律。在当前的义务教育培养目标中，"有理想、有本领、有担当"的人才培养定位坚定贯彻了我国学生发展核心素养的要求，也超越了知识习得与技能获得的目标取向，同时从核心素养的科学视角观照必备的品格、正确的价值观念和关键技能的培养要求。培养目标以核心素养为导向，以学生在真实学习与生活情境中做出的某种行为能力或展现出的素质为发展方向，努力让义务教育培养目标聚焦"人的发展"，从而真正实现学校课程的育人价值。这既是推进人的现代化和中国社会现代化的需要，也是落实立德树人根本任务、贯彻党和国家的教育方针的具体体现。

（三）培养目标的内涵意蕴

新课程方案和新课程标准坚持以习近平新时代中国特色社会主义思想为指导，坚持全面贯彻党的教育方针，以落实立德树人为根本任务，深入领会习近平总书记在全国教育大会上的重要讲话精神，坚持以"六个下功夫"为引领，从"有理想、有本领、有担当"三个方面树立当今时代新人的形象。

具体来看，"有理想"是义务教育培养目标的方向，高度概括了当今时代新人应该具备的价值观念。中小学阶段的青少年作为中华民族的一员，应做到坚定在中国共产党的领导下脚踏实地地走中国特色社会主义道路，要学习、领会、理解并践行改革创新的时代精神，要坚持把个人的理想与追求融入国家富强、民族复兴、人民幸福的事业中，要能够服务于中华民族伟大复兴的中国梦。"有本领"是义务教育培养目标的基石，是对时代新人应当具备的关键能力的总体表述。科学知识是人类改造世界的经验总结，技术与能力是运用知识解决现实问题的关键所在。当今时代新人只有掌握了科学文化知识、练就深入探究的技术与能力，才能够在实践创新中磨砺本领，在不断的沟通与合作中锤炼能力，最终运用自己习得的本领为个人与社会理想目标的实现而努力奋斗。此外，"有本领"还可以细分为"六会"，即会探究、会学习、会交往、会劳动、会审美、会健身。"有担当"是义务教育培养目标的支撑，是对当今时代新人应当具备的品格的精华表述。当今时代新人应该在努力奋斗与进取中培养直面挑战的勇气，在社会交往中秉持民主法治的原则，在自然生态中维护生态环境的和谐发展，在日常生活中学会积极团结与奉献精神，在文化交流中捍卫国家主权，努力构建人类命运共同体，担负起中华民族伟大复兴的艰巨任务和时代赋予的使命。

二、新课程方案和新课程标准提出了深化课程与教学改革的新任务

（一）鲜明而突出地强调坚持素养导向

强调坚持素养导向是为了符合新课程方案和新课程标准的目标指向。我国课程改革应当坚定指向更好地育人，课程与教学改革所秉承的根本理念是育人为本。为了更好地培育新时代之中国新人，我们需要进一步深化课程与教学改革。新课程方案进一步完善了当前义务教育阶段的培养目标，新课程标准则依据培养目标的总方针，对每门课程需要培育和发展的核心素养提出了更为明晰的要求，其指向是使学生通过各门课程的学习，培育出必备的品格、关键的能力和正确的价值观。坚持素养导向，一方面是为了继续克服当今各个学校普遍存在的"应试教育"倾向，另一方面也是为了让学生面向未来、面向世界、面向中华民族的伟大复兴，培养有家国情怀、具备国际视野，有能力、有道德、有智慧、有社会责任感、有创新精神的时代新人。

（二）优化课程设置与课程结构

在新课程方案与新课程标准中，课程改革的重要内容与任务是课程的结构化改革，集中体现在课程结构改革和课程设置改革这两个方面。课程设置改革具体表现有：将小学的品德与生活、品德与社会课程和初中的思想品德整合为道德与法治，同时进行九年一体化的整体设计；改革艺术课程设置，一至七年级以音乐和美术为主线，融入影视、舞蹈、戏剧等艺术内容，八至九年级则分项开设，不但课程设置的主线更加明确，而且依据学生的学段和年龄对课程的内容进行融合或是予以分设，同时关注学段间合理有机的衔接；将科学与综合实践等一系列活动的开设起始年级提前，劳动、信息科技则从综合实践活动中独立出来。这样科学合理的课程设置，不仅使得劳动和信息科技课程拥有了独立性，而且能够使它们在整个课程体系中居于更加重要的地位。

（三）按学业质量标准进行课程教学

新课程标准还有另外一个重要变化就是制定了学业质量标准。它结合课程内容，依据核心素养发展水平，进一步明确了对不同学段学生需要达成的学业成就的基本要求，从而为教师更加准确地把握教育教学的广度与深度、设计科学的考试评价体系提供了依据。新课程标准之新的重要体现就是确立每门学科分学段的学业质量标准，也明确了进一步深化课程与教学改革的新任务。对于义务教育阶段的教师与教育工作者而言，坚持贯彻落实新课程标准，需要深入地认识和理解各学科各学段的学业质量标准，对照学业质量标准备课、实施课程教学以及进行考试评价。

三、新课程方案和新课程标准明确了核心素养落地的知识前提

聚焦核心素养目的在于体现育人为本，加强正确价值观的培养和引导，更加重视必备品德和关键技能培育是义务教育课程应当遵循的基本原则，也是当前我国教育改革与发展的主旋律。同时，核心素养的核心在于"素养"，坚持素养导向就是把核心素养的培育作为课程与教学的主要目标。

（一）素养导向的知识形态

1. 传统知识观下的知识形态

当前的课堂教学方式深受传统知识观的影响，往往把知识看成是一种现成的、无须加工的、纯粹且客观的实体，教育者可以使用灌输的方式传递给学生。这种知识观实质上是理性主义所推崇的，它强调知识的确定性、客观性与封闭性。学科专家将最有价值的科学文化知识按照学科的逻辑建构组织起来，以教材的形式呈现给教师与学生。教师的教学目的就是为了让每个学生通过学习来获得具体可靠的、客观确定的知识，知识的传授与接受就成为传递这种客观的科学文化知识最直接有效的方式。

2. 指向素养养成的知识形态

核心素养的养成需要的是可迁移的、不断变化着的活性知识。这种强有力的、可迁移的知识不仅含有知识的客观成分，更为重要的是知识经过每个学生个体的理解与建构后使得知识本身含有了主观成分，它是生成知识个体意义的重要来源。这意味着知识本身就兼具主观性与客观性，知识需要与个体的经验、价值及信念深度融合，才能使其富有深刻的个体意义，成为强有力的、可迁移的活性知识。非语言化的切身感受以"默会"的方式生成的知识主观成分是构筑科学文化知识个体意义的关键所在，缺乏这些主观成分就意味着无法形成知识的个体意义。即使学生积累了大量的科学文化知识，若他们没有生成属于自己的知识个体意义，这些知识就依然是无法迁移的"惰性知识"，最终不能灵活地应用于解决现实生活中的实际问题。

（二）知识呈现形式的改变

1. 以情境的方式进行知识整合

要想实现以情境的方式进行知识整合，首先需要把知识植根于情境。把知识植根于情境之中就是把知识回归于交互的过程之中，这能够打开学生自身主观经验融入知识建构过程的通道，滋养学习体验中生成的知识的个人意义。这里的情境并不能简单地理解为某些特定的时间、地点和背景环境，而是知识习得所发生的具体情境，强调与特定社会文化情境的关系与联结。基于这个认识，我们可以将科学知识、个体的生活经验及个人的社会知识都纳入更加宏大的社会文化情境，打破科学文化知识与个体经验间的对立状态，实现显性与隐性知识的相互融会贯通，在相互影响和作用的过程中，知识才能被学生理解、内化与建构，创生属于自己的知识意义，在获得深刻意义的基础之上实现对知识的系统整合。

2. 彰显知识的实践意蕴

素养导向的知识形态凸显了知识的实践性与情境性两大特征，这意味着知识本身不可能以现成的、孤立的方式呈现，也并不能通过"授—受"的方式简单获得，而需要通过切身实践的方式使学生真正有效地参与到与情境的互动中去，通过互动建构与生成知识的个人意义。在此过程中，每个学生都亲身参与，不仅有心智、行为的参与，还有情感、意志、态度以及价值观的涉入。学生需要将这些要素系统整合起来，参与到知识的深入探索中，在知识的体验中融入属于自己的经验与理解，从而建构与生成充满活力的、可迁移的、

强有力的知识。

（三）知识学习转向学科实践

1. 学科实践使学科知识学习向学科素养转化

教育应该通过丰富且具体的实践活动来增强个体的学习感受和经验。这句话中有两个关键问题非常值得我们深入挖掘，一是丰富且具体的实践活动到底应该是何种实践活动，二是增强学习个体的学习感受和经验有何深远意义。针对第一个问题，当前很多学科实践都主张把实践聚焦于学科本身，尽可能倡导每个学生运用习得的学科知识与思维方式在实践中切实解决学科问题，这超越了普适性探究，同时也避免了探究的盲目性。而第二个问题本质上指向学科知识的个人意义的生成。每个个体学习经验的获得表明个体已经创造出对知识的个人理解。这种融合了个体情感和价值判断的内化的知识使得知识产生了主观的成分，同时也建构了知识的个体意义，这样的知识才能够被个体灵活地运用到实际问题中，逐步解决真实情境中的一系列复杂问题，从而真正为素养的养成做准备。

2. 学科实践实现了求知和育人的统一

教育的最终理想并不是让学生机械地获得学科知识，而是实现育人的宏伟目标。知识学习本应成为育人的基础和手段，然而在现实的教育过程中，教师往往误把习得知识当成主要目的，造成了求知和育人之间的割裂。学科实践的提出将切实有力地解决这个问题，因为学科实践是以学科知识学习为基础的。要想在实践学习活动中真正解决学科问题，就需要个体的洞察、推理、想象和判断，建构属于个人的理解，从而激活个体自身原本的经验，通过分析、想象等思维过程逐步建立起新旧知识之间的关联，把全新的知识纳入具有个人意义的知识体系并灵活地运用其解决一系列学科问题。在这个过程中，学生能够充分感受到各个学科知识内在的结构与价值，在亲自参与和体验中完成学习经验的整合，具体表现为学生在一

些复杂的情境中解决问题的素养和能力。此外，学科实践具有不同的学科差异性，实践学习方式与学科特质的深度融合也能摆脱实践学习的机械程式化问题，从而使学科实践具有学科特性。

四、贯彻落实新课程方案和新课程标准的几点思考

（一）深入落实课程标准对教材改革的新要求

教材不仅仅是教育工作者的教学工具，也是新时代背景下立德树人的重要载体。要真正落实新课程标准对教材改革的新要求，就要明晰改革的方向，坚持以立德树人为根本统领，进一步加深教材和新课程标准的贯通性。新课程标准明确指出了我国教材改革要以落实立德树人为指导思想，这是教材改革的时代要求，是新时代背景下教材发展的全新定位。将教材作为我国教育改革的重要抓手，确保为落实立德树人提供有效的教育资源。新课程标准指导下的教材改革，需要牢固坚守教材改革的方针，明确教材改革的方向，结合不同学段、不同学科的要求进行统筹设计，分门别类进行规划，将立德树人的总领地位融入教材改革的重点板块、教育目标、呈现方式等各个方面，进一步发挥教材在传递新思想方面的重要作用，将立德树人统领下的爱国情怀、理想信念等有序贯通其中。

（二）进一步提升教师的专业素养和教学能力

要贯彻落实新课程标准，就需要广泛而切实地提升教师的职业素养和专业能力。首先，把合理地组织义务教育阶段的学校教师深入学习最新颁布的课程方案和课程标准，作为提升教师专业素养的重要任务；组织教师培训，让教师更加深入地认识义务教育的培养目标、课程设置和课程类别的调整与变革、课程实施的总体要求等，让教师深入理解所教学科的课程性质、理念、目标、学段要求、课程内容、学业质量和课程实施的具体要求等。其次，提升每个教师的学科专业素

养。拓宽教师的专业视野，让每个教师深入认识学科课程内容、教学任务的丰富性和多样性，认识学科之间的关联性和融合性，同时不断更新教师的专业知识，提高教师的学科素养。再次，依据新课程方案和新课程标准的实施要求，提升教师的教学能力。应特别重视提升教师学科实践、综合学习和因材施教的能力，改进教育评价的方式。

（三）深化学生学习方式的改革，促进学生自主学习、自主发展和全面发展

制定和颁行新课程方案和新课程标准的根本目的是让学生更好地成长与发展。贯彻落实新课程方案和新课程标准需要进一步深化学生学习方式的改革，真实地营造学习者为中心的学习环境。因此，我们要遵循新课程方案和新课程标准的要求，坚持育人为本，突出学生在课程教学中的主体地位，引领学生自主学习、自主发展，促进学生的全面发展。在贯彻落实新课程方案和新课程标准的过程中，学校需要加强课程内容与学生经验、社会生活的联系，加强课程与生产劳动、社会实践的结合，加强综合性学习和主题式学习，这一切都指向学生学习方式的变革和育人方式的变革。唯有这种变革，才能真正促进学生的自主发展和全面发展。

参考文献：

［1］中华人民共和国教育部.义务教育课程方案（2022年版）［S］.北京：北京师范大学出版社，2022.

［2］付亚云，向小川.新时代"三有"新青年略论［J］.学校党建与思想教育，2020（13）：81-83.

［3］Rychen D S，Salganik L H（Eds.）.Key Competencies for a Successful Life and Well-Functioning Society［M］.Hogrefe Publishing，2003.

［4］林崇德.中国学生发展核心素养：深入回答"立什么德、树什么人"［J］.人民教育，2016（19）：14-16.

［5］林崇德.构建中国化的学生发展核心素养［J］.北京师范大学学报（社会科学版），2017（01）：66-73.

［6］吴刚平.有理想、有本领、有担当——义务教育培养目标解读［J］.全球教育展望，2022，51（05）：3-13.

［7］褚清源.义务教育新课程为变革育人方式导航［N］.中国教师报，2022-04-27（001）.

［8］于泽元，王丹艺.核心素养对课程意味着什么［J］.现代远程教育研究，2017（05）：21-28.

［9］钟启泉.概念重建与我国课程创新——与《认真对待"轻视知识"的教育思潮》作者商榷［J］.北京大学教育评论，2005（01）：48-57.

［10］崔允漷，张紫红，郭洪瑞.溯源与解读：学科实践即学习方式变革的新方向［J］.教育研究，2021，42（12）：55-63.

论中小学校长领导力的关键组成
——基于国内外研究综述

◎赵光义

摘　　要　随着教育领域的持续变革，中小学校长作为学校发展的引领者，其校长领导力日益成为研究者关注的焦点。为探究中小学校长领导力的关键组成，本研究采用文献综述法，对国内外相关研究展开分析。研究发现，尽管不同国家和地区、不同时代的研究者对中小学校长领导力构成的界定存在差异，但其中仍有共性的组成要素。本研究从校长的个人基本能力、影响他人的能力和影响组织的能力三个方面对这些关键组成进行了总结，以期为开发校长领导力评估工具和开展校长领导力培训活动提供理论依据。

关 键 词　校长领导力；领导力组成；中小学；文献综述

作者简介　赵光义，江苏省苏州大学附属中学党委书记，高级教师。

在教育领域持续变革的今天，学校教育也面临着不断的发展变化，其中，中小学的教育变革更是吸引着社会各界的关注。中小学校长作为学校发展变革的核心人物，所承担的责任也越来越大。而中小学校长是否能引领师生和学校实现良好发展，在很大程度上取决于他们的校长领导力。校长领导力被认为处于统筹学校结构性、文化性等各类因素的关键地位，对学校的管理效率、教师的专业发展和学生的学业成就等都会产生重要影响。

要对校长领导力的相关研究与实践进行更深入的探究，首先需要确定校长领导力的组成要素。特别是在评估校长领导力对其他因素的影响及其实践效果时，我们需要运用恰当的评估工具来确保研究的准确性和有效性。但是有研究者发现，不少领导力评估的做法在工具的实用性、心理测量特性和准确性方面缺乏理论依据，而评估校长领导力的主要困难也在于确定应评估的领导力维度。校长领导力是高度情境化的，它的形成会受到不同因素的影响，尤其是社会制度、政策和文化的影响，因此，各地区对校长领导力的维度很难有统一的划分。随着不同年代教育形势或者国家政策的变化，校长领导力的内涵也在不断更新。目前，研究者已经提出了多种校长领导力的理论或模型。这些理论或模型在维度划分和模型结构上各有特色，但它们并非完全独立、互相排斥，而是有着相似性和可融合性。

尽管校长领导力的构成和维度会因时间和空间的不同而产生差异，但它们之间仍然存在着一些具有共性的关键成分。深入探究这些关键特征，将有助于推动中小学校长领导力研究和实践的发展，进而促进中小学学校教育乃至整个教育领域的进步。为此，本文通过文献综述法，对国内外关于中小学校长领导力的文献进行深入分析，旨在比较不同学者对校长领导力构成要素的观点，并探讨近十年来随着教育环境的演变，这些构成要素如何发生变化。希望通过这一研究，总结中小学校长领导力的关键组成部分，并为相关政策制定和校长培训提供参考。

一、中小学校长领导力界定依据的国内外对比

分析已有文献发现,国内外的学者在界定校长领导力的构成时,参考的依据有所不同。中国的研究者在确定校长领导力的构成时,或多或少会受到以儒家思想为核心的中国传统文化及其价值观体系的影响。比如,艾兴和赵瑞雪从中国传统文化中汲取了与学校管理相关的思想观念,即"重义轻利""自明诚""经世致用""知行合一",并据此构建了融合中国传统教育管理文化的校长领导力模型。另有学者汲取《论语》中的思想观念,认为校长领导能力应包括学习力、领跑力和乐群力。此外,中国的学者在归纳校长领导力特征时也会受到教育政策的影响。比如,在政府提出进行素质教育改革后,面对素质教育改革对教师角色和教学行为提出的期待与要求,李晓蕾等人认为促进教师发展的校长领导力的特征表现为:(1)注重提升教师专业知识与技能;(2)关注教师认知、情感与态度的转变;(3)致力于在教师教学行为的规范性与激发其改革动机之间寻找平衡点。

外国的研究者则往往偏向基于某一领导力理论来确定某一方面的领导力维度。许多研究者基于教学领导力理论来阐述校长教学领导力的构成。例如,部分研究者从确定学校使命、管理教学计划、营造积极的学校学习氛围这三个维度评估校长的教学领导能力。Ahmad 等人则在传统的教学领导力模型的基础上增加了咨询技能,认为除了需要教育专业能力以外,校长还需要掌握沟通技巧。变革性领导力理论也是国外研究者确定校长领导力维度的重要参考。在这一理论的指导下,研究者往往从榜样示范、责任心、为教师提供支持、智力激励、工作期望值这五个维度描述校长的变革型领导力。此外,研究者也基于交易

性领导力、情境的领导力等理论对校长领导力的维度进行了划分。

当然,国内外的研究者在探究校长领导力的构成时也有相同的考量因素。中外研究者都会采用多种研究方法,直接或间接获得学校校长的事迹资料,基于具体实践,归纳出校长需要具备的领导能力。如,中国学者胡天助在分析"国际成功学校校长计划"(ISSPP)的研究成果后,提炼出成功校长所需的能力,包括能够促成与学校成员的愿景勾画及分享、重视教师的专业发展等。Norman 等人则基于对马来西亚一所学校的案例研究,发掘成功的领导者具备的特质,包括较强的人际交往能力、以人为本的领导力、能明确传达学校的发展愿景和目标等。

综上所述,教育政策、本国文化、相关理论及校长的实践经验是研究者确定校长领导力构成的主要依据。中国的研究者在界定校长领导力维度时,往往会从传统文化和教育政策的角度出发,而国外的研究者则常常以特定的教育理论为依据。不同的划分角度和依据,使得研究者对校长领导力的定义有差异。也有研究者发现,即使基于同一种校长领导力理论,因各国家和地区对校长的角色定位不同,校长领导力的维度划分也很难统一。因此,校长领导力定义上存在差异是必然的。但是,反过来看,校长领导力的共性特征则反映了各国家和地区对校长的共同期待和基本要求,体现了校长领导力的普遍价值。

二、中小学校长领导力构成的发展变化

梳理已有文献可见,随着时代变化和教育领域的不断变革,校长领导力的构成也在发生变化。在中国,社会经济的发展和教育政策的变化影响研究者对校长领导力的认知和理解。例如,张爽早期认为校长领导力包含二元关系构建力,二元关系指校长和教职工之间的关系。近年,中国出台"双减"政策,强调减轻学生学业负担,成

欣欣和张爽将二元关系构建力改为了三元关系构建力，强调校长在关注教师和学校中层干部能力的同时，还应考虑学生能力的发展。沈伟和孙岩曾将校长领导力定义为"以提高学校'教与学'为目的，运用组织能力，构建有利于专业社群合作的环境，创建有意义的互动情境，为教师的教学改进提供支持，进而提高学生的学业成就"的能力。在中国城镇化进程不断推进的背景下，沈伟又提出校长应具备情境智慧，以应对城镇化给中小学学校建设和人员发展带来的挑战。有学者曾将萨乔万尼的校长领导力框架引入中国的教育情境，在这一框架中，校长领导力包括技术、人际、教育、象征和文化领导力。而在中国政府提出乡村振兴这一重大国家发展战略后，有学者结合中国乡村学校实际，对这一理论框架进行了本土化的改编。

随着新兴信息技术的发展和新冠疫情对现有学校组织结构的影响，国内外的研究者都意识到了数字化领导力的重要性，强调使用数字化技术改善学校的管理和促进师生发展。比如，Berkovich 和 Hassan 调查了巴林校长的数字化转型领导力及其对学校管理效能的影响。在评估这些校长的数字化转型领导力时，校长是否能借助数字化通信和协作工具为教师开展远程教学提供支持是主要的评价维度。为适应以人机协同等技术为基础的智能教育新生态，周釜宇等人认为成长型思维是中小学校长领导力发展的基础，校长需要具有智能技术认知力、智能教育伦理判断力、数字化沟通力、智能教育前瞻力等重要能力。另外，也有研究者强调，敏捷性也是新时代校长领导力的一个重要组成部分。

综上所述，现代中小学校长领导力的构成受多种因素影响，与过去相比有了许多变化。对文献进行回顾和分析发现，这种变化更多的是新元素的添加或者旧元素的改进。也有一些先前开发的校长领导力模型依然被现在的研究者所认可，如美国学者开发的多因素领导力模型，在新加坡的教育情景中也能有效地塑造当地校长领导力的发展。

三、中小学校长领导力的共性特征

校长领导力是一个复杂且多维的概念。一些研究者认为校长领导力实质上是一种影响力，是一种通过校长个人愿景、动力和支持来影响和激励他人的能力，也是一种获取资源、为变革奠定坚实基础的能力；也有研究者认为校长领导力是一个整合过程，是一个校长影响教师、学生和其他利益相关者的过程。更多的研究者从校长这一领导者所具备的能力来界定领导力，认为校长领导力是在实现学校发展目标的过程中，校长影响被领导者的能力以及与被领导者之间的相互作用。本研究也将从校长的能力出发，结合对已有文献的分析，从校长的个人基本能力、影响他人的能力和影响组织的能力三个方面梳理和提炼出校长领导力的关键组成要素。

第一，校长应具备高效的沟通能力、敏感性和学习能力这三个基本的个人能力，这些能力也是校长履行职责、发挥领导作用的基础。首先，在已有研究中，研究者普遍强调了沟通能力的重要性。当前，校长不仅需要与学校内部人员保持有效沟通，还需与校外的个体或组织建立良好的沟通渠道。低效或者无效的沟通会影响学校内外良好人际关系的建立，进而对学校的管理效能造成负面影响。因此，高效的沟通能力是校长领导力不可或缺的组成部分。其次，敏感性是对研究者提出的时代洞察力、情境智慧、前瞻力等能力的概括。敏感性要求校长在敏锐地识别本校的发展需求和内部环境变化的同时，还能察觉到外部环境变化给学校发展带来的机遇和挑战。它也要求校长在洞悉学校当前的运行状况、理解其优势和不足的同时，以积极主动的态度面对未来的教育变革。最后，学习能力是校长主动提升自我能力以适应学校情境变化和面对外部挑战的基础。

只有保持不断学习的态度，不断更新教育观念和管理理念，才能避免思想僵化，从容应对数字化时代对校长领导力提出的新要求。

第二，在影响他人的能力方面，校长应注重教与学的质量，关注教师的发展，并发挥榜样作用。首先，教师的教学与学生的学习是学校环境中的核心活动。因此，作为学校的管理者，校长必须将关注的重心聚焦于教学质量的提升及学生学习需求的满足上，这一点已得到了研究者们的广泛认同。其次，校长也应注重对人才的培养和教师的专业发展。研究者普遍建议校长给教师提供学习机会，提高他们的专业知识和技能；对教师表现设定期望并及时给予反馈和奖励，在规范教师行为和激励教师变革创新之间获得平衡。同时，校长还应拥有同理心，通过关怀教师，引导他们在情感、态度和价值观上实现正向的转变。最后，研究者认为校长应发挥榜样作用，有效地指导教师工作和进修提高。

第三，为有效领导组织即学校整体的发展，校长还需要能够设定共同的发展愿景和目标并推动其实现，同时需要创造积极包容的学校氛围，具有良好的协同管理能力。首先，研究者普遍认为明确学校的发展愿景和使命是提升学校管理效能的有效方式。其次，创造积极包容的学校氛围也有助于校长带领教职工推动学校的发展。其中，尊重教师之间的个体差异、在学校内部人员之间建立信任和塑造校园文化是关键。最后，协同管理能力包括团体合作能力和组织管理能力，该能力也被研究者视为确保学校高效运作和优化学校资源配置的基本能力。

四、结语

本研究在对国内外相关文献分析的基础上，提炼出校长领导力的关键特征，并从校长的个人基本能力、影响他人的能力和影响组织的能力三个方面进行概括。同时，本研究并没有忽视国内

外研究者在界定校长领导力构成上的差异。研究发现，教育领域的变革、教育政策的调整、传统文化的多样性以及所依据的教育理论的差异，导致了研究者在定义校长领导力构成要素上的不同见解。而对校长的角色定位的不同则是直接的影响因素。研究结果显示，高效的沟通能力、敏感性和学习能力、注重教与学的质量、关注教师的发展、发挥榜样作用、明确共同的发展愿景、创造积极包容的氛围以及良好的协同管理能力是中小学校长领导力的关键组成。这些关键组成不仅反映了不同时段国内外研究者对中小学校长职责的广泛共识，也是中小学校长或管理者提高学校管理效率、带领师生共同发展的基础。同时，厘清校长领导力的关键组成，也有助于规划校长领导力的培养路径，促进中小学校长领导能力的提升，进而推动整个基础教育的发展。

参考文献：

[1] 闫伟.西方校长领导力研究综述：理论、模型和启示[J].国家教育行政学院学报,2022（04）:78-87.

[2] 王晓芳.西方教师专业学习共同体中校长领导力类型的研究述评[J].现代教育管理,2015（10）:103-108.

[3] Goldring E, Cravens X C, Murphy J, et al.The Evaluation of Principals：What and How Do States and Urban Districts Assess Leadership? [J].The Elementary School Journal, 2009, 110（01）:19-39.

[4] Arar K, Sawalhi R, Yilmaz M.The Research on Islamic-based Educational Leadership since 1990：An International Review of Empirical Evidence and a Future Research Agenda [J].Religions, 2022, 13（01）:42.

[5] Walker A, Hallinger P. A Synthesis of Reviews of Research on Principal Leadership in East Asia [J].

Journal of Educational Administration, 2015, 53（04）: 554-570.

［6］周釜宇，康晓宇，张立国，等.当代中小学校长领导力的发展研究［J］.中国电化教育，2023（06）: 75-82, 97.

［7］成欣欣，张爽."双减"背景下校长领导力的提升［J］.湖北社会科学，2023（03）: 149-154.

［8］胡天助.成功的校长领导力：领导模式及其特征——以 ISSPP 为例［J］.外国教育研究，2022，49（09）: 64-83.

［9］艾兴，赵瑞雪.构建融合中国传统教育管理文化的校长领导力［J］.教学与管理，2019（05）: 42-45.

［10］沈伟.城镇化背景下的校长领导力：基于空间社会学的考察［J］.教育发展研究，2018，38（18）: 45-52.

［11］沈伟，孙岩.教育问责背景下的校长领导力：内涵、结构与发展［J］.教师教育研究，2014，26（05）: 81-87.

［12］李晓蕾，黎万红，卢乃桂.促进教师发展的校长领导力研究——以两所初中学校校长为个案［J］.教育发展研究，2012，32（04）: 70-74.

［13］张爽.复杂性科学视野下的校长领导力［J］.中国教育学刊，2009（10）: 26-29.

［14］Ahmad M S, Ahmad R, Ramli F Z A.Needs Analysis Review: Constructs of Integrated Principal Leadership Model and Counselling Approach［J］. Global Journal Al-Thaqafah, 2023, 13（01）: 67-78.

［15］Norman M, Awang Hashim R, Shaik Abdullah S. Contextual Leadership Practices: The Case of a Successful School Principal in Malaysia［J］. Educational Management Administration & Leadership, 2018, 46（03）: 474-490.

［16］Berkovich I, Hassan T. Principals' Digital Transformational Leadership, Teachers' Commitment and School Effectiveness［J］. Education Inquiry, 2023: 1-18.

构建"景德相生·乐创同长"的
一方"池塘"

◎施妙衍

摘　　要　美国思想家梭罗说过，最好的学校是一方"池塘"。为构建"景德相生·乐创同长"的好学校，培养具有"健康、阳光、善思、乐创"形象特质的好儿童，全体教职工共同规划，努力实践：丰盈景德校园文化，建设健康阳光校园；探索管理创新模式，提升规范办园品质；党建引领队伍建设，培养厚爱敬业团队；推进园本课程改革，创生乐创课程品牌；携手家园互动平台，共绘师幼发展画卷。经过幼儿园三年"景德·乐创"的熏陶，每个孩子都能健康向上，智慧成长。

关 键 词　学前教育；文化建设；校园管理

作者简介　施妙衍，江苏省常州市武进区前黄中心幼儿园文雅苑分园园长，中学高级教师。

美国思想家梭罗说过，最好的学校是一方"池塘"。我园提出构建"景德相生·乐创同长"的一方"池塘"，即让幼儿园成为一个充满阳光、充满爱的生态乐园，师生在这里共同成长，让"景德·乐创"的老师培养具有"健康、阳光、善思、乐创"形象特质的"景德·乐创"好儿童。

景，原指太阳、阳光；景德，指美德，也指敬仰品德高尚的人。前黄中心幼儿园向来崇尚"景德"教育，这与新时代教育以立德树人为根本任务是一致的。当"景德"与"乐创"相遇时，又有了新的含义，即健康、阳光、活泼、爱动脑、会思考、乐于创造。在幼儿园阶段，具体表现为能感恩父母、尊敬师长、具有助人为乐的品质和良好的行为习惯，以及乐于主动探索、自主学习，勇于克服困难。

一、丰盈景德校园文化，建设健康阳光校园

（一）完善环境文化的建设

不断完善园内规划，积极争取镇政府的支持与投入，从文化的角度营造适合幼儿发展的文化氛围，设计学校物质景观，精心布置楼道墙壁、长廊、功能室等，发挥环境的美化和教育功能。让每一个角落、每一面墙壁都能对孩子说话，处处彰显"景德·乐创"园所文化。

（二）重视制度文化的建设

从精细化管理的角度出发，进一步完善幼儿园各项规章制度。从"抓日常、重细节"入手，真正实现管理的精细化。进一步完善幼儿园的规章和管理制度，特别是教师评价方案和月度绩效考核等制度。为了激发教师的主人翁意识和工作的积极性，促进教师的专业成长，需从以人为本的角度出发，重新修订幼儿园的免检管理制度。

（三）着力课程文化的构建

以幼儿为本，探索园本课程建设。游戏是幼儿的基本活动，根据课程游戏化理念，领会游戏精神，实施课程改革。从"依赖教材、注重集体教学、强调规范统一"转变为"关注幼儿、关注生活、关注游戏、关注经验，追随幼儿发展需要规

划和生成保育教育活动"。如优化从儿童立场出发的课程体系，使内容回归幼儿经验，活动追随幼儿兴趣，课堂尊重幼儿差异，环境体现幼儿地位，师幼关系亲切和谐。实施主题班本化与课程游戏化、生活化、个别化的实践研究，全面提升"景德·乐创"课程实施的质量。

（四）致力精神文化的形成

我们致力于树立"景德"文化，人人敬仰师德高尚的人，坚持以"人人成为品德高尚的教师"为共同的精神追求。通过"春之颂—儿歌节""夏之歌—六一节""秋之果—丰收节""冬之乐—围棋节"等特色活动及"和谐家风，代代相传"家风主题创建活动，传播中国文化精髓，大力弘扬中华民族传统家庭美德。

二、探索管理创新模式，提升办园品质

（一）管理思想的不断革新

坚持"依法治园、以人为本"的管理思想，积极形成"全员管理、全面管理、有效管理"的管理理念和"自我约束、自我教育、自我管理、超我管理"的机制。将科学的教育理念渗透到幼儿教育日常管理的各个环节，做到教育观念不断更新，与时俱进。

（二）管理模式的不断创新

积极探索适合幼儿园的开放式、生态式的管理模式，使幼儿园的管理能积极适应社会变化和要求。及时调整与幼儿家庭的关系，开发家庭教育、社区教育资源，发展新的家园结合模式。

（三）管理机制的不断完善

强化园长负责制，行政管理上实行全员聘用合同制、岗位优化竞争制，积极实施中层干部竞聘制，坚持按"德才兼备、以德为先"的原则选拔中层干部。严格执行《新时代幼儿园教师职业行为十项准则》，通过"师德标兵""十佳景德教师""文明教职工""优秀班主任"等教师奖励机制，铸就教职工良好职业道德，确保一方"池塘"

风清气正，充满阳光。

（四）管理素养的不断提升

加强班子人员的自身建设，讲学习、讲政治、讲正气，以班子人员的人格魅力来影响教职员工，进行情感管理。实行园长及中层领导述职报告制，园长及中层领导每年向全园教职工陈述工作报告，进行民主评议，促使每一位管理者精益求精，提高管理效能。

三、党建引领队伍建设，培养厚爱敬业团队

（一）强化师德师风，提升教师职业素养

以塑造师德风范为重点，弘扬崇高师德，优化教职工队伍。建立教书育人的监督评估机制。引导全园教师为人师表、爱岗敬业，以满怀的爱心培养幼儿，以热忱的态度服务家长。

依托党支部、工会、团支部，积极开展师德建设活动，传递道德正能量。建立师德考核、评优评先等激励机制，利用道德讲堂、师德演讲等活动优化教师的三观。把师德建设纳入教师的年度考核之中，每学年考核一次，作为教职工评优、评先及晋级的依据。

"景德"是敬仰品德高尚的人。对于幼儿来说，就是培养良好的品德，对于教师来说，就是要有良好的师德修养。用身边人讲身边事，用身边事教身边人，不断提升道德素养，构建崇德向善的社会氛围，弘扬敬奉贤人的社会风气。把"爱心与责任"作为师德永恒的主题，贯穿于日常的生活、教学、游戏活动。

（二）搭建多元平台，促进教师专业成长

通过"健全机制""内应外合""师徒结对""园本研修"等形式，强化教职工的学习和培训，通过"他评、自评、互评""走出去、请进来"的方式促进教师的专业成长。鼓励教师争先创优，增强发展意识和变革意识，拓展更广阔的发展空间和教育空间，让优秀教师成为幼儿园教育改革和发展的动力源。开展"青蓝工作"拜师

活动，有针对性地对青年教师加以培养，加速青年教师的成长。力争培养一批教坛新秀、教学能手、骨干教师或学科带头人，构建一支研究型教师团队，增强学校可持续发展的动力。

（三）坚持保教结合，全面提升内涵品质

加强保育员的培训工作，定期开展大练兵活动。探索保育员的有效管理模式，提升保育员的综合素养，注重专业知识、日常操作培训和思想教育，保证人员稳定和专业能力发展。

加强后勤管理，树立服务意识。结合 6S 管理理念，总务处负责制定后勤人员常规工作的条例和考核细则，督促厨房人员严格执行卫生管理制度和食堂操作规范，保证良好的环境。

加强卫生保健工作，以镇南园"省示范卫生保健工作复评"、文雅苑"创建卫生保健一类园"为抓手，积极争取区卫健委的业务指导，严格晨间工作、疫情常态化管理、传染病管理和厨房管理。保健老师自觉听取伙委会的意见，会同厨房人员制定科学、营养的菜谱。

积极创设条件，加强幼儿园现代化教育师资力量的自培和管理，鼓励教师运用好现代教学技术，充分发挥现代化教育资源的作用，不断提高信息化管理水平和教育教学信息化水平。

四、推进园本课程改革，创生乐创课程品牌

（一）孕育"景德·乐创"游戏环境，提供契合幼儿经验的多元支持

1. 班级游戏环境：以幼儿需求为出发点，营造生活化的游戏环境

力求营造与教育相适应的环境，使幼儿在与环境的互动中得到身心和谐发展，实现环境育人。通过提升教师教育理念、改变教育行为，形成开放、自由、自主的室内环境。各班级根据本班幼儿年龄特点、当前主题和幼儿兴趣点，设置材料丰富、取放自由、适合不同发展水平幼儿操作的游戏区（角）。

2. 专用室游戏环境：以幼儿社会性为基点，创设多元功能的游戏环境

相对于活动室，专用室更宽敞，目的指向性更明确，很大程度上激发了幼儿交往、展示自我、体验成功等社会性发展的需求。我们把各专用室功能和幼儿社会性发展进行衔接与融合，形成多元功能的游戏环境，寓主体性、综合性、游戏性于一体，加强幼儿与游戏环境的互动，使幼儿园活动真正融于游戏之中。

3. 户外游戏环境：以幼儿天性为抓手，形成有创意、有挑战的游戏环境

充分利用现有的自然环境，以已有的体育活动场地和活动器械为基础，深层挖掘幼儿园环境中可开发的资源，将幼儿园划分为绿化地带、软质塑胶区域、硬化路面三个活动区，通过优化场地和材料的配置，创设让幼儿想玩、敢玩、会玩的运动环境，满足幼儿的活动需求。

（二）围绕"创意"探索实施途径，开拓幼儿游戏活动的多种方式

遵循"一日活动皆课程"的理念，班级老师根据幼儿活动情况对作息时间进行灵活、有弹性的调整，增加游戏时间，让幼儿充分探索。将适合操作的教学内容投放到区域活动中进行，尝试混班混龄室内外游戏，实现自由选择，自主游戏。将劳动融入课程。不同的年龄段有不同的目标和内容，教师根据班级实际自主调控，给幼儿更多自主、自由的机会以激发他们的探索和创新。

（三）坚持"创融"，广集课程资源，打造师幼共生共长的资源中心

坚持"学习、借鉴、继承、创新"，创融结合，开发"景德·乐创"园本课程。通过外出学习、课题研究、园本教研等途径收集、挖掘、创生课程。各级部门分工合作，建立课程配套资源库：（1）多途径收集优秀教案，分类整理，积累形成优秀教案集；（2）收集利用幼儿作品、课件等，建立与

课程相匹配的图片资源库;（3）挖掘整合社区资源及家长助教人才,建立人才、社区资源库。通过多种途径丰富课程内涵,打造师幼共生共长的"景德·乐创"课程资源库。

五、携手家园互动平台,共绘师幼发展画卷

本着"互动、有效、合作"的理念,"做实、做细、做到位"的宗旨,调动家长的力量与资源,构建幼儿园、家庭、社区的"立交桥",努力让家长满意幼儿园的各项工作,通过不同方式增进家长与教师、家长与幼儿园的感情,形成一个良好的、互动的、有效的、协作的教育格局。

（一）加强与家长联系,促进高效互动

1. 角色转换

幼儿园应与家庭建立起平等的合作伙伴关系。教师既要认真听取家长的心声,又要及时向家长传递新时期的幼教信息,举办形式多样、内容丰富的知识讲座,解答家长的疑惑,共创家园平等合作的平台。

2. 互动参与

充分发挥家委会作用,形成幼儿园、班级二级家委会管理机制,开展形式多样的活动,让家长代表参与幼儿园的管理,发挥家委会的桥梁作用,为教育教学、活动策划、卫生保健等工作献计献策,不断提高家长的责任意识,深刻领悟家庭教育的重要性。

健全和完善家长教育资源库,充分利用教育资源,为教育服务。以幼儿园邀请和家长自主报名相结合,开展"家长志愿者""家长老师进课堂"活动;定期开展由幼儿、家长和教师联合发起的"爱心互助"等活动,增进亲子感情,促进家庭和幼儿园的和谐关系,营造家长、教师和幼儿之间互动的教育氛围,形成教育合力。

3. 问卷调研

充分发挥家长参与幼儿园管理的监督管理机制。每学期末,通过家长问卷调查的形式向家长

征集意见和建议,主动听取家长意见、建议,形成自我反馈、自我改进的长效机制,为下一阶段开展工作提供有效保障,提高幼儿园管理工作的实效性。

（二）利用社区资源,渗透"景德"教育

1. 走进大自然,感受"景德"美丽乡村

充分利用农村的有利条件,带领幼儿走入大自然进行亲子采摘、踏青、秋游等活动,让幼儿亲密地接触大自然,直观感受大自然的变化。不仅陶冶幼儿情操,而且让主题活动变得生动具体,充满乐趣。

2. 融入大社会,开展"景德"文明实践

带领幼儿融入大社会,参观繁华的前黄商贸中心,游玩热闹的前黄文体中心,访问敬老院,参与社区联谊、助残日亲子采摘等活动,开阔幼儿的视野,感受家乡的美,培养幼儿热爱家乡的情感,促进孩子社会性的发展。

六、结语

为培养德智体美劳全面发展的社会主义建设者和接班人,我园提出"景德相生·乐创同长"的办学愿景,全体教职工共同规划,努力实践自己的教育理想,为学前教育事业奉献力量。相信,经过幼儿园三年"景德·乐创"的熏陶,每个孩子的心中都有一颗"景德"种子,跨出幼儿园的大门,都能健康向上,智慧成长。

参考文献:

[1]［美］梭罗.种子的信仰[M].东方出版社,2014.

[2]薛超.现代性视域下的师德构建研究[D].广西师范大学,2016.

[3]徐志国,吴亚英.课改视角:基于幼儿行为观察的支持性课程建设[J].早期教育（教师版）,2016（C1）:17-20.

[4]谢晔.浅谈幼儿园教育与家庭、社区资源的合理利用[J].教育界:高等教育,2015（06）:1.

"乡"伴成长，让乡土文化浸润幼儿心田

◎孙筱娟 毛丽君

摘 要 在乡村振兴与高质量发展的时代背景下，乡村幼儿园的乡土文化建设也需要有新的生长点。乡土文化建设需要立足于乡村特有的自然资源、文化物产、乡土风貌，构建亲近乡土的幼儿课程，从而激发幼儿爱家乡、爱祖国的情感，让乡土文化滋养幼儿身心，促进幼儿全面和谐发展。

关 键 词 幼儿园；乡土文化；育人价值

作者简介 孙筱娟，江苏省丹阳市吕城中心幼儿园园长，一级教师；毛丽君，江苏省丹阳市吕城中心幼儿园办公室主任，一级教师。

乡土文化是特定地域的传统文化和风土人情的总称。这种文化不仅蕴含了民间艺术、传统习俗、地方语言、历史故事等诸多元素，而且是构成中华民族五千多年文明史的重要部分。在幼儿园这一特殊的教育环境中，乡土文化的教育显得尤为重要。在多元文化的背景下，通过乡土文化的教育，幼儿不仅可以了解到家乡的传统文化，而且可以培养自己的文化自信，增强对民族文化的认同感。同时，乡土文化的教育也有助于培养幼儿的爱国情怀，让他们从小就树立起热爱祖国、热爱家乡的观念。

吕城中心幼儿园坐落在乡村，靠近大运河，是一个典型的乡村幼儿园。近年来，幼儿园基于"乡村振兴"的大背景，以"种吾乡之粟，启生长之旅"的办园理念为引领，以办好适合当地老百姓需要的教育为目标，扎实推进"'乡'伴成长"党建文化建设，深度挖掘"吾乡"教育活动，凸显"吾乡"教育"4+1"的课程内涵，力求让幼儿在大自然中、一日生活之中寻找乡土、欣赏乡貌、品尝乡味、传承乡俗、升华乡情，让乡土文化浸润幼儿心田。

一、心系乡情——环境润心，以童趣的生态园舍育人

幼儿园始终坚持"环境课程"的理念，致力于营造一个幼儿心中理想的生活环境，形成一片和谐的、适合幼儿生长的"吾乡"文化环境。

（一）以文凝心，润苗无声

多年来，乡土文化在幼儿园得到发展和延续，积淀了深厚的文化底蕴。我们确立了"生活、生趣、生长"的办园宗旨，以"'三爱'孩童、'三生'教师"为培养目标，以"基于生活、立足生趣、促进生长"为培养途径，积极打造"吾乡"文化特色教育。如开展"一园一徽"征集设计活动，让家长和幼儿从自然、生命、文化、成长等角度进行设计，切身感受幼儿园深层次的精神底蕴与人文内涵。以创建本土文化特色为主线，围绕"乡土、乡貌、乡味、乡俗、乡情"五大系列主题，打造"五乡"文化长廊，全方位展示了"吾乡"文化的独特魅力。以"自然渗透、自然传播"宣传模式，让"吾乡"文化逐渐深入大众内心。

（二）以境聚力，点亮童年

为了使幼儿园的教育能够符合幼儿的发展需求，遵循"儿童本位"理念，幼儿园需要构建一个激发幼儿自主参与和积极求知的教育环境。为此，吕城中心幼儿园对户外活动场地和活动室环境进行了优化改造。

1. 构建生态体验式户外乐园

近年来，我园不断审视园内的户外游戏环境，改原来的景观园为现在的游戏探索园，让幼儿回归自然，在自然中自主探索、激发灵性。幼儿园充分利用内走廊、通道、平台等空间，创设公共游戏区域和教研组公共资源库；改造幼儿园南边操场，打造集沙水区、骑行区、攀爬区于一体的生态体验式儿童乐园；改建田园小筑和耕读园，增设体能区、探索区、涂鸦区、表演区；等等。先后创设了20多个户外游戏区，满足幼儿与自然亲近与互动的需求。在这里，没有一扇门是完全封闭的，每一个区域都可以自然地进行学习。

2. 合理设置班级区域空间

幼儿园通过多次尝试，变原来移动、不易管理的班级格局为固定教学区、游戏区。此外，幼儿园还购入了大量的玩具柜作为分区隔断，可以有效地把活动室划分为不同的功能区域。这样一来，幼儿就能方便快捷地获取他们所需的游戏材料，并且不会受到其他幼儿的干扰，为幼儿充满创意的操作提供了良好的探索、求知、交往、合作的机会。

3. 构建自然温馨的班级环境

教室墙壁使用毛毡板，色彩温暖、柔和自然。结合班级幼儿年龄特点，围绕"乡之美、乡之韵、乡之味"三大主题创设班级环境，让幼儿园的角角落落尽显自然之美。安静的阅读空间、温馨的生活区、富有创意的美工区等区域为幼儿学习提供了无限的可能。投放更多贴近自然、儿童喜欢的低结构游戏材料，激发幼儿的想象力与创造力。

幼儿园一直致力于构建生态自然、童趣盎然的园所环境，让环境成为幼儿动手启蒙的策源地、快乐创造的小天地、开启智慧的探索地、和谐发展的引领地。

二、倾听乡音——团队润心，以卓越的师资队伍育人

农村教师作为农村教育的核心力量，也是传承和推广本土文化的主体。重塑他们对本地文化的认可和热爱是一个需要解决的关键问题。吕城中心幼儿园多措并举，重新激活了乡土文化在农村教师心中所具有的教育意义和生命意蕴。

（一）建设"乡音"道德讲堂，厚植乡土教育情怀

以"乡音讲堂"为载体，秉承"献身教育、扎根乡村"的精神，搭建教师道德建设新载体。以红色文化引领人：邀请老红军进入学校，讲述革命经历，增强教职工对党艰苦斗争的历程及其辉煌成就的理解，强化他们坚持跟随党的信仰与行动的信心。以本土文化陶冶人：邀请老书记开讲座，讲讲家乡的历史面貌和未来发展，介绍他的初心故事，传递正能量，以此激发全体教职工的责任感，让他们敢于创新，直面挑战，乐于奉献。以廉洁文化塑造人：开展师德建设活动，如"师德演讲比赛""师德承诺"等，把这些活动常态化且标准化，进一步深化教师的故乡情感和专业自豪感。

（二）实施"三分"培养模式，助力专业素质提升

依据教育经历，幼儿园将教师划分为初级教师、进阶教师、高级教师及资深教师。根据教师的现状和个体的不同需求实行"三分"培养模式（分层管理、分级培养、分标发展），培养过程中坚守四项原则：思维方向、需求角度、目的视角、问题视点；努力实现三种融合：道德品质与知识

技能的整合、理论和实际操作的统一、网络学习与现场教育的交融；同时做好三个注重：注重师德作风建设，立足实践，在实践创新中进步；注重培训规范，严格要求，教学相长；注重团队建设、整体发力，在组织引领下发展。

（三）深化"青蓝"建设计划，推动青年教师成长

通过"青蓝工程"提升教师专业能力，深化落实"1+1"青年教师培养模式。幼儿园创建了助力青年团队：提供一名新手指导员协助新入职教师平稳过渡到试用期阶段；指派一名优秀骨干教师作为成长导师，引导新教师迅速适应新的职位，提升教育技能；安排一名专家级别的教师为新教师的职业生涯制订合理的计划。通过新手教师跟踪实践、骨干教师引领示范、分区探究专业支持等形式，构建"发现问题—学习反思—实践调整—回顾总结"的培养体系，聚焦难题破解，依据教师自身特点助其成长。

（四）推进"润心"赋能行动，涵养教师育人智慧

推进"润心行动"，积极搭建"健心、安心、强心"三位一体的心理健康教育体系，依托乡镇"乡伴童行"未成年人保护工作站建设项目，培育心理健康教育教师团队，多层次开展心育工作，为全体师幼打造温暖轻松的环境。以"丹阳市第五批家校共育试点学校"为平台，构建家庭教育指导师团队，多种方式指导科学家教，全力提升幼儿园教师工作效能。借助"吾乡"德育工作机制，建设班主任协同德育团队，多维度展开德育教育。

三、触碰乡土——课程润心，以丰富的文化内涵育人

从幼儿角度出发，利用各种途径，有效地结合幼儿园和社区的教育资源，打造探究性课程体系。

（一）挖掘乡土资源，明确课程目标

幼儿园"吾乡"课程着眼于幼儿的生活，基于幼儿立场，在幼儿与幼儿、幼儿与幼儿园、幼儿与社会的活动中，围绕"乡土、乡貌、乡味、乡俗、乡情"五个方面，开设涵盖了地理环境、社会文化、人文历史、传统习俗以及特色美食的课程。重在培养幼儿的核心素养——五种能力与六种意识。五种能力是指交往能力、合作能力、探究能力、创造能力和关怀能力，六种意识是指服务意识、责任意识、参与意识、集体意识、爱家乡意识和爱国意识。

（二）开展乡土实践活动，提升课程实效

幼儿园需要回归幼儿园的教育过程、回归真实的教育现场。通过保教结合全员参与、生活活动自然融入、游戏活动有机渗透、主题活动系统引导、园所环境文化熏陶、场域联动协同育人六大路径，实施"四五"课程范式，引导幼儿接触吕城的人文历史，实践文化内涵，体验食育文化，感受德育文化，帮助幼儿建构对自然、对生活的全新认识，最终升华乡情。

（三）依托三位一体教育，实现课程共育

苏霍姆林斯基指出，幼儿要获得全面发展，必须要求两个教育者——学校和家庭采取一致的行动。为了提高幼儿园本土课程的质量，促进儿童成长，需构建一个持久且有效的家长参与体系。这个体系激励家长通过多样化的方式深入参与本土课程的规划与实施，从而加强与家庭在课程开发方面的合作。基于此，吕城中心幼儿园每年都会举办一系列关于节日、节气的亲子活动，如元宵节期间开展"童心庆元宵，民俗齐传承"亲子活动，端午节开展"情浓端午，粽享欢乐"亲子活动等。通过对这些民俗艺术文化的欣赏、体验，使家长和幼儿都深刻感受中华传统文化的丰富多彩。此外，幼儿园遵从家长的意愿，邀请他们进入班级教授幼儿制作吕城镇特色食品，让他们接触地方非遗技艺的神奇之处，从而激发对故

乡的热爱。

四、走近乡亲——协同润心，以创新的共育模式育人

以幼儿园为纽带，凝聚育人合力，以创新为推动力，将校园育人资源与社区育人资源相融合，关心关爱与润心赋能相融合，家风建设、文化浸润与师生活动、亲子活动相融合，着力打造校家社协同育人的"全领域"。

（一）打造"学习共同体"，达成共识

作为丹阳市落地式家长学校的试点校，吕城中心幼儿园一直秉承家园互动的模式，每月开展家长线上读书活动，通过互动讨论鼓励家长自由表达观点，让家长成为会议的中心，在轻松愉快的环境中使家长明确当前的教育状况，建立正确的教育理念。同时，幼儿园每学期也会邀请一些教育专家和心理咨询师在线上读书活动中进行指导和分享。他们为家长在讨论中遇到的问题提供专业的建议和解决方案，让家长获得更多的教育和心理支持，帮助他们更好地理解和应对当前的教育状况。通过这样的线上读书活动帮助家长建立正确的教育理念，为幼儿创造一个更好的成长环境。

（二）构建"命运共同体"，凝聚合力

为了使家长更好地理解并支持学校的教育理念和教学方法，幼儿园定期举办新生家长会、家长开放日、家长预约日等活动，家长可以直接走进教室，参与幼儿的学习活动，亲身感受学校的教学氛围和教育方法。这种互动不仅让家长对学校的教育工作有了更直观的了解，而且让他们对自己的孩子有了更深的认识。此外，幼儿园还设立了园长访谈室、家长委员会、家长信箱等，为家长提供了参与学校管理，发表意见和建议的平台。幼儿园还通过各种途径，如家长园地、校园网站、微信公众号平台等，向家长宣传科学的育儿知识和新的教育理念，帮助家长更好地理解和配合学校的教育工作。幼儿园积极倡导并实践家庭、学校、社会三方的利益一体化，以此为基础，努力构建一个和谐、共赢的教育环境。

（三）推进"联动共同体"，资源共享

吕城各地区的地方文化繁多且悠久，不同民族、不同地域的习俗不同，靠幼儿园单方面渗透教育是远远不够的，必须得到家庭的支持配合。因此，幼儿园在文化建设过程中尤其注重发掘并运用家长资源，如邀请吕城当地老艺人到园表演，让优秀传统文化走进幼儿园，融入幼儿日常生活，还开展了"家长助教，走进课堂"系列活动，涵盖民间工艺、传统习俗、传统中医、人文历史、自然生态、环境保护等，既拓展了特色教育资源，又形成了家园教育合力。

五、结语

乡土文化在吕城中心幼儿园得到传承和发扬，积累了深厚的文化底蕴。在这里，幼儿在传统文化的熏陶下，学会了尊重和理解，学会了关爱和分享。这个过程中，体现了教育、文化和爱的力量。把"吾乡"文化的种子播撒在幼儿的心田，让教育成为幼儿、教师、幼儿园一种爱的体验、一场温暖的陪伴，一段美好的成长旅程。

参考文献：

[1] 孔慧明，柴小燕.幼儿园"立体式"童话游戏的设计与实施[J].浙江教学研究，2015（06）：48-50.

[2] 李季湄，冯晓霞主编.《3-6岁儿童学习与发展指南》解读[M].北京：人民教育出版社.2013.

[3] 陈志利.帕夫雷什中学的成功奥秘：一种文化视角的解读[J].基础教育，2011（04）：11-16.

"曲中龙舞"校本课程建设的传承与创新

◎丁志云

摘　要　"曲中龙舞"是曲塘高级中学与海安本地"非遗"传承人联合创设的一项校本课程。近年来，学校融入立德树人、核心素养等现代课程理念，将历史悠久的"非遗"龙舞项目打造成一个"五育并举"的综合型育人平台、一个提升学校办学品质的工作促进平台、一个汇集多方教育资源的社会实践平台，实现了"非遗"龙舞传承方式的创新、校本课程育人体系的创新和校园文化特色品牌的创新。传承与发展、传统与现代的创新性融合使传统龙文化在曲中校园焕发出蓬勃生机。

关 键 词　龙舞；校本课程；非物质文化遗产；传承与创新

作者简介　丁志云，江苏省曲塘高级中学教师，中小学一级教师。

　　中国龙文化传承至今已有数千年的历史，龙舞作为龙文化的外显性表现形式，被列入第一批国家级非物质文化遗产名录。我校选择了"非遗"龙舞这一古老的、需要保护性传承的项目，以非遗传承为载体、以课程育人为主旨、以创建课程基地为追求，让龙舞雅俗共赏，既进得了课堂又入得了街巷，还上得了殿堂；既能让现代学生接受中华优秀传统文化的熏陶，又能让古老的中华文明焕发新生。

一、理念创新——共建"非遗传承 + 课程育人 + 课程基地"的传承体系

　　理念创新是我校选择龙舞校本课程的初衷。本地民间一直流传着两个龙舞舞种——"罗汉龙"和"苍龙舞"。然而，近三四十年，随着年轻人外出工作，本地龙舞的民间传承几乎断代。

　　龙舞作为我国宝贵的文化遗产，具有物质和文化传承的双重属性。基于此，2020 年初，以顾庆华校长为首的学校领导班子决定引进"非遗"龙舞项目，这是在教育教学改革大背景下创新、开拓的新举措，是在创建特色项目、特色校本课程、特色文化品牌等学校工作任务的综合驱动下产生的战略性决策。学校看中的不仅仅是一种古老的舞蹈形式，还有浸润其中厚重的民族印记——龙文化。传统的龙文化中蕴含着丰富的育人功能："龙的传人"是家国情怀、"鱼跃龙门"是励志与奋斗的精神、"望子成龙""人中龙凤"是代代相传的育人愿望，还有惩恶扬善、善恶有报的德行观，敬畏天地、尊重生命的价值观等，也都体现出德育功能。此外，龙舞动作学记、动作编排、表演合作有智育的功能；龙舞套路演练与动作训练，涉及速度、力量、耐力、柔韧、灵敏等体能素质，体现体育功能；龙舞套路表演与套路竞赛，涉及服饰道具、音乐选配、合规程度、表现美感等方面，体现美育功能；龙舞道具的制作维修、取用收纳，涉及捆扎、缝制、粘贴、搬运、清洁、储藏等，体现劳动教育功能。引进并非照搬，要让古老的文化培育现代青少年，就必须融合现代教育教学理念、理论和方法，对民间龙舞活动加以课程化改造。

　　为此，我校特邀杨培杰老先生莅临我校指导龙舞校本课程的开发——七十多岁的杨培杰老先

生是"江苏省级非遗传承人",一生致力于龙舞的传承与推广。2020 年 11 月,在我校龙舞课程建设的启动仪式上,杨老先生激动地表示,"龙舞进校园"开辟了非遗传承新途径。至 2023 年 6 月,我校已有四届学生参与了龙舞课程的教学演练活动,为龙舞的传承播下了近四千颗种子。

更大的传承效应发生在 2021 年,"曲中龙舞"课程推出的"教、学、演、赛"系列活动引起了海安市教体局、海安市委宣传部的关注和兴趣。海安市教体局决定在全市教育系统推广龙舞项目,将龙狮运动列为新的县域特色项目来开发和培育。2021 年,海安市龙狮运动协会成立,建立了包含幼儿园、小学、初中、高中的"龙狮项目联盟",曲塘高级中学被选为主席成员单位;2021 年 10 月,海安市教体局、海安龙狮运动协会联合举办了首届健身龙舞大赛,曲塘中学获得优胜奖;2021 年 12 月,海安教体局创编了五百多名师生参演的大型龙狮节目《通江达海》,参加南通市第 12 届全民运动会开幕式表演,曲塘中学获得开幕式展演项目评比一等奖;2022 年 9 月,海安市教体局又创编了近百人参演的罗汉龙节目,"曲中龙舞"作为其中之一,参加第 59 届海安北凌农民运动会开幕式表演;2023 年正月初一和正月十五,海安市委市政府组织了两次大型龙狮巡街民俗表演,"曲中龙舞"的表演登上了央视新闻联播。至此,"非遗"龙舞在海安大地遍地开花、重现繁荣,也给"曲中龙舞"传承建设增添了新的发展动力。

二、内容创新——构建"龙舞教学 + 龙舞展演 + 龙舞竞赛"的课程体系

内容创新首先是指龙舞课程并不止步于课堂教学,还进行龙舞展演和龙舞竞赛等活动,形成完整的包含学、练、赛、评、交流协作等环节的结构化的内容体系。其次是指龙舞教学不拘泥于龙舞艺人的口述身传式传承,还要进行课程化改造

和整理加工,形成书面教材、视频和图片资料库,使海安龙舞流派发扬光大。

（一）创新教学工作机制,夯实龙舞群众基础

我校将龙舞校本课程建设列为重点项目,真抓实干,力求全校学生人人学龙舞。

第一,创新管理机制,计划执行到位。校长室成立龙舞课程工作专班,正校长挂帅,分管体育的副校长坐镇,政务、教务、总务等科室一把手协办,提供学生管理、课务协调、交通餐饮、外联宣传等全方位服务。

第二,创新课堂教学形式,抓实龙舞课堂教学。师资方面,外聘非遗传承人及其团队作为业务指导老师,形成外聘老师(负责龙舞技能教学) + 体育任课老师(维护课堂教学秩序)团队式授课的体育课堂场景,相对于传统体育课的教学来说也是一种创新之举。

第三,开展龙舞专业技能培训与专题教学研究活动。近年来,体育组老师除了坚持全程参与龙舞课堂教学、师从民间艺人和协作大学龙舞社团的师生学习龙舞动作技能外,还多次参加龙狮协会组织的龙狮教学技能培训、裁判技能培训、龙舞表演与龙舞竞赛活动,逐步学习三节龙、九节龙、彩带龙、双人狮舞等专项技能。

第四,学校统筹规划文化学习与龙舞活动的时间安排,争取获得学生、家长与其他各学科老师的支持,力求把好事办好。

（二）创新教学评价机制,搭建龙舞展示的舞台

公演展示、开放式评价是龙舞课程评价创新的一大亮点。教学过程中不考勤,模块评价不考试,而是改为以参加演出或比赛活动的次数 + 级别 + 效果来评定龙舞学练的模块成绩。

第一,改革课堂管理方式,做到人人有位、人人有责。模块教学每一次课安排 3 个行政班级同时上课,全年级 15 个班分成 5 个组合(教学班)。每个组合分成男、女两个大班,男生学罗汉

龙，女生学苍龙舞，由不同的老师执教；男生再以龙的颜色分为红龙组、黄龙组、青龙组、白龙组、金龙组、花龙组，每条龙需要10人（龙珠＋龙头＋一把／二把……七把＋龙尾），另加两三名替换的学生；女生一人一条小苍龙，但苍龙舞有相对固定的队形、路线、造型变化，每一名学生都有固定的分组和站位，缺席1人就会影响一条龙或全套动作的运转。所以，位置排定后根本无须点名，有人缺席立刻就能知道。

第二，完善教学激励机制，让学生带着任务学、带着动力学。在模块学习初期，通过往届活动视频图片报道、奖杯证书展示等形式，介绍龙舞模块开放式的评价方案、评价标准、评价组织形式；明确参加龙舞表演与竞赛活动的选拔方式；明确龙舞社团活动成绩，在高中阶段入团积分、评优评先、综合素质评价中的比重和影响，以此激发学生参加龙舞学练的内驱力，形成自主、合作、探究的学习氛围。

第三，创设学以致用的技能应用机制，形成活动育人、实践育人的氛围。龙舞课程教学以用代考、注重应用的机制，使龙舞模块教学逐步落实了"教、学、练、赛、评"一体化的体育教学改革要求。每年五月底的高三年级"最后一跑"暨为高考学子壮行仪式、十月的田径运动会开幕式、十一月的宿舍文化艺术节，是我校设定的3个龙舞展示活动平台，要求高一年级全员参加，结合参与者的表现给予相应的评价等级，不合格、未参与者要求补修或在相关评价中扣分。

第四，还有一些机动性的任务，比如春节期间的慰问演出、民俗表演、龙舞竞赛等需要选拔或自主报名参加的活动。所有活动都是开放式的，社会各界的观众如潮，有的是评委评奖，有的是电视电台、抖音、公众号和朋友圈的各种报道。开放的形式既倒逼着龙舞课程教学与演练的真抓实干，也促进龙舞展演竞赛活动向高水平、高质量、高素质的方向发展，这就是活动育人的

作用原理和实用价值。

三、成效创新——组建"校园演练群＋龙舞竞赛圈＋社会协作网"的联盟体系

成效创新是指突破校本课程本校用、本学科师生参与、本校学生受益的局限，让龙舞课程系列活动走出校园、走进社区、走上舞台、走上赛场，最大限度地发挥龙舞校本课程教学成果的作用力、凝聚力、影响力，让龙舞课程的建设成果服务学生、服务学校、服务民众、服务社会。

（一）创新龙舞校本课程建设定位，跨学科办学、多领域融合建设龙舞综合体

虽然龙舞课程安排在体育课的时间，体育学科老师也是龙舞教学与活动的骨干力量，但学校对龙舞课程的定位并非体育类校本课程，而是将其作为一项创造校园文化特色品牌的文化工程来重点对待的。明确这一点非常重要，只有理解了龙舞课程的战略性地位，才能消除学生、家长及老师对这项工作的误解或怨言。

从课程性质上来看，龙舞的动作和套路只是课程的外显部分，至少涉及体育（动作教学、体能训练、套路合练）、美育（配套音乐、道具服饰、舞蹈编排、现场导演）、劳动教育（道具搬运、道具收纳、道具维修）、社会实践教育（了解演出环境、展示龙舞技艺、社区互动交流）。

此外，龙舞课程所蕴含的龙文化，还涉及文学、美学、社会学、历史、政治、地理、民俗流派、扎龙工艺等多学科知识，都可作为龙舞课程落实"五育并举"综合育人的内在资源。

（二）创新龙舞校本课程建设策略，开门办学、多方资源融合组建龙舞共同体

与一般校本课程开发的校内建设、自产自销不同，龙舞课程建设一开始就是走开门办学、合作共建的路子。

首先，与"非遗"传承团队的合作。在杨老先生的团队里既有教学师资力量、龙舞道具的

制作匠人，还有龙舞编排、导演和活动推介等专门人才。2020 年 11 月开始龙舞教学，紧接着的 2021 年春节期间就推荐学校龙舞社团参加社区的演出活动。2021 年四五月间，龙舞社团又接连参加了两场市委市政府主办的现场会，逐渐打响了"曲中龙舞"的名号。"非遗"传承团队给龙舞课程带来教学、排练、推荐演出、现场导演、道具制作与维修等"一条龙"的服务，在龙舞课程建设的起步阶段发挥了关键的作用。

其次，与有关高校和中小学的合作。2020 年 10 月 6 日，南京邮电大学高雅艺术进校园活动带来了一场名为《龙吟狮语》的龙舞舞狮表演，这场近两小时的高水平演出活动也拉开了两校间合作的序幕。2023 年 4 月，两校正式签订龙舞项目的共建协议。2023 年 6 月，我校报名参加江苏省龙舞锦标赛。竞技龙舞与龙舞表演有很大区别，为此南通大学龙舞社派来了 1 名老师和 4 名大学生组成的教练组，与我校龙舞社团的师生同吃同住同训练，帮助我校取得了高中组龙舞规定套路第一名。如果说跟两所高校合作使我校获得了龙舞表演、竞赛的高层次资源，那么跟海陵中学和大公初中组成的校际龙舞联盟，则是为未来曲中龙舞走向更高层次预备了人才资源。

此外，我校还加入了省、市龙狮运动协会。安排老师参加龙狮裁判员、教练员培训；组织教工龙舞队参加海安健身龙舞大赛、南通市第 12 届全民运动会开幕式表演、第 59 届海安北陵农民运动会开幕式表演、2023 年春节民俗表演等大型活动。请进来、走出去，开门办学、合作共赢的发展策略，使我校通过龙舞课程系列活动，聚集了广泛的办学资源、激活了学校工作的效度、丰富了学生的校园生活，增强了校园文化品位、提升了办学品质，也提高了学校知名度。可以说，创建龙舞课程一举多得。

四、结语

龙舞课程本身就是创新的产物，既体现了学校育人方式的新理念，也体现了学校领导班子办学思路的新策略。三年多的实践成果丰硕，能够实现学生成长、学校发展、非遗传承、社会和谐等多方面的共赢。当然，龙舞课程建设只是取得了初步成效，下阶段建设龙舞文化体验馆、编辑出版"曲中龙舞"校本教材、申报江苏省龙舞课程基地等任务已提上日程。此外，我校还将继续开展龙舞合作共建单位的访问交流活动、参加各级各类龙舞文化展演、参加省级甚至全国性的龙舞锦标赛。这些具体工作面广量大、任重道远，既需要教育教学改革的理念创新，也需要教育教学改革的实践创新。

参考文献：

[1] 韩荣勇 . 传统民俗文化传承与校本课程建设的实践与思考 [J]. 江苏科技信息，2015（06）：62-65.

[2] 童绍英 . 教育人类学视野：传统文化传承与学校教育结合——以汤堆小学校本课程开发为例 [J]. 黑龙江史志，2008（24）：99.

[3] 张木元，方林 . 传承羌族文化 彰显学校特色——北川中学校本课程的规划、开发与教学 [J]. 中国教育技术装备，2012（32）：41-42.

依托汉字文化建设校园文化
——以"字在教育"育人体系为例

◎宋　凯

摘　要 新课程标准把核心素养置于深化课程改革、落实立德树人根本任务的基础地位。汉字的造字义理中蕴含着深厚的文化意义，我校依托汉字文化建构"字在教育"育人体系，以汉字文化丰富校园文化建设，通过树立强烈的核心素养文化意识，充分满足学生在文化基础、自主发展、社会参与等方面的需求，引领学生和教师主动、可持续地发展，加快提升学校文化建设品位。

关键词 文化建设；汉字文化；校园文化

作者简介 宋凯，江苏省连云港市新海初级中学党委书记，校长，正高级教师。

汉字是中国文化的基础，既能体现中华民族的传统精神，又能反映其历史文化和价值智慧。因此，汉字的教育具有深远的意义和价值。

基于此，我们提出"字在教育"育人体系建构理论，以汉字文化为基础，探寻校园文化建设的有效路径，激发学生对中华文化的热爱和兴趣，培养其对中华文化的传承意识和责任感。

一、建构"字在教育"育人体系要素

（一）全局把握校园文化定位

良好的校园文化会对学生的人生观、价值观产生潜移默化的影响。我校全面分析自身文化定位，通过研究汉字读写规律和隐藏的造字密码，提炼"三风一训"、发展愿景、校歌谱写等校园文化元素，全面开展校风、教风、学风建设，为学校树立起完整的文化形象。围绕"三风一训"，开展以"静笃竞行，梦圆新初"为主题的中考壮行仪式等活动。我校深挖"三风一训"文化内涵，使之成为新海初级中学这所学校的独特文化。

（二）汉字文化建设育人目标设定

我校以汉字为依托，树立"文以化人、字觉养正"的办学理念。通过以字养心、以字赋能、以字树品、以字审美的目标设定，完成对学生生命成长的价值引导，让每一个学生都能获得成功的体验，成为拥有家国情怀、世界眼光、创新精神、实践能力的"完人"。

（三）汉字文化建设实践体系

我校根据汉字的造字义理特点，以文字教育作为切入口，通过物质文化建设、精神文化建设、制度文化建设、课程体系建设、课堂教学转型来推动育人方式的变革。例如，推进"明道课堂"改革，全力打造课堂教学新样态；利用校本课程资源优势促进"五育融合"，探索跨学科校本课程的开发与实践研究，激发学生对汉字和传统文化的喜爱，引导学生领会中华优秀传统文化的魅力，培育时代新人的文化自信。

二、校园汉字文化建设的现实进路

（一）以汉字为依托，打造特色鲜明的全域汉字文化场所

我校坚持环境育人、文化育人的思想，打造"汉字主题学校"。

1. 沉浸式体验项目的建设

建设项目为一廊一馆三壁四园：一廊是字在清廉长廊；一馆是数字化书法教学馆；三壁是汉字画壁、汉字树壁、二十四节气汉字壁；四园是甲骨文字园、历代名帖园、书法对联园、汉字真草隶篆园。在物型建设方面，通过升级原有汉字全域体验空间，构建班级汉字文化场域，在劳动教育基地打造自然与汉字主体区域等，为师生学习成长创设良好的环境。

2. 班级汉字文化场域的建构

聚焦班级汉字，使之和学校文化、社会主义核心价值观有机结合。将汉字融入班级文化布置，开展"擦亮班级汉字名片"活动，将毕业班的班级汉字收藏于校史馆。我校的校园文化特色曾被江苏教育频道《教育周刊》栏目报道。

（二）以活动为载体，开展丰富多彩的汉字特色体验活动

凝练办学思想、办学目标和"三风一训"，依托校园文化特色，开展汉字特色体验活动。

1. 举办汉字文化节

每年在相传仓颉造字的谷雨时节开展汉字节活动。2021年，我校开展"汉字节"系列活动，组织师生观看"2021年辛丑谷雨祭祀仓颉典"，组织学生进行汉字寻根体验之旅，画仓圣鸟迹书，与文祖仓颉进行一场穿越时空的对话。

2. 举办年度汉字评选活动

每年末通过"汉字演讲比赛"的形式开展学校年度汉字评选活动，并与连云港报业传媒集团、苍梧晚报、市语委办联合开展港城年度汉字评选活动。借年度汉字评选促使学生养成热爱祖国传统文化、热爱家乡、热爱母校、热爱学习的情感，培养学生观察生活、思考生活的习惯。

3. 举办篆刻艺术作品展

联合苍梧印社举办篆刻艺术作品展，并开展特色体验课程，加深学生对篆刻艺术的理解和人文知识的了解，帮助学生了解汉字的结构之美、意蕴之美，提升学生对篆刻艺术的审美能力，形成系统的理性认识。

4. 建设学生汉字社团

开展兼具时代特征和校园特色的社团活动。组建汉字剪纸社、汉字篆刻社、蜗牛版画社、"字由字在"社等，把汉字学习与书法、篆刻、剪纸、版画等融为一体，发展学生的个性特长，帮助学生了解汉字的结构之美、意蕴之美，提升学生对艺术的审美能力，形成系统的理性认识。

（三）从课程着眼，形成丰富多元的"字在教育"课程体系

课程作为实现育人目标的重要载体，是教育改革发展的核心。我校以"字在教育"课程为依托，打造具有显著特色的"字在教育"校园文化与适应课改的课堂教学模式，实现"文化塑形"。

1. 开发浸润式汉字文化基础课程

"字在语文"作为省基础教育对外合作交流的重点项目，以汉字研究和语文教学为导向，把学生置于汉字场域之中，从汉字文化的角度挖掘语文教学的深层内涵，提高学生的语文核心素养。近年来开设了多节影响显著的示范课、研讨课、讲座。如第31届江苏省"教海探航"征文竞赛颁奖大会暨苏派与全国名师课堂教学观摩研讨活动中，宁琼老师执教"《儒林外史》导读课"；在市初中语文"青蓝课程"展示活动中，笔者作了"'字在语文'教学主张对语文教学的现实意义"的专题讲座，介绍"字在语文"教学主张的五个依据，探究"文"在汉民族经验世界和精神世

界中的本源性。

2. 开发拓展性汉字文化综合课程

在开齐开足国家课程的情况下，我校把国家课程的实施进一步校本化和特色化，以汉字研究为核心，拓展到各学科，从人文底蕴、科学精神、责任担当、实践创新等角度开发多类汉字文化综合课程。通过校本化的课程打通汉字与数学、地理、艺术、生物、信息、劳动等学科的通道，引导学生在体验汉字时进行审美鉴赏，拓宽学生的文化视野，提高学生的审美品位。开设如"二十四节气里的汉字""汉字中的天文""汉字中的地理"等拓展性汉字文化综合课程。《二十四节气汉字里的秘密》是我校的校本教材之一，通过系列主题教育实践课，让学生学习二十四节气汉字秘密。

3. 开发体验性汉字文化探究课程

我校在两个省级课题的实践过程中，创新传统文化教育的途径和方法，开发体验性汉字文化探究课程，完成跨学科项目化学习的实践探索。一是项目探究式成长路径。把问题项目化，形成探究路径。二是主题探究式成长路径。围绕主题，整合资源，解决问题，促进生命成长。三是互助探究式成长路径。同伴互助，相互探讨，资源互补，成果分享。四是反思探究式成长路径。善于反思经验和不足，总结教训，寻找解决问题的正确答案。五是创新探究式成长路径。创新性地提出问题、解决问题，提升学习品质，加深对汉字蕴含文化的理解，树立学生的民族自信和文化自信，培养具有开阔视野的高素质、复合型人才。

（四）立足文化底蕴，传承弘扬中华优秀传统文化

汉字中蕴含着丰富的中华传统文化信息，要让广大师生在校园设施、活动与课程中感受汉字文化。

1. 厚积文化建设

通过"字在教育"育人体系的建构进行校园文化建设，让全校师生在物化设施中浸润汉字文化，在丰富的活动与课程中感受汉字文化，在工作学习中转变教学方式与学习方式。切实增强师生的参与度和体验感，提升教师的专业素养和学生的核心素养，增强师生的获得感、归属感、幸福感。

2. 推进学区教研

我校通过专家引领、同伴互助，培养一批有独特教学风格的学科领军人物，打造富有特色的汉字教学品牌。依托"字在语文"省级名师工作室，发挥名师效应，聚焦初中课堂，积极承办各级各类活动。定期举办汉字文化综合体验课程活动开放周、现场会等对外展示活动，输出"字在语文"的教学范式，在全市基础教育中起到引领带动作用。

3. 辐射区域联盟

把"字在教育"育人体系向纵深推进，使场域建设形成特色规模，课堂教学起到示范引领作用。通过指导帮助、培训师资等形式帮助共建学校聚焦核心素养视野下的汉字文化体验课程。在我校的帮助下，海庆中学、猴嘴中学顺利成为江苏省薄弱初中质量提升工程语文课程基地校。作为首批"江苏省华文教育基地"之一，我校积极开展国内外校际交流合作，先后与澳大利亚澳菲瑟中学、英国金斯福德中学签订友好协议，每年不定期交流互访，积极推广汉字文化教育。

三、校园汉字文化建设的价值内涵

校园汉字文化建设的价值在于学生通过对汉字的学习与应用，实现由学科知识学习向人的素养形成的转变。

（一）更新教育教学理念，推动教师团队专业发展

把所有学科教师分为文史、地生、数学、理化、音体美五组进行汉字专题教学。我校积极组

织专题沙龙、研讨活动，积极承办省市级大型活动，邀请汉字专家举办讲座，带动更多教师参与，促使教师更新教育教学理念，不断研究与实践，结出丰硕成果。如《文以化人："字在教育"育人体系建构与实践路径探索》获评市基础教育教学成果培育实施方案设计大赛特等奖。我校已有省前瞻性项目立项 1 项，省市级课题立项 17 项。一百多位教师开设县区级以上公开课。

（二）指向核心素养培养，拓展学生生命成长路径

"字在教育"育人体系已初具规模，我校将紧紧围绕学生核心素养发展达成效果，从制度文化、物质文化、课堂实践等方面出版《"字在教育"学校文化实践集》，努力形成一套具有地方特色、学校特色且与传统文化有机结合的校本课程教材。通过项目探究式、主题探究式、互助探究式、反思探究式、创新探究式的学习方式拓宽学生生命成长路径。我校连年获得市初中校教学质量奖，今年在省信息素养提升实践活动、省市各主题征文活动、市青少年科技创新大赛、中华经典诵读大赛等赛事活动中成绩喜人，获奖学生近二百人。

（三）凸显示范引领作用，形成区域联盟辐射影响

我校坚持强化文化品牌意识，引领师生共同创设学校文化发展愿景，将学校文化建设落在实处，积极打造成熟的学校文化品牌，凸显示范引领作用，形成区域联盟辐射影响。经过全方面、多层次、整体化的学校文化特色建设，我校获得 2022—2023 学年度初中教学质量奖、市"一校一品"党建文化"十佳"品牌、市职工书屋示范校、省家校共育数字化示范校、省师德师风建设宣传基地校、省职工书屋示范点等荣誉称号。"全域沉浸式体验：'字在语文'学科发展示范中心建设"

被评为省基础教育内涵建设项目优秀项目；沉浸式"字在语文"教学实践与探索参加了第六届中国教育创新成果公益博览会。

四、结语

汉字彰显了中华文化的巨大影响力和恒久生命力。校园汉字文化建设创新传统文化教育的途径和方法，让校园汉字文化真正进入学生的生命，实现校园汉字文化对学生生命成长的价值，在价值观引导、人格培养、认知发展、情感培养、审美体验、文化领悟和社会理解等方面实现校园汉字文化建设的育人功能。

参考文献：

[1] 中华人民共和国教育部. 义务教育语文课程标准（2022 年版）[S]. 北京：北京师范大学出版社，2022.

[2] 张志强，徐林祥. 中华优秀传统文化教育与语文教学 [J]. 小学语文建设教与学（人大复印），2024,（05）：4-7, 26.

[3] 樊榕. 关于学校文化建设的文献综述 [J]. 西北成人教育学院学报，2014, 76（03）：36-40.

[4] 朱征. 在科技创新教育中厚植家国情怀 [J]. 人民教育，2021（20）：53-55.

[5] 张立学，路日亮. 以文化人意蕴解读 [J]. 中国高等教育，2018（12）：34.

[6] 代俊华，吴立宝. 中小学学校文化建设的新思考 [J]. 教书育人，2019（19）：8-9.

[7] 吴立宝，许亚桃，代俊华. 学校文化建设的问题及对策 [J]. 教学与管理，2021（13）：11-13.

[8] 陈海慧. 借力校本课程开发　促进校园文化建设 [J]. 女人坊（新时代教育），2021（15）：290.

[9] 毕长虹. 校园景观"寓言林"在校园文化建设中的利用 [J]. 华人时刊（校长），2021（10）：38-39.

构建高中教育新样态：仪征中学六维实践探索

◎姚国平

摘　要 基于江苏省仪征中学的实践，从关注体质健康，构造体育教育新样态；培养审美情趣，生成艺术教育新样态；关注心理健康，厚实心理教育新样态；提升综合素养，赋能品格提升新样态；创建美好环境，建塑校园生活新样态；依托课程支撑，创设"学思行"新样态等六个视角，探讨高中教育新样态的建设问题。

关 键 词 教育新样态；体质健康；审美情趣；心理健康；综合素养

作者简介 姚国平，江苏省仪征中学校长，高级教师。

江苏省仪征中学高度重视学生身心健康发展，扎实推进各项活动，培养学生审美情趣，创建美好的物质、人文环境，依托课程，培养学习力，提升思考力，展示创造力，提高综合素养，让师生享受积极、幸福的教育生活。

一、关注体质健康，构建体育教育新样态

（一）发展竞技体育，成果丰硕

我校是江苏省棒垒球传统项目校、全国青少年篮球特色学校，在体育竞赛中屡获殊荣。2018年获全国少年垒球锦标赛冠军，江苏省第 19 届运动会青少年组棒球、垒球比赛双料冠军。2019年获江苏省青少年阳光体育联赛垒球锦标赛第一名、扬州市 13 届运动会学生部高中组游泳比赛自由泳和蛙泳 4×100 接力第一名。2020 年获江苏省青少年垒球锦标赛第一名。2021 年获扬州市中小学生阳光体育比赛篮球比赛女子第一名、男子第二名。2022 年获扬州市青少年阳光体育联赛中小学生乒乓球比赛高中组男子团体第二名和女子团体第一名。2023 年获扬州市青少年阳光体育联赛女子篮球第一名。

近年来共培养国家一级、二级运动员 75 人，向国家青年队输送 2 人，向省队输送 4 人。多名运动员被上海外国语大学、北京体育大学等名校录取。

（二）推行阳光体育，强健体魄

我校结合《国家学生体质健康标准》，制定符合学生身心特点的体育教学内容。高一年级以田径为主，提升身体素质。高二、高三年级以篮球、排球、足球、乒乓球和羽毛球为主，提升运动技能，培养运动爱好和习惯。经过三年系统教学和课外拓展，每位学生都能掌握运动技能，大部分学生能够进行各类小型竞赛。

在体育课的基础上，我校举行了丰富多彩的体育活动：举办班级跑操比赛，促进团队的协作力、班级的凝聚力，培养学生热爱体育、崇尚运动的健康理念；课间跳兔子舞，帮助学生缓解身心压力，塑造开朗性格；举行融传统、趣味与科技为一体的校园文化体育艺术科技节，通过舞蹈、跳绳、拔河等趣味活动帮助学生释放自我，借助跳高、跳远、掷球等传统项目帮助学生突破自我；依托"新柳"俱乐部，成立了棒垒球、足

球、篮球、羽毛球、乒乓球、啦啦操等体育社团，充分调动了学生参与体育锻炼的积极性。每年毕业生体质健康测试合格率达98%以上。

二、培养审美情趣，生成艺术教育新样态

（一）拓宽美育教育实践途径

我校将劳动教育与美育课程相结合。学生在美术教师的指导下自主完成设计、绘画、雕刻、拍摄等一系列装点校园的劳动实践，以青春之名打造温馨的心灵空间，创作翰墨飘香的书法作品、气韵与华彩兼具的绘画、豪壮通透的篆刻印章、异彩纷呈的3D画廊道、精致细腻的艺术墙壁等。从初识建筑材料到美术基础的训练，从色彩构图的技巧学习到动手劳动表达的实践，学生打开了心灵之窗、放飞了无限情思、培养了审美情趣、提高了劳动技能，收获了团队共同成长的幸福感。学生作品三次获得哈工大建造节建模比赛一等奖，多次获扬州市"中国梦·运河情"才艺大赛比赛特等奖。

（二）创新音乐教育呈现方式

我校利用校园广播台，在"问题情境化"阅读课程基地构架下进行高中课间音乐建设，针对高中生身心和课间的特点选择适合的音乐。目前已经形成了12套高中课间音乐曲目，内容主要以优美的世界经典钢琴曲、班德瑞的轻音乐、中国民族音乐、红色歌曲、励志歌曲为主，每首乐曲开头还有音乐知识介绍。每套音乐集有30首曲目，结合课间实际情况，一天播放6首，1套音乐播放一周，以此构建高中课间音乐体系，培养学生音乐素养。同时可作为学校课程基地"看听做演"体系中的"用耳朵听的阅读"，这种"阅读"是以声音的方式呈现给学生。美妙的声音不仅可以舒缓上课的紧张情绪，也带来美的享受，提升审美感受力，促进学生身心健康发展。

三、关注心理健康，造就心理教育新样态

（一）心理健康课程开设独具特色

心理健康教育的主阵地在课堂，因此，我校开设了特色心理健康教育课，组织心理教师编写并出版了具有本校特色的心理健康校本教材《让阳光永驻心田》供学生阅读，并将其作为心理健康课程的教学依据。课程主题包括自我意识、学习指导、人际交往、情绪管理和职业规划等。教材内容贴近学生生活实际，针对性、实用性强，深受学生喜爱。此外，我校还成立心理手语操社团、心理剧表演社团，开展编制心理小报、摄制心理健康系列视频等活动。

（二）促进心理健康发展途径多样

我校设置心理咨询室、谈话室、宣泄室、活动室、个体及团体辅导室，有3名专职的心理健康教育教师和2名兼职心理辅导教师，坚持预防、辅导、干预相结合的方针。心理教师每学期都对班级心理委员进行专项培训和工作指导，通过他们及时了解班级学生的心理动态。每学期还会给学生分发心声纸片，让学生充分表达自己的心声，写出烦恼及诉求，以便教师尽早介入辅导或干预，保证学生心理积极稳定发展。学生发展中心每年还与校外心理名师工作室、专业机构联系，针对师生开展各类心理拓展活动，帮助师生放松身心，愉悦心灵。

四、提升综合素养，赋能品格提升新样态

（一）构建"为学求真、为事向善、为人尚美"的励志体系

1. 笃行明道，为学求真

我校秉持"唯真唯实"的校训，设计真实情境，鼓励学生亲身实践、合作探究，激发求知热情，培养学生求真务实的品质。依托数字化实验室，通过自主实验操作培养学生勇于质疑、勤于

实践的精神。通过学科竞赛和机器人竞赛活动培养学生的创造精神与创新能力。

2. 奉献担当，为事向善

进行成人仪式教育，勉励学生不忘责任，锤炼自我。开展校园卫生轮值等劳动实践，引导学生养成正确的劳动价值观。通过社会实践、志愿服务，让学生在传递爱心、实现自身价值的同时感受向善的力量。办好模拟法庭、模拟政协、模拟联合国等社团，让学生直面真实情境，解决实际问题，锻炼向善的能力。

3. 修身立德，为人尚美

把校园环境的布置交给学生，鼓励学生尽展才情，表现美；举办"发现校园之美""寻觅生活之美"书画摄影展，引导学生发现美、鉴赏美；依托三个省级课程基地建设，开设相关社团活动，尚人文之美；与红十字会结成共建单位，定期开设生命教育课程，引导学生尚生命之美。

（二）构建"自主自觉、博学博究、专注专研"的强能体系

1. 以自主自觉强学习之能

充分利用"仪中小讲堂""创意小能手""辩论小专家"等主题活动，引导学生自主查阅、自行筛选、自我组织。利用阅读互动板块引导学生自主思考、自我表达，帮助学生提升学习力。

2. 以博学博究强生活之能

"自救自护"课程提升学生的健康意识，"新柳阳光"课程提高学生的心理健康，"行走世界"课程培养学生的情商，"看听做演"课程培育学生的想象力。

3. 以专注专研强创新之能

借助 STEM 课程培养和提升学生的科学素养，通过机器人创客将创新教育、体验教育、项目学习等融为一体，激发学生的好奇心与创造力。举行概念产品发布会，培养学生的学科融合素养和创新理念。

五、创建美好环境，建设校园生活新样态

（一）物载环境美好

我校注重建设教室文化、宿舍文化、廊道文化等。整个学校建筑富丽大方、错落有致，洋溢着浓郁的文化气息，各微观景点自成一体，又相映成趣。校园中的"泮池新柳"是真州八景之一，承载了历代文人墨客的足迹，是仪中文化也是仪征文化的缩影。泮池微缩景观结合弧形大台阶、奎光亭、21 世纪雕塑和镌刻着校训、校风、学风、教风的石碑等形成了具有丰富文化内涵、优美典雅的师生休闲、学习场所。

（二）人文环境浓厚

关爱特殊学生群体，有计划地开展帮扶、帮教活动，每年按计划发放奖、助学金。努力改善生活、学习环境，关心教师的身心健康，如请专家来校教做颈椎健康操、定期开展心理讲座等。此外，我校还举办教职工趣味运动会、迎新年掼蛋比赛、庆祝三八国际妇女节活动等，打造人文气息浓厚的校园环境，给师生提供健康向上的生活内容，养成积极乐观的精神状态。

六、依托课程支撑，创设"学思行"新样态

（一）学法指引培养学习力

近年来，我校教师不断加强对课堂教学的深度研究，高度重视以课题研究推动课堂教学改革，取得了一定的成绩。如孔艳老师主持的江苏省"十二五"规划立项课题"构建'扶困·励志·强能'三维立体式普通高中困难学生资助模式的研究"，引导、规范学生行为习惯，激活学生的成长意识，用自主体验的方法获取知识、形成能力，使自我潜能得以开发，获得"学会"和"会学"的学习力。

立足于知识的跨界融通，我校课题研究逐步深化。例如，依托现有课题研究成果，我校语文、政治、数学、物理、政治、历史、生物、化学等学科教

师从更深层面、更广角度理解教材和教学,遵循教学规律,回归教学本意,利用"跨界"教学交流活动整合多学科的相关知识,引导学生发现知识间的内在联系,开阔了教师视野,激发了学生思维。

(二)情境阅读提升思考力

"问题情境化"阅读课程基地 2020 年江苏省立项,强调走进问题情境阅读,在阅读中思考、在思考中建构,注重知识与生产、生活的联系,进而培养学生的深度思考力。在教学中,精心研制的问题情境创设学科内、学科间的思维场域,将教师的教和学生的学全部纳入主动思考、多元体悟、综合感知的信息渠道之中,实现了知识传承与能力生成由单向度、静态化向多维度、动态化的转变。学生通过广泛接触与学科相关的知识,掌握学科原理,学会将学科知识应用到现实生活中,进而独立地运用学科原理去解决学习中遇到的问题,并在学习过程中有个性化的思考和发现。在此过程中,学生的思考力得到极大提升。

在"问题情境化"阅读课程基地建设中,我校通过再造阅读空间、开辟实践路径、整合课程资源、建构教学模型,实现了教学方式和学习方式的转变,并于 2021 年成功申报了多项江苏省"十四五"规划课题。相关课题针对既有高中课程具体学科的内在知识体系进行归纳、提炼、拓展、深化,创设与相关知识点学习具有密切关联的有效问题情境,建构重难点内容阅读教学模型,引导学生发现知识间的内在联系,进一步提升学生的思考能力。

(三)活动实践展示创造力

省级"校园课本剧"研究课程基地建设始终围绕"解放学生,变被动式接受为体验式探究,让学生成为真正的主角""解放教师,变蜡炬式付出为共同性成长,让教师成为永恒的学习者""解放课堂,变独角戏表演为互动性联欢,让课堂成为青春的百花园"三大核心目标而展开,充分展现学生的创造力。

围绕该课程基地,我校教师主持的江苏省"十二五"规划课题"通过课本剧提升学生深度解读高中语文教材故事性文本能力的研究与实践"、扬州市"十三五"规划课题"高中政治校园课本剧教学研究""以课本剧编写为载体,对高中语文课程资源深度开发的实践研究"均顺利通过结题论证。课本剧《麦哲伦环球航行》《屈原》多次获奖,充分展现了学生的创造力。

在长期研究与实践的基础上建成校园智慧农场,与 STEAM 教学结合,以生态阳光房作为基地主体,依托物联网生态设备进行项目式教学。学生在专职教师指导下对生态阳光房内的植物多样性进行分析比较,培养学生对事物的观察、分析、比较能力;通过对植物的生长过程及不同环境对植物生长影响的探究实验,培养学生的自主探究能力,实现生活场景支撑下学习手段的转变。

七、结语

我校围绕立德树人这一根本任务,切实推进一系列"新样态建设"。从体育教育新样态中提出新目标,培养学生的终身体育意识;从艺术教育新样态中发现新路径,提升学生的审美感受力;于心理教育新样态中找到新方向,达成学生多向度的"健康"标准;于品格提升新样态中制定新举措,磨炼学生"真善美"之心性;在校园生活新样态中运用新方法,荡涤师生高雅之灵魂;在"学思行"新样态中找寻新思路,使学生由浅层思维走向高阶思维。

参考文献:

[1]顾月华.探寻中国式现代化的高中教育新样态[J].江苏教育,2023(02):1.

[2]崔清明.五育并举下普通高中学生成长共同体建设探究[J].安徽教育科研,2023(21):112-114.

[3]闫英.阳光教育:让教育焕发新样态[J].中国教育学刊,2023(07):107.

美育综合实践课程建设
——以常熟市尚湖高级中学的实践探索为例

◎张治中　江　水

摘　　要 学校的存在价值在于促进学生成长、提升核心素养、成就学生的发展。学生成长成才的关键是课程，课程应具备多样性、可选择性。课程的品质决定了学校的品质。学校综合实践课程必须强化顶层设计，形成体系，让学科素养内化为学生的核心素养。综合实践课程建设能培育学生的"快乐基因"，促进学生的个性自由和精神成长，为学生的美丽人生奠基，并能促进教师的专业成长，提升学校的办学水平。

关键词 核心素养；课程建设；课程品质；办学水平

作者简介 张治中，江苏省常熟市尚湖高级中学副校级调研员，中小学高级教师；江水，江苏省常熟市尚湖高级中学校长，中小学高级教师。

全面深化课程改革，落实立德树人根本任务，关键是寻找培育核心素养的着力点。寻找培育核心素养的着力点，关键是形成核心素养的学校表达。就学校而言，应明确一个办学理念，定位一个培养目标，抓好三项建设（课程、课堂、评价），建构两个体系（课程体系、评价体系），涵养一种生态（学习生态），为学生提供适合的教育。

常熟市尚湖高级中学近年来聚焦核心素养的培育，进行再审视、再思考，逐渐确立"铺筑成才之路，成就生命之美"的办学理念，稳步实施"育人为本，多元发展"的办学策略，不断追求"环境生态化、设施现代化、管理人本化、师资优质化、教学素质化、办学特色化"的办学目标，走出了一条审美教育特色办学之路，努力追求课程品质，有力提升了学校办学水平。

一、以审美教育推动学生核心素养发展的理念思考

（一）理念维度的思考

核心素养注重的不是知识和技能的传授，而是培养学生掌握知识的方法和运用能力。尚湖高级中学的教育者们笃信，不能让"升学"替代教育的终极价值——人的教育。我校确立"铺筑成才之路，成就生命之美"的办学理念，就是指办学看重的不仅仅是学生学会了多少知识，掌握了多少技能，考出了多少分数，更重要的是通过我们的努力使学生在学习中不比基础比进步，不比聪明比勤奋，让学生找到自己的存在感，张扬自由个性，在适合自己发展的道路上顽强拼搏，体验生命的坚强，认识生命的韧性，感受生命的力量，领悟生命的意义，成就自我的生命之美。

（二）价值维度的定位

美育的目的就在于"培养我们感性和精神力量的整体，达到尽可能和谐"。中国学生发展核心素养以培养"全面发展的人"为核心，其中，美育占有重要地位。它既是我们教育工作全局性的指导理念和价值维度，也是具体教育实践中的操作原则。我校着力探索美育工作的开展思路和创新机制，通过"深入学习，更新认识，细致规划，分科实施"的步骤，逐步形成了"审美教育"办学

特色。

（三）内涵维度的目标

美育的发展水平与学校的办学水平和发展方向息息相关。我校倡导"以美润德"，即以立德树人为根本任务，以做人教育为根本，塑造学生健全的美丽人格；以养成教育为基础，规范学生行为，塑造语言美、行为美、心灵美的美好形象；以丰富多彩的校内外德育实践活动为载体，以美引善、以美导真、以美育美，塑造学生真诚、善良、阳光的和美气质。"以美启智"，即完善美育教育的课程体系，构建以美启智、智美融合课堂教学模式，寓美于智，智美融合，以美启智，以美导真。学为主体，教为主导，疑为主线，创为主攻，努力创造师生互动、生生互动的和谐美，追求课堂教学的生机和活力，追求"让课堂充满生活气息，让课堂焕发生命活力"的发展目标，真正实现"教师幸福地教，学生快乐地学"的至高境界。"以美健体"，即"健体怡心、以美动人"，深入开展"阳光体育活动"，丰富大课间活动、体育活动课的形式和内容，加强艺体结合，提升学生在体育运动中对力量美、技巧美的感受；注重学生心理健康辅导，开展各式各样的润物无声的心理辅导活动，使学生在体验青春美、享受健康美的过程中颐养心灵，培养身体健康、心理阳光的健美学生。"以美育才"，即尊重教育规律和学生身心成长规律，充分激发学生的积极性和主动性，努力为学生的全面成长和多样化发展提供条件，让不同潜质的学生都找得到适合自己的发展道路。

（四）优势与愿景

常熟是国家历史文化名城，人杰地灵，物华天宝。虞山、尚湖乃吴文化勃兴之地，历史文化积淀深厚，崇文尚美，传承着尚善重德的人文精神和价值取向。我校根植于千年文化积淀的深厚土壤，吸收虞山尚湖灵山秀水的丰富营养，坚定办学理念，积淀生成审美教育办学特色：以"尚美德育"为先导，以"智美课堂"为核心，以多元化的艺术教育形式为平台，促进学生个性发展，助力学生成长成才，以美育美，美美与共，为学生的美丽人生奠基。

二、美育综合实践课程体系的构建与实施

（一）以美润德，以德载美，以美健体——构建尚美德育综合实践课程体系

课程是促进学生全面、健康、个性发展，提升核心素养的根本保证。我校努力构建"四美"德育综合实践课程体系，主要包括以下内容：

以爱国主义、集体主义、社会主义为核心的社会主义核心价值观教育和文明礼仪养成教育为主题的"淳美"课程。重点开展高一学生入学仪式教育、高二学生成人仪式和高三学生毕业典礼等活动，崇礼重德，以美树人，培养淳美学生。

以和韵修文、以美化人为主题的"臻美"课程。开展丰富多彩的文化艺术活动和美术、音乐及影视传媒等专业美育活动，通过隐性和显性的德育课程努力培养多才多艺的臻美学生。

以健体怡心、以美动人为主题的"健美"课程。深入开展"阳光体育活动"，丰富大课间活动、体育活动课的形式和内容，加强艺体结合，提升学生在体育运动中对力量美、技巧美的感受，培养健康阳光的健美学生。

以凝心聚力，和谐尚美为主题的"和美"课程。我校结合生情、校情编纂了德育校本教材《尚湖高中心理健康读本》《尚湖高中生命教育读本》《尚湖高中学生文明礼仪教育读本》《常熟市尚湖高级中学新生军训暨入学教育学习手册》《常熟市尚湖高级中学新生入学教育材料》等，通过以上校本课程的学习、校园人文环境的精心布置、教室文化的设计等，让每一面墙壁都"不停地说话"，让每一面板报橱窗都"尽情地微笑"，培养尊敬师长、孝敬父母、回报社会的和美学生。同时利用上级下发的有关防灾减灾、防病治病的材料、《国家公祭日读本》等德育教材认真开好相

关德育课程。

（二）以美启智，智美融合，以美育才——生成智美综合实践课程体系

1. 以美启智——渗透美育教育的学科教学

结合普通高中学科教学的实际，有效利用艺术文化资源，适度模糊学科界限，将艺术文化元素引入课堂教学。如语文学科中诗书画的结合，历史学科中的书法演变，地理学科中的山水文化，乡土课程中的古琴、评弹与山歌欣赏、虞山派书画鉴赏与临摹等。通过教学活动加强体验、对话，构建高效教学模式，将具示范性的教学案例、器材、活动场地等课程基本素材以恰当逻辑关系和信息存储方式组织起来，形成课程资源开放管理系统。

2. 智美融合——打造美育特色的校本课程

我校努力打造具有美育特色的校本课程，将学生的发展作为第一目标，为学生全面、健康、和谐发展提供丰富的课程菜单。我校开设了"唐宋诗词审美例说""柳永词的意象美""现代诗歌创作""化学让环境更美好""书法艺术之美""常熟古典园林之美""素描""色彩""速写""音乐欣赏"等课程。学生根据自己的爱好和需要选择不同的课程进行学习。这些课程培育了学生的"快乐基因"。从效果来看，学生对校本课程充满了期待，他们尽情地在多彩的舞台上舒展生命、启迪智慧、快乐成长。

3. 各美其美——彰显美育之光的研究性学习课程和社团活动

研究性学习和社团活动是综合实践课程的重要内容。我们把时间和空间还给学生，把兴趣爱好还给学生，把创造激情还给学生，培育真正幸福的未来公民。学生在教师的指导下选定研究课题，自己去发现问题，探究问题的答案，从而获得知识，提升能力。基于我校审美教育办学特色和苏州市级课题"学校审美教育研究"开设研究性学习课程，引导学生围绕审美教育选题，挖掘美育资源。同时，我校组织了文学社、摄影社、书法社、古琴社、评弹社、汉服社等各类师生社团，不断推进社团建设，张扬学生个性，提升学生素养，还给学生一个本真的校园。此外，我校还与高校合作衔接，充分发挥学科联盟的教育功能和文化合作单位、社会学术团体的学术优势，开发延伸课程，彰显美育特色。如我校同常熟市图书馆、常熟博物馆、常熟市碑刻博物馆、脉望馆（虞山派古琴艺术馆）、铁琴铜剑楼、翁同龢纪念馆、常熟书画院等单位结成合作单位，建立综合社会实践基地，开展了一系列交流活动，以美启智，以美导真，让学生在活动实践、体验探究中转变学习方式，发掘潜能特长，培养创造能力。

4. 以美育才——立足艺术教育课程基地经营审美教育品牌

我校是苏州市艺术教育课程基地。结合生源实际，我校为艺术特长生、有意报考艺术高等院校的学生开设了美术、音乐专业课，注重学生艺术专业特长的发挥和能力的培养。教学上合理分开文化课与专业课，强化假期和考前专业培训力度。同时采取走出去、请进来的办法。除学生外出参加专业集训，我校还聘请省内知名培训机构，加强与艺术类高等院校的联系与协作。如开设了影视传媒班，聘请专业老师系统教授相关专业知识。灵活多样的专业设置、富有特色的办学体系，为学生实现自己的梦想铺设了一条捷径。

5. 美美与共——改革课程组织管理和师资调配机制

面对美育综合实践课程的开放性，如何使课程组织管理满足学生个性化的学习需求，让更多的学生发挥好特长？我校提出了"行政班+走班制"的教学管理形式，尝试以基础文化学科为依据组建行政班，德育实践活动课、校本课程、研究性学习、社团活动等综合实践活动课设置分层，实施走班选课。一方面，充分发挥行政班在教育管理方面的传统优势，强化德育功能，培养学生

的集体荣誉感和组织归属感；另一方面，实现一个人或一个小组一张课表，充分满足学生的个性化学习需求，为适应新高考模式积累有益经验。

三、美育综合实践课程建设提升学校办学品质

（一）促进学生综合素质不断提高

通过几年来的求索努力，我校不仅帮助学生树立了正直的品德，陶冶了学生高尚的情操，而且培养了学生在生活中发现美、欣赏美的审美能力，进一步提高了学生创造美的创新能力。学生整体素质提升，言谈举止更有气质，精神追求更有境界，文明礼仪在校园蔚然成风，社会主义核心价值观深入人心。校园文艺繁荣，学生审美素质提高。我校湿地保护协会被评为苏州市明星学生社团，湖畔文学社荣获全国优秀文学社称号。我校连年举办美术专业学生精品画展、音乐专业学生新年音乐会等。学生的科学精神、人文素质显著提高，多次获得常熟市文艺汇演特等奖、常熟市话剧表演评比一等奖。学生个人的才艺也得到充分发展，钢琴等器乐表演获得国家级奖项。

（二）促进学校办学效益不断提升

近年来，我校获得"苏州市首批文明礼仪示范学校""苏州市绿色学校""苏州市德育先进学校"等称号。在审美教育特色的引领下，我校教学质量不断提高。2021 年以来，王跃斌校长多次在苏州市"新时代有效教学研究"专业年会、常熟市高中教育工作会议上作关于尚美课程建设探索的专题发言，得到与会专家、学者、同行的高度评价。2021 年 2 月 7 日，国家级学习平台"学习强国"就我校办学理念、办学成果进行了专题报道，引起了很大反响。

四、结语

学校的美丽不只在于校园环境的清新秀丽，更在于课程之中，课程之美是学校办学的品质之源。聚焦学生核心素养的培育，更要精心打造包括综合实践课程在内的课程建设，使核心素养更为具体化，具有可教、可学、可评、可操作性。课程是促进学生全面、健康、个性发展的根本保证。始终追求教育终极价值的尚高人将与时俱进，以学生发展为本，根据学生成长规律和时代发展要求，不断给审美教育注入新的内涵，以美育美，美美与共，为学生美丽的人生奠基。

参考文献：

[1] 张治中.聚焦核心素养，追求课程品质——常熟市尚湖高级中学美育综合实践课程建设实践与探索[C]//学习贯彻教育部教育标准科研成果汇编，2018：4.

基于课程改革的初级中学教育教学管理浅谈

◎缪小建

摘　要　初中阶段，教育教学管理是一个非常重要的环节，对提升学校的教育教学水平和教育质量有重要意义。然而，现阶段初级中学教育教学管理还存在许多问题：重分数轻能力，追求中考升学率的应试教育思想依然存在；学生自主、合作、探究能力有待提升；传统教师管理模式影响教育教学效率。因此，要坚持以人为本，加大对教育教学管理工作的重视，积极采取科学、有效的管理措施，加大对教师培训的力度，培养创新精神和实践能力，从而提升教育教学工作质量。

关 键 词　课程改革；教育教学管理；初级中学

作者简介　缪小建，江苏省如东县洋口镇初级中学校长，中小学高级教师。

课程改革是教育领域的一次深刻变革，其目的在于推动教育教学向更加符合时代需求的方向发展。课程改革强调学生能力的全面发展，对学生的培养方式和学校的教育教学管理提出了新的要求。初中教育改革是教育改革的重要一环，对于提高教育质量、促进学生全面发展具有重要意义。新时期，初级中学需要重视学校教育教学管理中存在的问题并积极采取有效措施，不断调整和优化教育教学管理方法，更好地适应社会发展的需要，培养更多优秀的人才。

一、课程改革对教育教学管理的影响

第一，课程改革强调改变灌输式教学理念，教育教学管理要更注重学生的全面发展，培养学生的创新能力、实践能力和团队合作能力。学校应该根据学生的兴趣特长和发展需求设计多样化的课程，引入跨学科、项目化等教学方法，为学生提供更多的选择空间。学生可以在实际问题中学习，激发他们的学习潜力。

第二，课程改革对教师素质有了新的要求，因此，教育教学管理要注重师资队伍建设。教师是教育教学管理的核心，只有高素质的教师队伍才能保证教学质量和教学效果。通过建立多元化的教育体系和资源共享机制，优化师资力量和教学设施，更好地满足不同学生的需求，提高教育公平性。学校应该加强对教师的培训和考核，提升他们的教学水平和专业素养，激励他们积极参与课程改革和教学创新，使其更好地适应新的教育环境，为学生提供更优质的教育服务。

第三，课程改革对学校的管理方式变革也有重要影响，所以教育教学管理要注重学校管理体制的改革。传统的学校管理体制过于官僚化和封闭，不能适应当今社会的发展需求。学校应该建立科学的管理机制，强化学校领导班子的决策能力和执行力，推动学校管理体制向平等、开放、协作的方向发展，为教学改革提供良好的组织保障。学校教育教学管理是一个系统工程，需要学校、教师、家长和社会各方共同努力，共同推动。只有不断探索和创新，才能实现教育教学管理的全面提升，为学生的成长和发展提供更好的保障。

二、课程改革对教育教学管理的挑战

课程改革作为教育改革的重要组成部分，对学校管理提出了一系列挑战。

第一，课程改革会带来教师队伍结构的调整。新的课程标准和教学理念的实施，需要具备相应专业素养和教学技能的教师。因此，学校管理者需要积极采取措施，提升教师的专业水平，引进更多具有相关专业背景和教学经验的人才以适应课程改革的需求。

第二，课程改革会对学校的教学资源和设施提出更高要求。新的课程可能需要更多的教学资源支持，包括校本教材、实验设备、教学场地等。因此，学校需要加大对教学资源的投入，不断完善教学设施，以保障教学质量和效果。

第三，新课程标准还对学校的管理体制和运行机制提出挑战，包括课程设置、教学安排、评价考核等方面。因此，学校需要及时跟进课程改革的最新进展，灵活调整管理策略和机制，确保学校的管理与教学工作与时俱进。

第四，课程改革会对学校的组织文化和教育理念产生影响。新的课程理念和教学模式可能需要学校树立新的教育理念和文化氛围，激发教师的教学热情和学生的学习动力。因此，学校管理者需要引领学校全体成员积极适应课程改革的要求，培育积极向上的校园文化，推动学校持续发展。

课程改革对学校管理提出挑战的同时，也为学校发展提供了新的机遇，学校管理者需要以开放的态度来面对，理解并适应改革带来的变化。学校管理者只有不断创新思维，积极应对挑战，才能更好地推动学校教育事业的发展。

三、提升教师素质优化教育教学管理

课程改革要求教师更新教学理念。要做到这一点，学校需要帮助教师加强教育科研意识，持续地学习和成长，从而助推学校教育教学管理的优化。

第一，必须加强校本培训，为教师提供丰富的学习资源。学校管理者需要鼓励教师参加各类研修活动，增强他们的自我发展能力。比如，学校以教研组为载体，定期举办教师内部培训和交流会，借助教研组的力量，让教师在专业知识、教学技能等方面进行系统的学习和交流，不断提升自身的教学水平，满足新课程标准的需要。同时，学校还可以构建学科骨干团队，为教师提供面对面的交流分享机会，帮助他们解决教学过程中遇到的具体问题，在分享教学经验的过程中互相启发，相互帮助，寻找有效的教学策略，提高团队合作效率。

第二，利用现代信息技术，方便教师获取教学资源。比如，学校可以通过网络平台的建设和优化实现教师培训资源的共享，为教师提供在线学习模块和互动讨论空间，节省时间和空间成本，确保教师能够及时获取最新的教育信息和教学资源。

第三，定期组织校外培训活动，有效提升教师素质。学校管理者组织教师参加课改先进学校的教学研讨活动和短期研修班，让教师不仅可以了解其他学校的教学管理经验，丰富视野，还能促进他们与其他教育工作者的交流合作，获得新的思想启发和教学灵感，从中吸取有益的教学策略和管理方式，并将这些新的理念和方法融入自己的教学实践中。

第四，建立学术讲座平台，加强师资力量。教师作为教育改革的直接执行者，扮演着至关重要的角色，他们的专业发展和角色转换是课程改革成功的关键。定期邀请教育专家或名师来校进行专题讲座，分享最前沿的研究成果，不仅能够提高教师的学术水平和教育理念，帮助他们在日常教学工作中更好地应用新知识、提升教育质量，而且能激发教师持续学习的热情，不断更新知识结构，提升自身的科研意识。

四、课程改革中的教育教学管理方法

（一）课程设计与规划

课程设计与规划是教育领域中至关重要的一环，对于提高教学质量、培养学生综合素质具有重要意义。

课程设计与规划中，我们需要根据学生的实际情况和需求，做出符合现代教育理念的课程方案。第一，关注学生核心素养的培养。改变传统的"填鸭式"教学模式，采用合作学习等方法培养学生的批判性思维、沟通合作能力。还可通过开展创新课程、设计创新项目等方式激发学生的创新潜能，培养他们的创新思维和创造力。第二，强调实践性教育，加大实践性教学的比重，鼓励学生通过实践活动来巩固所学知识。学校可以通过建立多样化的实践基地和实验室、组织实践性的课外活动等方式，将学科知识与实践能力相结合，注重培养学生的实践能力，使他们能够适应未来社会的发展需求。

课程设计与规划还需要注重教师的专业发展和能力提升。教师是课程实施的主体，他们的专业素养和教学水平直接影响着课程的质量和效果。因此，我们需要为教师提供专业的培训和支持，帮助他们不断提升自己的教学水平和能力，以更好地完成课程设计与规划的任务。只有不断改革与创新，才能适应社会的发展需求，提高教学质量，培养出更多优秀的人才。

（二）教学方法与手段

课程改革中，教学方法与手段的选择至关重要，它们直接影响教学效果和学生的学习体验。

首先，多元化的教学方法是课程改革的重要内容之一。传统的教学模式往往以教师为中心，注重知识的灌输，而现代教学强调学生的主体地位，更加注重学生的参与和互动。因此应采用讨论、案例分析、小组合作等多种教学方法，使学生在课堂中更加积极，激发学生的学习兴趣，培养其批判性思维和问题解决能力。

其次，运用先进的教学技术是课程改革的必然选择。随着信息技术的快速发展，教育技术已经成为课程改革的重要支撑。利用多媒体教学、虚拟实验室、在线学习平台等技术手段，可以使教学内容更加形象生动，提高学生的学习效率和自主学习能力。改善信息技术教育的内容和教学方法，设计更加贴近学生实际生活的课程内容，激发学生学习的兴趣和热情。此外，还应促进信息技术教育与其他学科融合。比如，可以将信息技术与数学、语文、历史等学科结合起来，让学生在实际学习中体会到信息技术的应用和重要性。

再次，注重个性化教学也是课程改革的重要方向之一。每个学生的学习方式和学习节奏不尽相同，因此，教师应该根据学生的特点和需求采取不同的教学策略，实现个性化的教学。通过分层教学、差异化指导等手段更好地满足学生的学习需求，提高其学习成绩和学习兴趣。

课程改革的教学方法与手段的选择应该紧密结合教学目标和学生需求，注重培养学生的创新能力和实践能力，提高其综合素质和竞争力。只有不断探索和实践，才能推动教育的发展，培养出更加优秀的人才，为社会的进步和发展作出贡献。

（三）学生评价与反馈

课程改革旨在提高教学质量，促进学生全面发展，学生的评价与反馈在其中起着至关重要的作用。首先，学生的评价是课程改革的重要参考。学生作为课堂的直接受益者，对课程的内容、教学方式、教材选择等方面有着独特的感受和看法。他们的评价能够直接反映出课程的实际效果，帮助教师和管理者及时调整教学策略，改进教学方法，更好地满足学生的学习需求。

其次，学生的反馈是课程改革的有效手段。通过定期开展学生反馈调查或座谈会等，让学生畅所欲言地表达自己的看法和建议，有助于发现课程存在的问题和不足之处。同时，学生的反馈也能够激发教师的教学热情，增强他们的责任感和使命感，从而推动课程改革的深入开展。

再次，学生的评价与反馈需要得到充分重视和有效运用。教育管理者应建立健全的评价机制，确保学生评价的真实性和客观性。同时，教师也要认真倾听学生的意见，积极回应他们的需求，不断完善课程内容和教学方法，提升教学质量。

学生评价与反馈是课程改革的重要环节，对于提高教学质量、促进教育教学改革具有重要意义。只有充分发挥学生的主体作用，才能真正实现课程改革的目标，为学生的全面发展提供更好的保障。

（四）校园文化的打造

校园文化是学校发展的灵魂，是推动学校高质量发展的重要保证。对于学生来说，只有通过校园文化的熏陶和感染，才能更好地适应初级中学的教育教学管理工作。当前，我国大部分初级中学的校园文化建设水平不高，缺乏一定的特色与亮点，对学生也起不到潜移默化的影响。因此在新时期，初级中学要构建和谐校园文化，营造良好的校园氛围，培养学生优秀品质和良好行为习惯。和谐校园文化建设主要包括物质文化建设、行为文化建设等。其中物质文化包括校徽、校歌、文化墙等；精神文化则包括校训、校风等；

行为文化则包括教师教风、班风以及学生学风等。可以通过开展相关活动来提升学生对校园文化的认识；可以通过建设和完善相关的设施设备来提升校园文化品位；还可以对师生进行广泛的宣传，营造浓厚的氛围。只有通过这些措施和方法不断提高校园文化品位，才能更好地吸引学生主动参与到教育教学管理工作中来。

五、结语

现阶段，我国的教育工作在一定程度上取得了很大的进步，对人才培养的要求也越来越高。为应对新要求，初级中学要提升教育教学管理质量和水平，树立以人为本、全面发展、面向全体的办学理念，通过全面提升教师素质、改进教学方式方法来培养学生的创新精神和实践能力，通过开展丰富多彩的活动来提升学生的综合素质水平。在初级中学教育教学管理工作中要加强与家长之间的沟通交流，让家长和教师形成统一的认识和想法，积极配合学校开展各项活动。以上对初级中学教育教学管理的探究与分析，希望引起教育者对相关问题的关注和重视，从而促进初级中学更好地发展，为国家输送更多、更优秀、更高质量的人才。

参考文献：

[1] 高惠翊.浅谈初中教育教学管理工作的优化措施[J].基础教育论坛，2021（25）：107，109.

[2] 江守武.新形势下初中教学管理质量的提升措施分析[J].教学管理与教育研究，2020（12）：117-118.

[3] 张保国，高鹏鹏.初中教育教学管理的现状及对策探讨[C]//教育理论研究（第十辑），2019：1.

以德为先，以爱为本

——幼儿园教师队伍建设思与行

◎康培珍

摘　要　《3-6 岁儿童学习与发展指南》《幼儿园教师专业标准（试行）》的颁布和实施，对幼儿园教师的专业知识、综合能力提出了更高的要求。幼儿园教师队伍建设决定了园所的发展方向和文化品质。无论是日常保教、课程建设还是教科研工作，都不可能仅仅依靠教师的个人力量来完成，而要依靠教师团队协作才能有效达成预期目标。基于此，幼儿园教师的队伍建设就显得尤为重要。让教师享受教育过程，承担教育责任，以德服人，以德育人，是我们不懈的追求。

关键词　立德树人；教师队伍建设；学前教育

作者简介　康培珍，江苏省镇江新区翠竹苑幼儿园园长，幼儿园高级教师。

《国家中长期教育改革与发展规划纲要（2010—2020 年）》明确提出"努力造就一支师德高尚、业务精湛、结构合理、充满活力的高素质专业化教师队伍"的战略目标。一所幼儿园要高质量发展，教师队伍的发展是前提。镇江新区翠竹苑幼儿园一直高度重视教师队伍建设，把教师队伍建设摆在管理工作的首位，以一支高素质的教师队伍带动幼儿园各项工作的开展。

一、教师队伍发展的问题

（一）教师队伍结构不合理

年龄结构不合理：我园教师年龄普遍在 25 周岁以下，年轻教师虽具潜力和活力，但教学水平和理论水平亟待提高。

性别结构不合理：我园仅有 1 名男幼师，教师性别比例严重失衡，培养幼儿勇气、胆量的教育活动经常被忽视或无法开展，这可能会使幼儿的性格产生缺陷。

（二）教师职业幸福感不高

幼儿园工作项目繁多，教师工作责任重、压力大，工作内容也较为烦琐，既要时刻关注幼儿的安全健康、开展游戏及教育活动，又要维护家长和教师的合作关系、妥善处理各种突发事件。幼师工作繁重琐碎，却很少受到社会的关注，社会地位低，缺乏职业认同感和归属感。

幼师的职业倦怠感也不断加深，表现为：工作缺乏激情，消极敷衍，安于现状，不思进取，得过且过。因为日常的付出和所得到认可的巨大落差，经常有教师会选择改变职业，使教职工队伍呈现出极大的流动性。稳定而有积极作为的教师队伍对幼儿园的发展至关重要，因此要谋求长远而持续有效的发展，必须拥有一支相对稳定的教师队伍。

二、教师队伍建设的路径

（一）以德为本，提升教师师德修养

我园以向教师提出"一学、二全、三和、四心"

的教育目标为导向，通过开展丰富多样的师德师风宣传、学习教育活动，引导广大教师增强教师职业的光荣感、历史使命感和社会责任感，树立正确的教师职业理想，统一全园教师的思想。

1. 大力宣传，明确责任

利用大会宣讲、国旗下讲话、网络信息平台等多种形式宣传师德师风教育，明确什么是教师该做的，什么是不该做的。该做的带头做，不该做的坚决不做。及时提醒，加强监督，推进我园教师师德整体水平的提高。

2. 内强素质，外树形象

集中学习师德师风有关政策与内容，明确哪些是师德师风所要求的，哪些是师德失范行为，倡导先进，惩戒失范。要求每位教师做好学习笔记，撰写心得体会。通过学习、讨论，真正使每一位教师认识到师德的丰富内涵，认识到师德与育人的密切关系，以此激发教师认真思考，促进教师提高自我形象、注重修身立德的自觉性。园方组织教师学习先进教师、市优秀教师的事迹，进行专题讲座，把师德师风教育作为我园教师全员培训重点内容。同时加强对师德师风建设中热点难点问题的研究，定期召开专题会议，努力提高师德师风建设的针对性和实效性。充分发挥幼儿园优秀教师的先锋模范作用，把师德师风建设不断引向深入。

3. 活动多样，能量辐射

以庆祝妇女节、教师节为契机，开展一系列丰富多样的师德建设活动，如园长师德大讲堂、师德师风演讲活动等专题教育活动。这些活动让每个教师都感受到肩上承载着一份责任和使命，从而做到恪尽职守、廉洁从教、接受监督。

园长师德大讲堂用优秀教师的能量辐射，以点带面，让教师感受到先进就在身边，只要努力肯干，自己也可以成为大家心目中的先进。师德师风演讲活动让教师发现身边同事的点滴事迹，从日常工作中发掘温馨动人的时刻，提升教师的职业幸福

感和成就感，增强职业使命感和责任意识，鼓舞全体教职工的士气。

（二）立德树人，促进教师专业成长

1. 立德树人，形成科学育人观

幼儿园教师队伍建设的首要任务是形成共同的育人价值观，增强"为党育人、为国育才"的责任感和使命感，探索新时代立德树人新理念，明白我们要培养什么样的人、怎样培养人。把国家的育人方针融入幼儿园的办园理念和团队文化，提升教师对团队文化的理解力和认同感，增强立德树人的责任感和使命感。

2. 专业引领，提升教师教科研能力

（1）开展园本教研。

一个学期研究一个与园所课题相关的重点，采用大教研、小教研、网络线上教研、自我教研四种模式，提高教师专业化水平和解决问题的能力。通过开展园本教研，新教师成长迅速，显示出勃勃生机和持久的后劲；成熟型教师专业水平不断提升，显示出扎实的业务功底，并起到了良好的传帮带作用。各层次教师在呈现多元化局面的同时也辐射出越来越大的影响力。

（2）开展课题研究。

课题研究是教科研活动的重要载体，是培养教师团队有效的途径。在省、市级课题研究的过程中，我们通过多种途径促进教师的不断发展。采用"走出去，请进来"、网络研修、园本研修等形式，提高教职工的理论水平和专业水平。多次聆听省级教育专家的专题讲座，在和大家名师的亲密接触中展开头脑风暴，更新思想，反思自身，改革创新。多方搭建与其他县市区知名幼儿园的共同体平台，在共同体活动中开阔教师眼界，促进教师的专业发展。同时加大园内培训，线上线下相结合，同伴互助个人反思相结合，促进教师专业不断成长。

（3）坚持"三级教研"模式。

"三级教研"模式让园本教研活动开展更扎

实有效。一是园长每周召开一次工作会议，带领园内骨干教师一起开展工作交流、课程审议、理论学习、热点问题研讨，把准工作方向，明确工作要求，规划工作开展，再由骨干教师辐射到每一位教师，高效开展教育教学工作，提升团队的课程领导力。二是园内大教研，主要由业务园长带领大家定期开展读书沙龙，通过阅读书籍、理论学习、互动交流等方式解决教师一日活动中的困惑和难点，做到学以致用，形成自我的育人理念。三是年级组成员每周开展两次小教研活动，就主题活动的开展、年级组特色活动的筹备、各自班级管理过程中遇到的困惑等进行面对面的交流。交流中人人发言，个个参与，在交流和发言中积极思考，碰撞出智慧的火花，使得年级组各项活动的开展思路更清晰，目标更明确，措施更具体，效果更突出。

（4）班级团队共同发展。

班级是集体中不可分割的一部分，同时也是独立存在的个体。我们鼓励教师根据各自班级的幼儿情况开展班本教研活动，每学期开展班本活动成果交流。此外，定期开展班级工作交流汇报、班级半日沉浸式蹲班教研等活动。每一次活动既有理论支撑又有实践操作，教师在观察、对比、发现、反思、实践中不断调整自己的班级管理行为，班级管理能力大幅提升。

（5）后勤团队稳步发展。

我园的后勤团队年龄偏大，优点是做事勤恳踏实，不足是对新事物掌握和接受较慢。为此，我们针对性地定期组织开展各类保育教研。后勤园长定期组织保育员和食堂工作人员学习保育知识、卫生消毒方法等。开展沙龙活动，让员工谈谈工作中的困惑，分享工作经验，提出有建设性的建议和意见。保健教师则定期组织后勤人员开展各类安全培训，如急救知识培训、突发事件的应急处理等。每学期，园方都会定期组织后勤人员的岗位技能技巧考核，既有理论知识的检测，

也有实际操作的展示，同时还积极创造机会让食堂人员外出参加各类安全知识培训，学习各种点心烘焙的制作方法。后勤团队成长迅速，无论在区级保育员竞赛考核中还是在幼儿园承担的各种创建活动中都表现出色。一支精益求精、奋力拼搏的后勤团队为全体师幼保驾护航，使得我园各项工作开展得更加高效、有序。

（三）丰富活动，展现教师正能量

1. 日常活动显活力

结合课程游戏化的实施，"教师团队"和"后勤团队"在日常生活中充分发挥自己的主观能动性，争做"智慧型"教师。班级活动的开展各有特色，环境创设、区域活动、户外游戏、集体教学中都能看到教师令人耳目一新的表现。年级组活动的开展更是有声有色，集中了年级组团队的智慧和力量。如小班的满月、庆元旦活动，中班的庆端午、庆中秋、粮食日活动，大班的义卖、毅行、毕业典礼等。活动中的"哇时刻"不断涌现，幼儿、教师和家长全身心地投入其中，彰显师幼活力。

2. 节日活动显风采

节日历来都是开展各项活动的有益载体，丰富多彩的活动设计和组织也是凝聚团队力量的一个有效手段。元旦来临，我园开展了集表演、游戏、娱乐为一体的"庆元旦、迎新年"趣味文娱晚会。"三八妇女节"幼儿园大屏滚动播放的日常活动的温馨瞬间，让教师油然而生职业幸福感。在教师节来临之际，幼儿园会为教师送上贴心的问候。一张张荣誉证书是对全体教师工作的充分肯定和激励，也给他们带来职业的自豪感。温馨而富有挑战的团建活动使每一位教职工都体会到幼儿园这个大家庭的温暖，感受到只有成功的团队才能成就成功的个人的道理，感受到了团队的价值和力量。

3. 项目社团显实力

我园教师队伍中不乏专业技能突出的教师。

为使他们的技能发挥到极致，同时带动团队的共同进步，我们成立了多元化的"项目社团"，请有专业特长的教师担任团长，组员根据自己的兴趣和所长自由选择参加社团小组的活动。社团活动学期初有计划，学期中有评价，学期末有考核。社团丰富的内容、新颖的形式、独特的创意让人耳目一新，同时也激励着团队中的每个人更加开拓创新、勇于进取。通过社团活动以点带面、示范引领、学人所长、共同进步，带动全园教师专业能力的提高。在社团的指导下，教师的专业技能提升迅速，在各项技能技巧比赛中均获得了较好的成绩。

4. 竞赛活动展风采

合作是团队精神的一个基本要素。适当的竞争有利于形成良性的工作状态。为了鼓励全体教职工积极参加各项活动，最大化地提高团队整体的专业素养与专业技能，我园定期开展各项竞赛评比活动，如种植角评比、班级环境创设评比、区域活动评比、集体教学评比、市级共同体交流活动等。评比结果与教师的月考核和年终考核直接挂钩，奖励先进，激励后进，促进团队共同发展。

5. 合作共建，携手共同进步

借助"区级共同体联盟"和"市级共同体"平台，以点带面，从园内到园外，引导和带动教师在师德建设、教科研水平、实践创新等方面得到提高和发展。充分发挥示范幼儿园的辐射引领作用，积极参与共建帮扶活动，强化优秀教师的"辐射能量"，在与其他团队的合作共建中相互学习，取长补短，相互激励，共同提高。

（四）成果驱动，唤醒教师内驱力

在教师研训、岗位练兵、行政蹲班教研、教师基本功竞赛等活动中，教师通过经验交流、案例分析、研课磨课等形式充分展示自我，相互启

发，教师专业素质迅速提升，成绩斐然。我们还加大对园内后备力量的培养，努力打造高层次的专业队伍，在评优评先、职务晋升上为教师提供成长平台，激发内驱力，实现教师由"实干型"向"研究型"转变。推出年度目标任务清单制，挂钩年度绩效考核，年终评优评先，激发教师活力。

教师队伍的成长助推园本课程建设，课程游戏化建设成效明显，教师的教育理念和教育行为发生了根本性转变。教师在一日活动中更多地关注到了孩子的兴趣爱好，以参与者的身份给予孩子更多的爱与陪伴。倾听孩子的想法，支持孩子的操作，鼓励孩子的探究，让孩子真正感受到幼儿园是乐园，是家园。幼儿园在周边的影响和辐射力不断增强，家长对幼儿园的满意度不断提高。家长的认可、孩子的成长也让教师对自己的这份职业充满成就感和专业自信，从而形成师幼成长的良性循环。

三、结语

幼儿园的教师队伍建设是顺利进行教育教学的重要保障，坚定的团队精神和高水平的团队素质就是一个幼儿园的"核心竞争力"。幼儿园的整体发展在很大程度上就是团队的发展。为此，我们将一如既往地重视团队建设与个人成长的协调进行，用心、用情、用爱打造一支充满活力与智慧的教师团队。

参考文献：

[1] 张少通.幼儿园教师性别比例中的生态问题[J]. 知音励志，2017（09）：93.

[2] 刘山桃.如何促进幼儿园教研活动的有效开展 [J].家教世界，2022（07）：61-62.

[3] 项玲，汪玉洁.幼儿园园本教研活动的实施路径 [J].家教世界，2022（24）：63-64.

人文关怀理念下初中教学管理的实践与思考

◎卞书彦

摘　要 新课标提出"以生为本"的教育原则对初中教学管理工作的开展有重要影响。教学管理的主要对象是学生，教师应将人文关怀理念渗透到管理的各个环节，以学生为中心设计具体的活动，关注学生的身心健康，聚焦学生的全面发展。针对人文关怀理念下的初中教学管理策略进行分析，可为教育工作者提供参考。

关键词 人文关怀；初中教育；教学管理

作者简介 卞书彦，江苏省盐城市腾飞路初级中学党支部书记，校长，中学高级教师。

初中教学管理中的人文关怀指在教育教学中让学生处于主体地位，尊重他们的个体差异性，根据每个人的实际情况制定不同类型的实践活动，提高互动积极性的同时使学生成为学习真正意义上的主人，对其综合素养的发展起到促进作用。初中是义务教育的重要阶段，教师在教学管理中要重视人文关怀，将之融入各个环节，关注学生的身心健康，聚焦学生的全面发展。

一、初中教学管理中人文关怀的重要性

初中生已经具备一定的认知能力，正处于人生观和价值观的形成阶段，同时正处于青春叛逆期，性格冲动、敏感，极易做出极端鲁莽的事情。面对这一情况，教师在教学管理中必须秉持人文关怀理念，重点关注学生的人文精神和心理素质，组织个性化的实践活动，吸引更多学生参与互动，提高教学管理的有效性。人文关怀内涵多样，包含理想、个性、尊严等多个方面，与学生的全面发展有紧密关联。将人文关怀理念引入初中教学管理是时代进步的表现，满足新课程标准对教师提出的具体要求，能够推动高效课堂的构

建。另外，人文关怀强调关注学生的心理状况，将该理念落实到实践中，能够帮助他们养成良好心态，实现身心的健康发展。

二、初中教学管理中的人文关怀现状

随着教育改革的推进，越来越多的学校开始重视人文关怀在教学管理中的作用，努力为学生提供更为全面和人性化的教育环境。但是，人文关怀在教学管理中的实施仍然存在一些问题和挑战。

首先，在理念层面，许多学校和教师已认识到人文关怀在教学中的重要性，也开始关注学生的全面发展而不仅仅是学业成绩。然而，由于应试教育的影响根深蒂固，一些学校和教师仍然过分追求升学率，将学生成绩提高作为唯一的教学目标，导致人文关怀在教学实践中的落实不够到位。

其次，在实践层面，部分学校已经开始探索如何在教学管理中融入人文关怀。例如，注重培养学生良好的学习习惯，关注学生的心理健康，努力营造和谐的学习氛围。同时，教师也在课堂

教学中采用更为人性化的教学方法，如关注学生的个体差异，鼓励学生积极参与课堂讨论等。这些实践举措有助于提升教学质量，促进学生的全面发展。然而，人文关怀在教学管理中的实施仍面临一些挑战。一方面，由于教师素质和教学水平的差异，人文关怀在教学中的体现程度不尽相同。另一方面，由于教育资源的有限性，一些学校可能难以在教学管理中充分体现出人文关怀。例如，一些学校可能缺乏足够的心理健康教育资源，难以为学生提供有效的心理支持和帮助。

三、人文关怀理念下的初中教学管理实践策略

（一）提升教师人文关怀理论水平

教师是活动的组织者和引领者，教师的人文关怀理论水平直接影响教学管理的效果。教师的一言一行会对学生产生重要的影响，教师具备良好的行为习惯才能更好地言传身教，在课堂中渗透人文主义的理念，提高班级管理效率的同时促进学生的全面发展。

因此，学校应为教师提供学习的机会，促使他们转变教育理念，采取正确的教学管理措施，开阔视野的同时及时总结自身的不足，根据现有的经验逐渐摸索出适合本班级学生的管理模式，顺利展开针对性教学。如可定期组织教师座谈会、研讨会等活动，让教师在实践中分享人文关怀教育的经验和心得，相互学习，共同进步。

此外，还应积极开展校内人文关怀主题类的教研活动，通过集体备课的方式，从课程目标、活动设计、教学策略等多个方面进行深入研究。通过集体备课推广好的经验和做法，在反复磨合中总结出更加高效的人文关怀教学管理策略。

（二）基于人文关怀的教学管理路径

1. 优化基于人文关怀的教学管理内容

教育管理的真正目的是给予学生足够的人文关怀，并使其在这种人文关怀的影响下成为全面发展的人才。教师须对教学管理的内容进行优化组合，保证教学管理内容的体系化，使学生能够接收到全方位立体式的教育，同时，教学管理的内容还要保证多样性的需求，实现理论与实践、素质教育与人文教育的辩证统一。

首先，需要明确教育目标和教学需求，确定学生应该掌握的核心知识和技能。这有助于为教学管理内容的优化组合提供明确的方向和依据。同时，还需要考虑学生的个体差异和兴趣特点，以便更好地满足他们的学习需求。其次，整合校内外的教学资源，构建模块化课程体系。每个模块都应具有明确的学习目标和内容，确保学生在每个阶段都能获得学习成果。再次，为了使学生接受全方位立体式的教育，需要在教学管理内容中引入跨学科的知识和实践环节，如综合性的课程等。由于教学管理的内容是动态发展的，因此需要建立有效的反馈机制，以持续改进教学管理内容。可以通过学生评价、教师互评、专家评审等方式收集反馈信息，对教学管理内容进行持续改进和优化。同时，还需要关注教育领域的最新动态和发展趋势，及时调整和更新教学管理内容，确保与时俱进。

总之，教学管理内容的优化组合需要立足于学生发展的客观实际需求，充分考虑到学生的个性化特征，在硬性的理论知识传授中加入柔性的人文关怀，整合教学资源，引入跨学科知识和实践环节并建立反馈机制，持续改进。

2. 精选具有人文性特征的教学载体

教学载体是教师和学生进行人文关怀联结与互动的纽带。因此，教师要根据教学内容的特点选择合适的教学载体，保证载体的选择具有人文性的特点，使学生真切地感受到系统的人文关怀。

精选具有人文性特点的教学载体，首先需要明确人文性的核心含义，即关注人的情感、价值、道德、审美等方面。具体应注意以下几个方面：一是应选取富含人文精神和文化内涵的教学

内容。例如，在文学课上，可以选择蕴含丰富的人文思想的作品作为教学载体，有助于学生理解人性、社会和历史。二是教学形式设计应注重学生的情感体验和审美感受。可以采用讨论、角色扮演、情景模拟等互动性强、富有情感色彩的教学形式，让学生在参与中感受人文精神的魅力。三是教学媒体的运用。可以充分利用现代教学媒体，如电影、电视、网络资源等，将人文知识以直观、生动的形式呈现给学生。这些媒体不仅可以提供丰富的视觉和听觉体验，还可以拓宽学生的视野，加深其对人文知识的理解。四是教学环境的营造。一个温馨、和谐的教学环境有助于培养学生的人文素养。教师可以通过布置教室等方式营造出具有人文氛围的教学环境，让学生在轻松愉快的氛围中学习成长。

教学载体应与学生的年龄、认知水平和兴趣爱好相适应，以确保教学效果。教学过程中，教师应注重引导学生自主思考、独立判断，培养他们的批判性思维和创新能力。

3. 实施以人文为主线的教育策略

教师要采用灵活多样的教育手段，从传统的灌输式教学转变为引导式教学，强调学生的主体地位，鼓励学生主动思考、积极探索，以人文为主线来实现教学主客体之间的有效衔接。

（1）深入挖掘人文内涵：在教学中注重挖掘知识背后的人文精神和文化价值，引导学生形成正确的价值观和人生观。

（2）创设人文氛围：通过布置教室、组织文化活动等方式，营造具有人文氛围的学习环境，使学生在潜移默化中受到熏陶。

（3）强化人文关怀：关注学生的情感需求和成长发展，及时给予关爱和支持，帮助学生健康成长。

以上措施可以有效摒弃灌输式教育的不足，对各个教育环节进行优化配置，从而提高学生的学习兴趣和主动性，培养学生的综合素质和实践能力，促进教育的全面发展和学生的健康成长。

4. 开展基于学生全面发展的评价

全面发展不仅涉及学术知识、身体健康、心理素质等方面，还包括对学生情感、价值、道德、审美等人文方面的关注。因此，评价时应将这些方面纳入考量范围，确保评价的全面性和综合性。评价过程中应关注学生的情感需求、价值追求和个体差异，尊重他们的权利和选择。通过与学生建立情感连接，理解他们的处境和需求，给予他们合理的空间和尊重。初中阶段的学生面临着较大的中考压力，考试成绩是衡量教师教学水平、学校办学资质的重要因素。这也直接导致部分教师过于重视分数，将大部分时间和精力用于理论知识的传授，忽略了对学生人生观和价值观的培养。基于人文关怀理念的指引，教师应转变教育理念，努力挖掘学生的闪光点，利用激励性评价帮助他们树立自信心，以更加认真的态度对待后续的学习，实现全面发展。教师在评价学生时，可以从多元、发展的角度出发，切实树立起以学生为中心的理念，将促进学生发展作为评价的终极目标。

因此，教师在评价学生时，除了考虑学生的智力因素，也要考虑到非智力因素，要关注学生的个人特长或是具备的美好品质。除了传统的考试和成绩评定外，还可以结合学生的课堂表现、社会实践、志愿服务等多方面进行评价。通过多元化评价可以让学生找到自信，在学习生活中正视自我，发现不足并加以改正，全面提高综合素养。除此之外，多元化评价也能给学生提供更多展示自我的机会，可以通过创设情境的方式鼓励他们积极参与课堂活动，摸索出最适合自己的学习方法，彰显人文关怀理念的重要价值。

（三）关怀学困生，关心学生心理健康状况

1. 关怀学困生，融人文关怀于转化工作

教师需要对班级学生的基本学情有较为全面的了解，特别是学困生群体，若是缺乏对他们

的关注与鼓励,这个群体会逐渐扩大,甚至对班级整体成绩产生不良影响。学困生或是学习方式存在一定问题,或是对学习缺乏兴趣,导致考试成绩不够理想。教师应定期召开家长座谈会,学校和家长一起从家庭背景、智力发育、学习基础、性格特点等多个方面对学困生进行综合性分析,根据学生的个体差异制定不同的教学策略,使他们在个性化辅导中克服困难,逐渐提高学习效率。此外,学困生因成绩不够理想,在学习生活中容易产生自卑的心理,非常渴望教师的鼓励和关心。作为教育工作者,教师应秉持一视同仁的原则,给予学困生同等的关注和爱护,在学习上严格要求,同时也要包容他们的缺点,使其能够得到教师的关心,从而重新振作精神,认真对待各项任务,全身心投入到学习中,进而提升学习成绩。在人文关怀理念的指引下,教师顺利完成学困生的转化工作,实现全体学生的共同进步。

2. 关注学生心理状态,融人文关怀于心理健康教育

现代教育是以培养个性充分发展的人为特征的。一个能适应当下社会需要的人,不仅要继承人类丰富的文化遗产,而且是会独立思考,情感丰富,意志坚强,乐观向上的人。我们面对的初中生正处于人生发生重大变化时期,要成为这样的人必须具有健康的心理。作为教育工作者,必须充分重视学生心理健康的培养。教师应从真心关爱的角度,教育学生树立正确的人生观,引导学生正确认识自己,培养良好的情绪,保护学生的心理健康。同时,为更好地将人文关怀融入心

理健康教育中,教师应做好下面几项措施:一是积极主动地改善学生心理环境;二是科学安排学生的学习生活节奏;三是帮助学生建立和谐的人际关系;四是正确对待学生的情感发展;五是正确对待有心理障碍的学生。总之,真正具有人文关怀精神的教师对学生的成长具有强烈的责任感,能以建设和营造有利于学生心理健康的环境为己任。

四、结语

人文关怀理念下的初中教学管理应从学生的基本学情出发,根据他们的认知规律和发展需求组织有针对性的实践活动。教师还要特别关注学困生及全体学生的心理状态,在分层管理中彰显人文关怀的重要性,在心理健康教育中充分发挥人文关怀的作用,以此提高初中教育管理及教学质量。另外,践行人文关怀的理念还需要学校与家庭、社会的通力合作。学校应加强与家长、社会的联系,形成教育合力,共同营造一个更加关注和重视学生全面发展的教育环境。

参考文献:

[1] 倪清合.初中教学管理如何体现人文关怀[J].教育实践与研究,2022(36):28-30.

[2] 李晓靖.教育管理的人文定位[J].教学与管理,2015(07):7-9.

[3] 李玉兰.浅谈初中教学管理如何体现人文关怀[J].考试周刊,2021(15):5-6.

[4] 杨春宏.中学班主任管理工作中的问题及策略探析[J].学周刊,2022(19):178-180.

涵福行动：塑造农村初中生劳动品格

◎ 何志刚

摘　要 党的二十大报告指出："在全社会弘扬劳动精神、奋斗精神、奉献精神、创造精神、勤俭节约精神，培育时代新风新貌。"我校开展"涵福行动"，发挥学校开展劳动教育的优势，以多措并举的形式，从发挥学校主阵地作用、开发劳动实践基地、活化社区教育、开展劳动研学、搭建家校社育人平台、以课程深化内涵、以项目提升品格、激发学生兴趣潜能、涵育学生优良品格九大途径，借助校内外资源，着力推进劳动教育新模式，塑造农村初中生劳动品格。

关 键 词 劳动教育；农村初中生；劳动品格

作者简介 何志刚，江苏省常熟市福山中学党支部书记，校长，中小学高级教师。

2020年《中共中央　国务院关于全面加强新时代大中小学劳动教育的意见》指出："劳动教育是中国特色社会主义教育制度的重要内容，直接决定社会主义建设者和接班人的劳动精神面貌、劳动价值取向和劳动技能水平。"坚持立德树人，把劳动教育纳入人才培养全过程、全学段，贯穿家、校、社会各方面，实现知行合一，促进学生形成正确的世界观、人生观、价值观。

常熟市福山中学为进一步探索全域推进、深耕本土、"五育融合"的劳动教育新样态，培养学生的劳动观念、劳动能力、劳动思维、劳动品质，将劳动的种子根植在福中学生心中，打造农村初中劳动教育新样态，开展常熟市第三批中小学生品格提升项目"涵福行动"，引导学生走出课本，走进自然，达到崇尚劳动塑品质、融合共育助成长的目的。

一、学校开展劳动教育的优势

（一）历史底蕴深厚

我校创办于1956年，坐落于常熟市海虞镇西侧。学校西有铜官山，又名常熟山，周边农田、苗木林、蔬菜地等种植资源丰富，地理位置优越。山上有石船、摩崖石刻等历史文化遗存，于1982年被列为市级文物保护单位；山下曾于东晋咸康七年（公元341年）围筑南沙城，至唐武德七年（公元624年）先后设"南沙县""常熟县"，长期设作县治。深厚的历史底蕴丰富了学校的文化内涵。

（二）师资力量雄厚

我校有优秀的师资团队，现有专任教师61人，其中有硕士学位的4人、高级职称23人；苏州市级、常熟市级学科带头人及骨干教师38人，其中市级德育带头人2人。校风：爱国爱校，勤奋进取；教风：敬业爱生，求真创新；学风：尊师守纪，求实好学。教师业务精良，爱岗敬业，为开展劳动教育奠定了坚实的基础。

（三）地域资源独特

我校共建单位铜官山村先后被评为"国家森林乡村""江苏省乡村旅游重点村""江苏省特色田园乡村""江苏省文明村"等。铜官山乡村乐园被评为"江苏省生态文明教育实践基地"。铜官山村传承海虞文化，彰显田园风貌，正谱写新时代乡村全面振兴新篇。学校北有铁黄沙，它是集水、草、地于一体的生态绿岛，是"长江—太湖"节点生态涵养区，是众多珍稀濒危鸟类和野生动物的天堂，被称为"最美长江岸线"。

（四）劳动基地充足

我校积极拓展特色建设路径，与常熟市海虞镇聚福村共建结对，成立福源劳动教育校园实践基地；成立国营常熟市棉花原种场校外实践基地，铜官山村、郑家桥村、福山社区、海福新城社区校外实践基地，为劳动教育提供了丰富的资源，也丰富了学校劳动文化的内涵，有利于培养学生综合素养。

二、学生劳动品格塑造的途径

（一）发挥学校的主阵地作用

在劳动中培养学生的劳动观念、劳动习惯、劳动技能、实践能力和创新精神，充分挖掘劳动的育人功能，合理构建劳动教育的主题课程，科学评估劳动教育成效，为科学、有效、持续地开展劳动教育提供理论和实践依据，充分发挥学校的主阵地作用。

我校以劳动教育为突破口，积极拓展特色建设路径，将传统文化与家庭、社会教育相融，积极拓展劳动教育的空间，将农耕、厨艺、诗词等传统文化与生物、化学、地理知识教育融于劳动课程，体现人文素养、艺术素养与科学素养的交融共通，丰富学校文化的内涵，培养学生综合素养，也拓展活化了"五育"。

（二）开发劳动实践基地

劳动场域开发是劳动教育实施策略的组成部分，也是学生实践劳动技能、养成劳动习惯的途径之一。

我校积极与社区合作，成立了多个劳动实践基地。学生参与校内外劳动实践基地活动，既能快乐劳动，也能培养面对困难、克服困难的勇气。

（三）活化社区教育

我校共建共享教育资源，努力建立社区教育网络，充分发挥社区能动作用，与海虞镇海福新城社区、福山社区、铜官山村、郑家桥村、聚福村、邓市村等结成共建单位，活化社区教育，延伸德育时空，达到学校和社会和谐共生的美好境界。社区文化资源的利用与学校德育是一个互动过程。我校充分利用社会资源，优化整合家校社文化资源，让资源更好地服务学生，营造和谐、美好、幸福、充满生机的幸福校园。

（四）开展劳动研学

针对长期以来初中生囿于校园和家庭环境、社会实践活动缺失、能够接受的社区教育和社会化劳动极其有限、综合素养的发展受限的情况，我校通过引导学生参加生活实践和亲身体验劳动研学，让学生真正掌握劳动知识、形成劳动能力和劳动品质。

我校利用研学基地教育资源，开展体验式劳动活动。在铜官山村和郑家桥村生态农业实践基地，学生参与不同的劳动，进一步接触社会生活，体验劳动的辛苦和丰收的喜悦，感受劳动的不易和粮食的珍贵，懂得节约粮食和保护环境的重要性；利用重要节日如中秋节、重阳节等，带领学生走进敬老院、走进社区，开展公益劳动、社区服务等。

为引导学生正确掌握自救、自护、疏散逃生等技能，增强消防安全意识，提高消防突发事件的应急防范和自救能力，我校组织学生参加由海福新城社区联合海虞镇消防中队在社区新时代文明实践站开展的系列活动，践行"涵福行动"，赋能学生向未来。

（五）搭建家校社育人平台

学生的健康成长离不开家庭、社会的支持与配合。我校努力通过课程和系列活动唤醒家长在教育中的角色意识与责任担当，并借助亲子互动活动倒逼家长进行角色转型。

为了培养学生克服困难、团结协作的意志品质，学习劳动技能、和谐亲子关系，我校组织亲子活动，内容涵盖社会实践活动类、亲近大自然类、参观访问类、体育运动类、社会公益活动等。

我校搭建育人平台，带领学生走进社区、村镇。在金色的季节，学生代表来到海虞镇郑家桥村，开展了以"金穗丰收开镰季，品格提升涵福行"为主题的"涵福行动"。学生在亲身体验中拓宽视野、增长知识、快乐劳作，享受大自然带来的无尽乐趣，聆听民族精神的呼唤。

学生走进海福新城社区、福山社区和海虞镇电商园，开展"垃圾分类新时尚，七彩夏日携手行"主题活动；游览以绿色著称的铁黄沙生态岛，共享、共建长江岸线生态保护成果，体会生态文明建设的重要意义。

我校与海虞镇海福新城社区开展"传承雷锋精神，弘扬时代新风"学雷锋系列活动，在活动中，学生更加深刻地感悟雷锋品行，传承雷锋精神，争做时代好少年，做到"家社携手学雷锋，共赴美丽新时代"。

（六）以课程深化内涵

我校"涵福"农艺实践课程成功创建市级课程基地建设项目。以劳动教育为突破口，努力打造特色教育：在劳动实践教育基地开展劳动实践教育。我校建有"福源"劳动实践基地、劳动专用教室和校外劳动实践基地——郑家桥葡萄园、铜官山茶园、棉花原种场，使教育课程项目有正规、多元且氛围浓厚的学习、研发、训练的场所。这不仅拓宽了学生自主实践的时间和空间，而且能激发学生对劳动实践的兴趣与激情。

我校添置劳动实践类图书，开展阅读节活动，组织学生进行科技阅读，开阔学生视野，培养学生热爱科学、热爱劳动的兴趣；开展劳动手抄报评比、征文比赛等活动，推动科技阅读，提高阅读的效果；布置班级图书橱，开展图书漂流阅读，其中农艺科技图书为必读。

通过墙壁文化，介绍农耕知识；开展劳动达人视频与摄影展示、家长谈劳动教育等活动，以多种方式营造崇尚劳动的氛围，提高学生对劳动的兴趣，向学生渗透劳动知识教育。添置厨艺、烘焙等器材设备，通过综合实践课，培养学生的动手能力和探究科学的兴趣；添置展示橱窗、购置陈列柜，以图片、实物等方式及时将学生制作、种植的成果陈列起来供欣赏参观。

（七）以项目提升品格

品格提升项目"涵福行动：农村初中劳动品格养成新样态"，使我校成功获评第三批常熟市中小学生品格提升项目学校，以劳动教育为突破口，努力打造劳动特色教育：以学校为主阵地，逐年推进"福源"农艺基地、厨艺教室、木工教室建设，筹建"空中花卉种植园"，开设丰富多彩的劳动课程和劳动类学生社团，推进校园劳动实践教育。

我校在实践中推进"以劳育人"体验研学探究，学生在场域融通的体验平台中实践、感悟，在多元并进的研学课程中提升，在家校社协同的探究方式中成长，提升品格素养，达成"农村初中生劳动品格新样态养成"这一目标。我校打破课堂、地域时空限制，将德育场域拓展到家庭、社会，进行全程、全员、全学科、全时空育人。亲身体验、亲身实践，是最灵动有效的品格提升策略。

（八）激发学生兴趣潜能

我校在劳动教育中，力求调动学生身体各部分机能的合力运作，提高学生学习的兴奋度、感知度、体验度，提升教学的实效性；培育学生主动思考、批判质疑、创新表达的能力；培养学生跨学科、融合学科的能力；培养学生的团队协作能力和创新能力，提高学生的思维水平。

我校通过各种社团活动，让学生明白团队协作的重要性，感受"组织"的重要性。我校组织学生走进海虞镇铜官山村，采访铜官山村的领军人物、江苏省"乡村振兴先进个人"、村党委书记、村委会主任程刚，聆听程刚书记关于乡村振兴及党的二十大精神的宣讲。程书记从乡村振兴战略谈起，用自己的亲身经历说明乡村振兴给百姓带来的好处，给农村带来的巨变，引领学生自觉践行社会主义核心价值观，向善向美，践行"劳动精神"。

（九）涵育学生优良品格

我校从学生身处的劳动教育氛围中汲取课程资源，借助校外场域，尤其是基地、社区村镇，让学生从生活、经验中感悟，坚守祖辈辛勤劳动、无私奉献的劳动品格，培养学生爱劳动、爱祖国、爱家乡、爱生活的情怀。

我校着力培育学生的劳动观念。学生在参与日常生活劳动、生产劳动和服务性劳动中理解劳动创造美好生活的道理，增强家庭责任意识，认识到劳动对国家富强、人类发展的意义，向优秀劳动榜样学习，增强公共服务意识和社会责任感。

我校注重培养学生的劳动能力，让学生掌握日常生活劳动技能，初步掌握现代服务业劳动的基本知识与技能，熟悉、参与公益劳动与志愿服务。组织师生积极参加各级各类劳动教育的竞赛，多次取得优异成绩。

我校培育学生劳动习惯和品质，让学生保持参加劳动的积极性，在劳动过程中养成持之以恒、诚实守信、有责任担当、自觉遵守劳动规范和劳动法规的习惯，形成认真负责、吃苦耐劳的劳动品质。在此基础上涵育学生的劳动精神，促使学生不断追求品质、精益求精，牢固树立勤俭、奋斗、创新、奉献的品质。

劳动教育强调创新能力和实践能力的培养。

我校让学生在劳动中学习，在劳动中锻炼，在劳动中体验失败与成功，在劳动中历练强大的心理品质，在劳动中提升学生劳动素养，涵育学生劳动品格。

我校积极宣传平凡人的先进事迹，强化对学生"劳动精神"的教育；开展劳模事迹宣讲活动，让学生聆听、学习、分享劳动模范的典型事迹，让劳模精神最大化地影响每一位学生。

三、结语

综上所述，我校以新时代"五育并举"教育思想为指引，深入推进劳动教育课程建构，有机融入劳动育人的深刻内涵，逐步构建体现时代特征的劳动教育体系，发挥劳动教育树德、增智、强体、育美的综合作用。开展"涵福行动"，借助校内外资源，着力推进劳动教育新模式，不断优化劳动教育的社会功能，让劳动教育走出家门，走出校园，促进劳动教育与社会实践的深度融合，让学生懂得劳动不仅是知识的躬身修行，更是创造社会价值的基石。

参考文献：

［1］牛瑞雪.中小学如何构建劳动教育特色课程体系——落实《关于全面加强新时代大中小学劳动教育的意见》的实践策略［J］.课程·教材·教法，2020，40（05）：11-15.

［2］柳夕浪.建构完整体系　解决突出问题——《中共中央　国务院关于全面加强新时代大中小学劳动教育的意见》解读［J］.中国德育，2020（07）：7-10.

义务教育减负政策的执行困境与博弈分析

◎王　彪

摘　　要 义务教育减负政策是近年来国家重点关注的问题之一，但政策执行仍存在困难。从博弈模型视角进行分析可见，影响政策执行的最主要原因为推进过程中的恶性竞争生态。针对该问题，可从完善减负政策、优化推进方法、促进"家校社共建"、利用信息化教育手段四个方面解决，在保证义务教育减负政策有效实施的基础上提升政策的执行水平和实施成效。

关 键 词 义务教育；减负政策；博弈；解决展望

作者简介 王彪，江苏省盐城市大丰港实验学校，副高级教师。

我国的义务教育主要是指国家对适龄儿童实行强制性的九年教育，包括小学和初中两个学制阶段。受社会层面、家庭层面、教育层面的影响，该阶段的学生承受着比预期更重的学习负担，不仅需要完成规定内的课业任务，而且需完成父母期望的各项内容。从长远来看，这些超负荷的学习任务无论是对个人的发展，还是社会教育事业的进步、国家人才的储备，都造成了非常严重的损害。

本文主要站在博弈论的角度讨论减负政策的执行困境，提出完善减负政策、优化推进方法、促进"家校社共建"、利用信息化教育手段四个解决措施，以期促进社会形成一个良性的教育生态，真正将减负政策落到实处。

一、减负政策实施现状

多年来，教育减负已成为教育改革中的热点话题，提倡素质教育、全面发展等理念相继涌现。但近年来，一个现象引人注目：在学校布置的家庭作业之外，多数学生和家长仍每天背着重重的

书包，穿梭于学校和校外教培机构之间，选择参加五花八门的学习补习班，而且，这些重重的书包很多时候是学生和家长自愿背上的。

为此，我国各部门颁布了若干针对家校的减负政策及措施。近十年来发布的权威性文件有《关于切实减轻中小学生课外负担开展校外培训机构专项治理行动的通知》《关于进一步减轻义务教育阶段学生作业负担和校外培训负担的意见》等。搜集和分析这些政策文件后发现，目前的减负政策均聚焦于以下四点内容。第一，减少课程负担：制定了义务教育每个阶段的课业标准，规定了不同学段、不同学科的教学时间和课程设置，降低学生的课业负担。第二，优化课程设置：对一些不必要的课程进行裁减，对某些学科进行整合，减少学科数量，提高课程的实用性和针对性。第三，促进素质教育：关注学生的全面发展，注重综合素质的提高，注重课外活动和实践操作。第四，利用信息化教育手段：借助现代技术手段，去除学生课业中的非必要工作，提高教学的有效时间占比。

总体来说，中国义务教育阶段的减负政策旨在通过多种措施降低学生的课业负担，提升教学质量，培养学生的综合素质，让每一位学生能够更好地发展。但是，在执行政策的过程中却有许多困难。本文将从博弈视角对减负政策的执行困境进行分析，讨论减负为什么难以落到实处，探讨可能采取的解决办法。

二、教育减负政策执行中的博弈分析

（一）"囚徒困境"简介

20世纪50年代，美国兰德公司的梅里尔·弗勒德（Merrill Flood）和梅尔文·德雷希尔（Melvin Dresher）所提出的"囚徒困境"模型，深刻揭示了个体理性与集体理性之间的冲突，以及这种冲突如何在特定情境下导致非最优的集体结果。在这个模型中，两个嫌犯都面临着两难选择：如果他们均选择沉默（良性合作），则两人均被判监禁2年；如果一人沉默一人揭发对方，则沉默者被判监禁8年，揭发者无罪释放；如果均选择揭发对方（恶性竞争），则两人均被判监禁10年。当双方都基于个人利益的最大化做出决策时，会导致最糟糕的结果——即双方都被判以更长的监禁。

这种困境之所以具有普遍性，是因为它触及了人性中对于安全感的追求和对他人行为不确定性的恐惧。在缺乏有效沟通和信任机制的情况下，个体往往会倾向于采取保守且自利的策略，即便这意味着集体的利益将受到损害。这种"个人利益大于所有利益"的心态，在多个领域均有体现，教育领域也不例外。

（二）教育减负面临的"囚徒困境"成因分析

首先，简化家校的庞大群体，假设只有A生、B生两位同学两人竞争甲等、乙等两所学校的入学名额。给出如下假设：

（1）学校只有1个招生名额。

（2）学生进入了不同层次的学校，必然会获得不同的口碑和资源。量化这些指标，根据学校的不同，分别将学生进入甲等学校量化为6个单位的收益，进入乙等学校量化为4个单位的收益。

（3）学生的付出程度也量化为两个等级，即轻松与繁重，轻松量化为1个单位收益，繁重则量化为–1个单位收益。

根据上述假设，我们可以得到如下几种情况：

（1）A生和B生均不减负的情况下，A生和B生均有进入甲等学校的能力，但是由于学校的招生限制，一定会有一名学生滑落至乙等学校。

（2）A生和B生其中一人减负的情况下，不减负方进入甲等学校，减负方进入乙等学校，与均不减负的情况相同，但是节约了社会的教育资源，减负方学生的身心健康也更能得到保障。

（3）A生和B生均减负的情况下，A生和B生以同等能力竞争甲等学校，既做到了公平，也节约了师资，是良性竞争的表现。

可以看出，如果A生和B生均不减负，获得的总收益为最小，是为恶性竞争。其中只要有一位家长选择了减负，不管是个人收益，还是社会收益，都得到了少量提升。而当A生和B生均选择减负，A生和B生均有相同的机会进入甲等学校，不仅最大限度地提高了收益，而且保障了公平，是为良性竞争。但是在这个博弈中，最终结果是所有家庭都选择了增加负担，而不是减轻负担以追求长期发展。

以上的例子，仅考虑了不同的学生之间博弈，但是现实中的博弈关系远远不仅于此。学生和学生之间、家长和家长之间、学校和学校之间、地区和地区之间等，每一层均有博弈困境。因此，解决这个问题需要的是全体社会的共同努力。

（三）教育减负面临的"囚徒困境"现状分析

当前的选拔制度仍然以学习成绩为标准，但随着素质教育的普及，学生的学习心态和全面素质得到了提高。然而，短期的减负可能会干扰学生正常的学习生活，导致成绩的下降，而增加负担可能会暂时提高成绩，但也会让学生感到辛苦和枯燥。

多年来，从中央到地方，教育界坚持不懈，努力破除应试教育的影响，"减负"呼声日益高涨。但是高呼声并不能从根本上解决问题，现在实际的教育状况表明，学校给学生的负担越来越大，越来越重。

改变现行教育评价的结构，打破现有的病态均衡，寻找新的平衡点，促进形成对学生有益的均衡发展评价体系，才是摆脱"增负囚徒困境"的上策。目前，我国不少省份制定了一些有利于学生全面发展的政策，将符合素质教育思想的相关举措落到实处，以期改变片面追求升学率的现实，在力所能及的范围内走出教育的囚徒困境。

此外，强调多样化、选择性和探究性的教育理念，也是走出"增负囚徒困境"、推进素质教育可行之路、必由之路。而改变上述教育囚徒困境中的某些收益数字，这场博弈的平衡点也有可能从所有人的增负变成减负。

三、教育减负政策执行困境的解决展望

（一）完善减负政策

义务教育阶段学生减负政策所面临的困境揭示了现阶段相关政策存在的问题，即针对性、体系化不足。"双减"政策是一项重大的教育改革举措，体现了党中央对教育事业的高度重视和对人民群众的深切关怀。但要实现"双减"政策的目标，还需要进一步完善相关的配套措施和保障机制。

完善减负政策任重道远。一是加强顶层设计和统筹协调，致力于建设高质量的教育体系，突出育人的工作理念，促进校外教育机构的结构转型。设立"双减"工作专门协调机制，加强不同部门之间的统筹，形成高效工作协同环境。二是改革教育评价和考试招生制度。要遵循《深化新时代教育改革评价总体方案》，摒弃"五唯"的错误

倾向，构建多样、全面、发展的评价体系。要推进各层级招生考核制度，侧重学生的整体素质和综合能力，打破"名校壁垒"和"学区壁垒"，促进优质教育资源均衡配置。

（二）优化推进方法

优化义务教育阶段减负政策的推进方法非常重要，以下是一些可行的优化方式：

加强学校的培训体系，注重学校工作者的专业素养，制定合理的课程设置、作业量、考试频次等，规范教师的课堂教学和作业布置，减少无效教学和过量作业。

增加社会资源的投入，扩大义务教育的公共供给，缩小城乡和区域之间的教育差距，降低家庭教育成本和负担。

强化社会监督和问责机制，建立健全减负政策的执行和评估机制，及时发现和纠正政策落实中的问题和障碍，对违反政策规定的行为进行严肃处理。同时，应该建立一个公开透明的信息平台，让社会公众、家长、学生等参与和监督减负工作，形成合力。

加强宣传和引导，营造良好的社会氛围，消除误解和抵触。减负政策的目的和意义应该广泛宣传和解释，让各方面认识到减负不是降低要求，而是提高效率，不是放松管理，而是优化结构。同时，应该引导家长、学生等树立正确的教育观念，摒弃应试教育的思维定式，培养综合素养和创新能力。

（三）促进"家校社共建"

义务教育阶段是学生身心发展的重要时期，也是培养基本素养和综合能力的关键阶段。需要家庭、学校、社会三方面的共同努力，推进义务教育阶段减负工作。

首先，家庭要有正确的教育理念，鼓励孩子的个性和特长，不盲目跟风报名各种校外培训班，不给孩子过多的期望和压力。家长要多和孩子沟通，了解其心理状况，引导其合理安排课余时间，进行

必要的课业学习、体育锻炼、文艺活动等。

其次，学校要提高教育教学水平，遵循课程标准教学，提升作业设计水准，加强作业完成指导。学校应提供优质的课后服务，帮助学生在校内完成大部分作业，针对不同学生的需求进行辅导、答疑或拓展学习，举办各种文体、艺术、劳动活动。学校要充分利用国家和地方提供的免费线上优质教育资源，引导学生用好这些资源。

最后，政府要加强对校外教培单位的监管，坚持从严审批的工作底线，规范培训服务行为，加大对培训机构收费、广告、资本运作等方面的监督和查处力度，坚决禁止不正当竞争和行业垄断行为。

（四）利用信息化教育手段

教育工作者不能忽视电子产品在学生教育过程中的作用。学校可以合理利用信息化手段，对作业数据进行诊断和学情分析，利用大数据分析技术对学生的作业数据进行深度挖掘，了解学生的学习情况、兴趣、特点、需求等，实现作业的分层、弹性和个性化推送，达到因材施教、举一反三的效果。信息化教育亦可利用智能技术支持作业布置和批改，实现作业的自动批改、分析、反馈、诊断等功能，减轻教师的工作负担，提高学生的学习效率。为突出作业个性化特征，提高作业精准性，还可以利用智能系统根据学生的学习情况进行作业的精准推荐，生成个性化错题本，助力学生突破难点。

此外，学校可合理利用课后时间完成作业并开展延展性活动，为学生提供线上线下混合式的课后服务，利用互联网平台获取各类优质教育资源，开展各类线上课程、活动、竞赛等，设计多元活动课程，将作业与兴趣相结合，满足学生多样化的需求。同时，利用数字化阅读教材等资源，帮助学生扩展知识面，培养兴趣爱好。

四、结语

义务教育阶段承受压力的不只是学生，一系列减负措施在实施的过程中遭遇了意想不到的难题。义务教育阶段学生减负离不开家庭、学校、社会每个环节的帮助。尽管现阶段的教育环境不是很理想，但随着教育专家的研究深入，相关政策的探索前进，社会资源的发展提高，种种不理想的问题必然会被解决，达到整个教育环节共赢的均衡点，义务教育学生减负必将取得实效。

参考文献：

［1］余晖，黄怡.县域义务教育减负政策的执行偏差及深层动因［J］.苏州大学学报（教育科学版），2022，10（03）：38-50.

［2］付柳，李敏.博弈中的减负——近十年我国基础教育减负研究综述［J］.少年儿童研究，2022（06）：5-20.

［3］廖恬.小学减负政策执行存在的问题及对策研究［D］.扬州大学，2022.

［4］许冰茹，杨英."双减"背景下义务教育减负的困境与出路——基于利益相关者理论［J］.宜宾学院学报，2022，22（11）：69-77.

［5］王琳，李双龙.博弈困境理论视角下中小学生减负分析及对策探索［J］.理论观察，2021（12）：150-153.

积极心理学视域下中小学心理健康教育改革探析

◎董建干

摘　要 积极心理学背景下的心理健康教育模式应该是"自我资源导向"，以为所有学生服务为目标，旨在使学生能够利用其所拥有的优势和资源来处理和解决自己的心理问题。从积极心理学的角度看待我国中小学心理健康教育工作中存在的问题，积极地探讨一种新的中小学心理健康教育理念，总结应对策略，为进一步做好中小学心理健康教育工作提供科学的指导。

关 键 词 积极心理学；中小学生；心理健康教育

作者简介 董建干，江苏省沭阳县庙头中心小学校长，中小学一级教师。

目前，积极心理学已被广泛运用到全球各个行业的各个领域，其对于学校的心理健康教育也有着深远的意义和价值，可以增强学生积极主动的心理意识，培养他们正确的价值观和心理素质，提高将来面对各种不确定因素时承受压力的能力，从而使他们更好地适应社会发展，有能力为社会作出贡献。受传统思想的束缚，积极心理因素在学校心理健康教育中的运用效果并不理想，造成很多学生在面对生活的困惑和现实的压力时很难进行自我开解，得不到有效的疏导。如何应对这些问题，更好地应用积极心理学，值得我们探究。

一、心理健康教育概述

心理健康的内涵包括：心理活动正常、人格相对稳定、内容符合实际、关系和谐。其特点是：个人在发展的进程中，能与周围的环境和谐相处，具有比较完美的人格特质；在意志行为、认知、情感反应等方面，表现出更多的正面性，并具有适当的调节能力。在中小学开展的心理健康教育，是指教师根据中小学教育和学生年龄的特点，以课堂为平台，开展教学、辅导、实践等教学活动，让学生对心理健康有比较系统、准确的认识，从而实现学生自我保健意识的觉醒。

目前，尽管我国中小学大力开展心理健康教育工作，但总体成效不理想。造成这一结果的可能原因有：第一，"填鸭式"的教学方式在造成学生学业压力的同时，也不利于他们心理健康的发展，更会对心理健康教育造成负面影响。第二，心理健康教育的医学化趋势。有些学校教育者把心理健康教育理解为一种心理咨询和心理疗法，治疗和辅导意识很强，却忽略了学生的发展性问题，违反了心理健康教育的内在规律。

二、积极心理学融入心理健康教育的价值

与以往的心理研究侧重人性中存在的问题和不足不同，积极心理学以人的快乐为中心，强调人的主体感受、长处和优点，指导个人发展自己的潜力，促进心理学由单纯的病理学转向以个人福祉和发展为中心的科学。传统的心理学倾向

于以客观衡量标准为主导,寻求普遍法则。而积极心理学则侧重对个人的情感和福祉的关注,力图发掘出影响人们快乐的内部机理和个体间的差别。

传统的教学模式倾向于以一种统一的规范为取向,更多地把注意力集中在科目学习上,忽略了学生的个性和发展。积极心理学则关注个性的差异和需求,提倡个性的发展,强调要把学生培养成具备正面人格的人,注重积极的心理品质,如乐观、自信、情绪稳定等。这就要求教育以学生为本,以学生为中心,重视个体的差别,重视个人的人格和需要,为每个人提供个性化的教育,促进学生的全面发展。

在传统的教学中,人们更多地关注学业成就和竞争能力,忽略了对学生健康和情绪调控。积极心理学强调教育应该关注学生的幸福感与主观满足感,培养学生的幸福感知与情感调节能力。这就要求教师要重视学生的心理健康和幸福感,加强对他们的情绪调控,增强他们的主观幸福和积极心态。

三、中小学生常见心理问题分析

(一)惧怕学习与反感学习

不少中小学生对学习存在畏惧、厌恶等情绪,致使他们的学习态度也非常消极。造成这种心理状况的原因有:第一,学生对学习的兴趣不高,由于课程设置不符合自己的需求,加上缺少教师指导,学生对学习活动比较反感,投入度低;第二,学生自控能力不强,受年龄特征影响,学生在执行自己的学习目标和学习计划时,往往会不够坚定;第三,学生缺乏自信心,考试发挥失常或是学业成绩没有达到家人的要求,都会导致学生学习信心的下降。

(二)心理状态起伏较大

情感问题是影响中小学生心理状态变化的一个重要因素。中小学生处在一个情感丰富、思维活跃的年纪,但是由于缺乏社会经验、缺乏情感体验等多种因素,导致他们情绪调节能力差,心理状态起伏大。部分学生在情感控制方面比较弱,当遇到不符合自己主观意愿的事情时,就会产生剧烈的情感波动和精神波动,在一些极端的情况下,很可能会犯下无法弥补的错误。另外,学习环境和生活环境的改变也很可能造成学生情绪的变化,对学生的心理状况产生影响。

(三)自卑心理

产生自卑心理的因素有很多,如自我认知不全面、外界攀比和社会观念影响等。蒙田说,自卑的根源就是攀比。这里的攀比可以理解为人与人之间的比较、人与外界价值观的比较等。中小学生的学校生活是一个初步的社会生活的缩影。在与同学的交往过程中,由于生活环境、学习成绩和交际网络的不同,自然会引起同学间的各种比较行为,很可能会引起后进者的自卑心理。

四、积极心理学视角下中小学心理健康教育策略

(一)开设专业心理健康教育课程,提高学生心理素养

课程体系是学校进行教育教学工作的依据,是体现学校办学理念、办学思想、办学目标、办学宗旨的一种主要方式。《中小学生心理健康教育研究》指出,心理学课程涵盖范围广,教育效果好,可以对学生的心理健康教育进行系统性、持续性的普及。

目前,我国中小学的精神健康教育课程在国家的课程体系中地位不高,上课时间得不到保证,经常被占用,并且教学内容具有很大的随机性,对教学效果也不够关注,缺少必要的监测与评价。中小学应该把心理学课程纳入学校课程系统,在尊重心理学课程的实用性和体验性的基础上,采取多种形式,采用必修课、选修课、校本课

程等形式，对课程目标、课程内容、课时安排、课程评价等进行详细的规定，严格实施。

（二）鼓励教师正确对待学生，维护学生的自信心

中小学生年纪小，生性活跃，爱冒险，也容易犯错，在受到严重的指责时，自信心难免会受到冲击，变得敏感和戒备。所以，教师要平静地面对学生的错误，用温和的态度与他们沟通，以免他们出现负面的情感，丧失自信的积累，造成一些心理问题。

积极心理学需要教师从宽容、肯定和赞赏的角度来调节教育方式，用正面的力量去感染和转换学生的负面情绪，防止他们发生心理问题。例如，有些学生在课堂上非常努力，但是成绩并不理想，对学习产生厌恶，乃至失去兴趣。在这种情况下，教师要通过与学生的交流，了解问题产生的原因，在实际操作中发掘他们的潜能，帮助他们战胜困难，发现自己的潜能与优点，培育积极的态度，维护他们的自信，推动他们的心理健康发展。

（三）结合实际生活，推进积极心理健康教育

在以往的中小学心理健康教学过程中，很多教师都是通过机械的方法来教授和解释课程内容的，枯燥的学习内容让学生在接受心理健康教育的时候不能专心，缺乏热情，忽视自己的心理健康问题。因此，教师要结合实际生活，改变教学方式，通过实际案例引导学生主动关注与心理健康有关的事情，运用协作的方式进行心理教学，发挥学生互助对心理健康产生的积极作用。

此外，教师可以利用多媒体等技术详细地剖析当前中小学生的心理健康热点案例，通过恰当的引导，让学生在学习与成长过程中积极面对问题，主动解决问题。通过对真实社会中存在的矛盾、问题和挫折的剖析，对学生进行引导，使其养成良好的心态，塑造健全的个性。同时，教师要指导学生注意自己的积极的心理和情绪特点，

处理好自己的不良情绪，培养他们积极的人格特质和勇敢、乐观、进取的积极情绪。

（四）成立家校合作小组，共同关注学生心理健康

家校合作小组可以让教育工作者与家长分享、交换有关学生的资讯，建立一个更完整的教育与关怀系统，保证学生的心理健康得到全面细致的照顾。在家校合作小组中，教师和家长及时沟通，通过定期的线上交流会议、家访等形式更好地了解学生的真实心理状况，深入了解学生的情绪趋向，同时在沟通过程中分享、交流自己的教育方法和经验。

家长与教师之间的沟通应该抛弃预先形成的偏见，用一种诚恳的方式进行信息、观点的交换。这样，教师能够积极地对学生在家的日常生活、兴趣爱好以及心理状态进行调查，从而对学生有更加全面的认识，进行更加有针对性的教育和辅导。同时，家长也能掌握孩子在校园中的学习、生活状况。

需要注意的是，家长的情感状况及心理调节能力对子女的心理健康也有很大的影响。有研究显示，家长缺乏有效的情绪管理与心理调节，会在不经意间将消极的行为方式和心理信息传递给子女，从而给子女带来不利的心理影响，还会使家校教育的目的和方式发生偏差。所以，在对学生进行心理健康教育的同时，也要主动地为家长提供心理健康教育的资源与支援。另外，还可以组织阅读交流、亲子工作坊、心理测评等活动，加深家长对心理健康的认识，增进家长与子女之间的情感交流。

（五）完善心理咨询与辅导工作，应对学生个性化需求

心理咨询和心理辅导是解决当前中小学心理问题、促进个体发展的重要手段。心理咨询和心理辅导能针对特定的心理问题给予学生个性化的引导。传统的心理辅导和治疗侧重干预和解决现有问题，但从积极心理学的观点来看，心理辅导

既要重视对中小学生的心理问题的防范和干预，又要重视对其发展问题的支持。此外，作为一种新型的心理咨询和辅导方式，个体发展辅导员日益引起人们的重视。个体发展辅导员参与学生的生涯设计，并在这一过程中帮助改善中小学生的心理健康状况。

五、结语

在中小学中运用积极心理学的理论，对其进行适当的改革，使每个学生都能获得良好的心理健康教育。教师指导学生主动追寻有意义的事物，对人生抱有积极的期望，以一种正确的心态来应对学业与生活中遇到的难题，是中小学心理健康教育的首要任务。

参考文献：

［1］龙喆.“双减”背景下积极心理学融入中小学心理健康教育的价值与路径［J］.文教资料，2023（19）：171—174.

［2］王蓉蓉.积极心理学视域下中小学心理健康教育路径研究［J］.基础教育论坛，2023（01）：43—44.

［3］冯墨女.积极心理学视域下中小学心理健康教育模式探索［J］.长春师范大学学报，2021，40（04）：144—147.

［4］余欣欣，姚璎珊，韦佳纪.论积极心理学视野下校园文化建设在农村中小学心理健康教育中的作用［J］.广西师范大学学报（哲学社会科学版），2019，55（02）：93—100.

［5］张成玉.积极心理学背景下的中小学心理健康教育探讨［J］.中外交流，2020，27（7）：357.

［6］保丽云.积极心理学视角下中小学心理健康教育策略探究［J］.中国教师，2023（11）：113—115.

［7］孙静娅.积极心理学理论在中小学班主任心理健康教育中的应用［J］.启迪与智慧（中），2021（10）：92.

普通高中学生发展指导体系研究

◎卢啸虎

摘　要　普通高中阶段是青少年成长的关键时期，建立和完善学生发展指导制度对学生的发展至
关重要。然而，当前普通高中面临着专业指导教师资源短缺，学校管理体系与学生发展指
导制度之间难以有效融合等实际困难。本文提出了以系统化推进为主程序、以德育条线
为主渠道、以生涯教育为主动脉、以班会课为主阵地和以班主任为主力军的"五主"策略，
有效构建学生发展指导体系，帮助学生认识自我，规划未来，提升面对生活挑战的能力，
为学生的全面发展奠定坚实的基础。

关 键 词　普通高中；学生发展指导；体系构建

作者简介　卢啸虎，江苏省苏州市苏州大学附属中学德育处主任，教师。

普通高中阶段是青少年成长的关键时期，学
生在生理、心理、认知以及社会性等方面均经历
着显著的变化与成长。特别是在自我认同、未来
规划等方面，许多高中生往往会感到困惑和迷
茫，缺乏明确的生活目标和应对未来挑战的准
备。因此，建立和完善学生发展指导体系，对学
生的理想信念、心理健康、学业发展、生活技能
及职业规划等方面进行综合指导，成为贯彻立德
树人根本任务、推进育人模式改革的关键环节。

然而，当前普通高中在建立学生发展指导制
度的过程中面临一些实际困难，如专业指导教师
资源的短缺以及学校管理体系与学生发展指导
制度之间难以有效融合等问题。针对这些困境，
本文综合分析已有文献，提出统整思路，整体构
建普通高中学生发展指导体系，帮助学生认识自
我，规划未来，提升面对生活挑战的能力，从而
为学生的全面发展奠定坚实的基础。

一、高中学生发展指导研究综述

（一）理论研究

普通高中学生发展指导领域的研究可追溯至
《国家中长期教育改革和发展规划纲要（2010－
2020年）》（以下简称《纲要》）发布后的理论探索
及初步实践，并以新高考的实施为分水岭。2014
年以前，学者们响应《纲要》要求，从理论研究层
面探索建立普通高中学生发展指导制度体系。黄
向阳从对"指导"的语义研究出发，提出了建立
与教学并行的学生发展指导体系的设想。胡健
则从取向和价值研究出发，提出要整合学校、社
会、家庭等多方力量和资源，促进学校教育方式
的转变。朱益明讨论了高中导师制在学生发展指
导体系中的作用，认为高中导师制可以成为学生
发展指导体系中的重要形式之一。方晓义等提出
要通过制度化要求来保障学生发展指导工作科
学、规范、有效地开展。王玉国、袁桂林是较早
对我国普通高中学生发展指导实践情况进行研究
的学者，指出未来我国学生发展指导必须走向制
度化、专业化、体系化。束晓霞阐述了普通高中
实施学生发展指导的重要性与必要性。林静则尝
试用与学校心理健康教育体系整合运作的方式来
探索。

新高考实施后，研究方向转向如何更好地推

进普通高中学生发展指导工作,构建体系化运作模式,更好地实现体系运作等方面。例如倪竞、金檀系统总结了各国的学生发展指导制度模式,并进行了比较研究,提出我国建立学生发展指导体系的建议;梁剑玲等则是系统使用实证研究的方法,对普通高中生发展指导的现状进行大范围的调查,提出相关建议。

(二)实践探索

许多学校根据自身校情学情,对高中学生发展指导实践进行了积极尝试。例如,厦门双十中学的"向未来·学生发展指导体系"、江苏省天一中学的"天一路径"、四川省江油外国语学校的"一主四辅"学生发展指导路径。这些实践具有以下共同特点:

1. 以整合并轨为基础

首先,学生发展指导中心的职能整合,例如与德育处、心理健康中心、教务处等部门进行整合。这通常需要组织结构上的调整,例如四川省江油外国语学校成立了学生发展指导暨生涯教育中心,负责学校学生发展指导工作的统筹、规划、推进和管理。其次,载体整合,如天一中学的学生发展指导主要依托指导项目、课堂阵地和活动平台等三类实施载体。这些载体包括学工处、班主任、教务处、年级组、任课教师以及校办等综合部门。再次,师资整合,全员参与指导,包括专职教师、任课教师、朋辈同伴、家长和社会人员。最后,资源整合,涵盖校园教育资源、家校共育资源和社会公共资源等。

2. 以课程构建为关键

融合学校理念,构建符合学校文化特色的课程体系是学生发展指导有效推进的关键。在现有探索案例中,课程构建主要有两种模式:一是全息式课程构建,例如四川省江油外国语学校开发了全面的学生发展指导读本;二是以某一模块为主的融合式课程,如厦门双十中学的学生发展指导以生涯为主线,融合理想、学业、心理、生活

维度。

3. 以制度建设为保障

制度是实践得以发展和延续的根本保证。因此,要系统化推进学生发展指导工作,学校需制定细化到教育教学工作中的各项制度,同时做好选课走班制、导师制、教师管理制度、教研制度等一系列教学制度的衔接和呼应。

二、高中学生发展指导工作面临的困境

(一)定位的困境

《江苏省教育厅关于加强普通高中学生发展指导的实施意见》指出:"各普通高中要建立学生发展指导中心,研究学生、服务学生、指导学生发展。指导中心要配备专门的学生发展指导教师,2000 人以上高中学校至少配备 2 名专职教师(含心理健康教师)。"然而,这一定位导致不少地区的高中在建立学生发展指导中心的过程中,以现有合格心理辅导室为基础,进行对标升级,将学生发展指导中心作为心理辅导中心的升级版。在不增加师资的情况下,进行改造升级,增加家庭教育指导与研究等职能。这种做法是当前专业教师资源紧缺的情况下的必然选择,但一定程度上违背了学生发展指导中心设立的初衷。

(二)课程的困境

融合学校理念,构建具有学校文化特色的课程体系,是推进学生发展指导工作的关键环节。各普通高中需依据自身实际情况,针对全体学生,积极开发和开设学生发展指导课程,建立完整的、体验式的学生发展指导课程实施路径,采用课堂讲授、专家讲座、团体辅导等多种方式,以指导学生发展。然而,在构建系统的学生发展指导课程过程中,学校面临诸多挑战,其中主要的困难包括学校教学安排中难以划拨专门的学生发展指导课程教学时间,以及即使专门安排了教学时间,现有师资也难以满足数千人的教学需

求。同时，如何将学生发展指导课程纳入学校整体课程体系，实现课程定位、师资培训、课程评价等方面的融合统整，也是当前高中学生发展指导课程建设所面临的一大难题。

（三）师资的困境

当前，许多高中面临着生源扩大的情况，这导致了学校教室、运动场、食堂等资源日益紧张。同时，师资方面也面临着相应的困境。首先，随着班级的扩招，教师的教学工作量有所增加。其次，教师需要承担教学以外的任务。再次，由于新教师的招聘数量较多，教师们还面临着结婚、生子等个人生活问题，这进一步加剧了教师资源的紧缺。在这种情况下，要求教师额外承担学生发展指导的工作内容，无疑增加了教师的压力，具有一定的难度。

三、高中学生发展指导体系的构建策略

（一）以系统化推进为主程序

高中生发展指导工作的推进是一项复杂的系统工程，需要学校根据学生真实的发展需求，对学生发展指导工作进行整体设计和系统化推进。第一，基于校情和生情进行系统的规划，在充分调研学生需求，充分融入学校发展，充分盘点学校资源的基础上，设定符合实际需求且能够实现的长期、中期和短期目标，做到供给端和需求端的匹配，在不透支学校各类资源的基础上，实现学生发展指导工作的高效开展。第二，要基于问题导向持续推进学生发展指导工作，由于资源有限、易发生突发事件以及思维传统等因素，实践中往往会出现偏离预设规划的现象。例如，教师在指导学生过程中受到限制，关键负责人岗位调整或部分教师难以适应指导工作等，这些问题都将影响指导效果。面对此类情况，学校不能仅关注解决问题而忽视预设规划，也不能对问题置之不理而强行推进。学校应积极与师生沟通协调，深入了解教师在学生发展指导过程中的困惑和难

题。在此基础上，通过共同研讨、专家支持、内部协调和合作推进等多种方式，努力解决实际问题。

（二）以德育条线为主渠道

以德育条线为主渠道推进高中学生发展指导工作，是一种符合实际、具有可行性的方案，有利于提高学生发展指导工作的质量和效果，促进学生的全面发展和幸福成长。德育工作是学校的重要工作、常态工作，承担着立德树人的重要职责。德育条线（德育处、年级）往往有着成熟的工作体系、工作网络，也有着课程育人、文化育人、活动育人等丰富的育人载体，同时也管理着心理健康教育。这些都可以为学生发展指导工作提供有力的支撑和保障。学生发展指导工作的内容在一定程度上与德育条线的职能重合。因此，基于实施的可操作性，不管是机构设置还是工作开展方面，学生发展指导与德育工作应该深度融合。在现有工作体系下，以德育条线为主渠道来推进学生发展指导工作，可以更好地统筹资源、组织落实。在德育条线建立较为完善的工作机制，可以有效地协调、监督、评价学生发展指导工作的实施效果。

（三）以生涯教育为主动脉

从内涵来说，学生发展指导涵盖了生涯教育的内容，但从实践角度来说，生涯教育是学生发展指导各个内容的"最大公约数"，积极推动生涯教育，将生涯教育作为撬动学生发展指导工作有效开展的支点，是现实的必然选择。首先，生涯教育高度贴合新高考的教育思想。新一轮高考改革，遵循的是"选择性"的教育思想，给予了高中生前所未有的自主选择权，而生涯教育的目标就是要培养学生的"选择力"。其次，生涯教育内涵非常丰富。例如，认知信息加工理论中的金字塔模型，清晰地阐述了如何定位生涯问题所涉及的因素，即在生涯规划中需要的自我知识、职业知识和生涯决策，要懂自己、明环境、

慧选择,这与各省政策文件中学生发展指导的内容不谋而合,这是学业发展指导、健康生活指导所不具备的。

(四)以班会课为主阵地

班会课是德育工作的主阵地之一,班会课的序列化建设,是当前德育工作的主要内容,高中班会课的序列化是指根据高中生的年龄特点、心理发展需求以及教育教学目标,系统地安排一系列主题鲜明、内容丰富、形式多样的班会课程。序列化的班会课有助于学生形成正确的人生观、价值观,提高学生的心理素质和社会适应能力,促进学生的全面发展。因此,将班会课作为学生发展指导课程开展的主阵地,是基于高中生的发展特点和教育目标的必然要求,也是高中教育当前教学时间紧张、师资配备紧张等实际条件下的最优选择。学生发展指导课程的实施,可进一步提高班会课的教育质量和效果,促进班会课的序列化推进,引导学生形成正确的人生观、价值观,提高学生的心理素质和社会适应能力,促进学生的全面发展。

(五)以班主任为主力军

高中学生发展指导工作的实施,需要有一支专业化的教师队伍,而班主任是这支队伍的主力军。他们与学生的接触最多,对学生了解最深、影响最大,他们本身承担着大量学生发展指导的工作,因此以班主任为主力军,并不是额外增加班主任的工作量,而是充分发挥班主任的作用和优势,开展学生发展指导工作。要建设好这支主力军,必须增强班主任的"指导"意识,提高班主任的"指导"能力,优化班主任的"指导"风格,充分了解学生的情况,满足学生的需求,提供个性化、全方位的发展指导服务。同时,学校要制定配套的制度,为班主任开展学生发展指导工作提供保障和支持。当然,包含心理教师、学科教师等在内的"全员"指导仍然是学生发展指导有效落实的重要举措。

参考文献:

[1]黄向阳.学生发展指导制度建设刍议[J].教育发展研究,2010,30(Z2):64-69.

[2]胡健.普通高中学生发展指导制度的基本架构[J].教学与管理,2011(31):10-12.

[3]朱益明.普通高中实施学生发展指导的行动策略[J].基础教育,2012,9(02):114-122.

[4]方晓义,袁晓娇,邓林园,等.构建适合我国的普通高中学生发展指导制度[J].北京师范大学学报(社会科学版),2013(01):42-50.

[5]王玉国,袁桂林.我国普通高中学生发展指导:实践、问题与政策建言[J].教育学报,2013,9(05):80-85.

[6]林静.高中"学生发展指导"与学校心理健康教育的整合[J].中小学心理健康教育,2014(06):4-7.

[7]倪竞,金檀.三种学生发展指导模式评述[J].生涯发展教育研究,2019,17(01):79-88.

[8]梁剑玲,陈晓新,黄珊珊,等.普通高中生发展指导的现状与需求调查[J].中小学心理健康教育,2021(13):20-24.

[9]赵向波.高中阶段学生发展指导体系构建策略——以厦门双十中学为例[J].福建教育,2022(28):32-36.

[10]冯朴,胡正良.普通高中学生发展指导的"天一路径"[J].江苏教育,2021(70):43-44.

[11]董军.普通高中推进学生发展指导的问题及对策[J].四川教育,2021(Z4):17-19.

[12]冯朴,胡正良.普通高中学生发展指导"实施载体"的思考与实践[J].江苏教育研究,2018(29):9-12.

文化管理："以人为本"的学校管理寻绎

◎许波建

摘　　要 学校的文化管理就是要以文育人、以文养人、以文化人、以文立人。学校文化管理依靠人、发展人、成就人、为了人。在学校文化管理中，要充分调动全体学校人的积极性，充分发掘全体学校人的管理潜质、潜能，让学校文化成为全体学校人的本质力量的感性显现。学校的文化管理又是学校的一种智慧管理，是一种高阶管理。以"人"作为管理的原点和归宿，是文化管理最为鲜明的特质。学校文化管理的终极目标是人的本质力量的全面解放与舒展。

关 键 词 学校管理；文化管理；以人为本；管理演绎

作者简介 许波建，江苏省如皋市东陈镇丁北小学校长，中小学一级教师。

在建设文化强国、教育强国、人才强国的当下，学校文化管理成为学校建设和管理的根本性趋势。文化管理，不仅仅是管理的手段，更是管理的目的。学校管理基于学校文化，并且融入学校文化。文化是管理的脉络。文化管理是一种顶层的、高端的管理，是管理的最高境界。所谓"文化管理"，是指"以物质、制度、行为、精神等为抓手，有序推进学校建设的一个过程"。文化管理包括物质文化管理、制度文化管理、行为文化管理、精神文化管理等。其中，尤为重要的是，用学校精神来进行管理。在学校文化管理中，管理者要努力让自己的管理超越管理之术、管理之器，而走向一种管理之道。文化管理，是一种追求学校核心价值观的管理，是一种能彰显学校品牌、特色的管理，因而是一种形而上的管理。文化管理尊重人、发展人、提升人，文化管理关心人、培养人、塑造人，文化管理激励人、开发人、完善人的潜能、潜质。以"人"作为管理的原点和归宿，是文化管理最为鲜明的特质。

一、文化管理依靠人

人是管理的第一要素，也是管理的核心要素。文化管理，不仅仅追求学校外在的办学条件的改善，更追求人的内在素养的生成。学校的文化管理，应当是好校长、好职工、好文化的三位一体。其中，校长的地位尤其突出。从某种意义上说，一个好校长决定一所好学校。尽管校长是学校的灵魂，但学校文化管理还主要是依靠广大教职员工。文化管理不应该以管理者为中心，不是简单、机械地将学校中的人分为"管理者"和"被管理者"，不是让师生围绕着管理者的指挥棒转，而是要充分唤醒、激活、调动师生员工的积极性，让师生员工共同参与学校管理。

在管理过程中，要培育师生员工的主人翁意识，让师生员工以主人的身份、主体的身份参与、融入学校的管理。文化管理依靠人，在文化管理中，无论是学校管理上的出谋划策，还是学校规章制度的制定修改，无论是学校教学的组织实施，还是学校活动的组织开展等，都离不开全体师生员工的共同参与。作为学校管理者，要充分发挥、发掘每一位师生员工的优势特质、优势潜能，让师生员工都能在学校管理中绽放自己。学校管理应当是所有师生员工本质力量的感性显现，是所有师生员工的生命实践活动和智慧的结晶。同样，学校的管理制度、规章制度是全体成员的意志的集中体现。

文化管理依靠人，就是要充分发挥人的主观能动性，充分解放、舒展人的生命，让人置身于其中，能获得全面的发展。这是对人，即对广大师生员工在劳动过程中可能会出现的异化现象的根本性超越。如在丁北小学，每一位教师都身兼数"职"，他们不仅仅是学科教学者，更是德育者、美育者、劳育者等。作为学校管理者，只有赋予全体师生员工以充分的权利、时空，才能让他们积极投身到学校管理活动之中，成为学校管理的主人。

二、文化管理发展人

文化管理不仅仅是依靠人，文化管理更能发展人。文化管理注重对人进行人性的、人本的、人文的关切，注重呵护人的生命成长环境，注重创造美好人生。文化管理的最高境界是促进师生员工的自我管理，让每一位师生员工形成自律品格、自律品性、自律品质。在文化管理中，管理者要充分运用学校的文化、精神来发展人，要让置身学校中的每一位师生员工身上都洋溢着学校的文化气息，体现着学校的文化精神，要让每一位师生员工成为学校中移动的文化标识。文化管理不仅能丰盈全体师生员工的精神，更能润泽全体师生员工的生命，提升他们的生存境界、生活境界。在文化立校、文化强校的今天，文化管理就是要让学校每一位师生员工成为有品位的人，成为有追求的人。

如上所述，学校的文化可以分为"物质文化""制度文化""行为文化"和"精神文化"。对学校师生员工影响较大的，不是物质文化，也不是制度文化，而是精神文化。即文化管理对人的潜能的开发、对人的发展，不是物质的享受、制度的规约，而是精神的浸润。文化就是学校管理的一种精神追寻，是学校管理的共有价值观的体现。文化是一种积淀，沉积着学校的历史、特色，传承着学校的根脉、灵魂。每一所学校都有它独特的核心文化，我校的文化是"致和"，儒家认为，"致中和，则天地万物均能各得其所"，达到和谐境界。我校全体师生练习太极已有十余年，是因为太极的文化内涵"静时守中正、动中求和谐"与学校文化相契合。在"致和"文化的影响下，我校每一位师生员工踏实工作，与人和，与己和，展现出健康向上的精神面貌。文化体现着学校发展的历史，文化又昭示着学校发展的未来。文化是学校可持续性发展的"根脉""延续"，是学校发展的"驱动力"。

在学校文化管理中，校长要自下而上，凝聚全体"学校人"的共识，引导全体"学校人"积极参与、建言献策、集思广益，形成学校文化的基本共识，共同构建学校文化的整体性框架，打造一个具有浓厚底蕴的学校文化生态系统。学校文化就是全体"学校人"对真善美的一种建构。学校文化的建构过程就是全体"学校人"凝聚共识的过程，也是打造学校文化氛围、涵养全体"学校人"自觉行为的过程。

三、文化管理成就人

学校文化管理是一种对话管理、交往管理、互动管理。在学校文化管理中，管理者要促进全体"学校人"的经验分享、智慧分享，促进全体"学校人"的情感交流、精神交流，让全体"学校人"走向视野宏阔、情感融合、心灵澄明的境界。学校文化管理，不仅仅是成就个体的发展，更是成就群体、集体、团队等的整体性发展。从这个意义上说，文化管理是一种共生性的管理。走向共生，能让学校文化管理为全体学校人的精神成长、生命成长赋能。共情、共治、共生，是学校文化管理追求的目标。

在学校文化管理中，没有传统管理中的管理者与被管理者的机械关系。全体"学校人"应当是伙伴关系、朋友关系等。文化管理加强朋辈关系建设，文化管理不再是对人的规训、训诫、惩罚，而是对学习、生活、活动等的共同策划、实施。在文化管理中，学校全体人员应当是对话者、倾听者，应当相互勉励、相互促进。而学校管理者，则有着多重角色，他们既是管理的对象，同时又是管理的主角；既要对全体"学校人"赋能，同时还要自我赋能。在学校文化管理中，管理者应当"俯下身姿"，和全体"学校人"共情、共治、共生。在学校文化管理中，管理者应当少发号施令，多协商对话，将全体"学校人"凝聚为一个整体，实现与全体"学校人"的共情。学校管理者要善于赋能，让全体"学校人"为学校的发展谋划、策划、规划，要重塑全体"学校人"的认知，加强全体"学校人"的修炼，让全体"学校人"真正成为学校文化管理的主体、主人，以一种主人翁的态度投入、融入学校的各项活动，实现和全体"学校人"的共治。管理者还应当成为全体"学校人"精神成长、生命成长的"领路人"，实现与全体"学校人"的共生。做到这一点，学校管理者要加强自身的学习、修炼，以便感染、影响全体"学校人"，"倒逼"他们积极提升自我，主动地参与学校生活。

学校的文化管理是一种超越"人治"而走向"法治""德治"的管理。作为管理者，要不断建立、健全学校的组织机制，完善学校的规章制度；要将自上而下的线性组织建制与辐射型组织建制、圆桌型组织建制等结合起来，让学校组织中的相关因子能自由地流动，让学校组织成为一个动态性、生态性、生成性的组织；要引导全体"学校人"积极、主动地参与学校的规章制度建设，不断修改、完善学校的规章制度，让学校的规章制度既具有法治性、科学性、公正性，又具有人本性、人文性；要让全体"学校人"从"陌生人的群体"逐步发展为"亲密性的集体"。

四、文化管理为了人

文化管理的原点和归宿都是"人"。以人为本、以德为先，是文化管理的本质所在。正如德国著名哲学家康德所说，人是教育的目的。也正如德国思想家哈贝马斯所说，管理追求的是一种"解放兴趣"，指向主体的诞生。文化管理就是要实现学校管理理论与实践的统一、管理主体与管理对象的统一、管理个体与管理群体的统一，实现认知管理与情感管理的统一、规范管理与自由管理的统一。人的解放是文化管理的终极目标。基于人的解放的学校文化管理，要求学校管理者要根据美的自由的规律来实施，来引导全体"学校人"的美的自由的实践。

苏霍姆林斯基认为，学校管理首先是思想的管理，其次才是行政的管理。学校文化管理就是一种包含思想、情感在内的管理。文化管理、文化治校，说到底就是以人为本的管理、以人为本的治校。这里的"人"，涵盖了人文、人性、人道、人本等含义。文化管理以诚待人、以情感人。这就要求学校的管理者做老实人、说老实话、做老实事。在学校文化管理中，管理者（包括校长和中层人员）应当付出真情实感，而不是矫揉造作；应当对全体师生员工进行人文关怀、人性关怀；应当引领全体"学校人"充分发挥文化的育人功能，彰显文化的育人价值。学校是"自由人"的"联合体"。学校管理者要想师生员工之所想、急师生员工之所急，切实帮助师生员工化解相关的负面情绪，及时解决师生员工遭遇的实际困难。只有这样，学校对于师生员工来说，才会有家一般的温暖。师生员工在学校工作、学习、生活中才能与管理者同命运、共呼吸，才能与管理者同心同德、协同做事。师生员工彼此之间才能相互信任、相互支持，才能形成一种融洽、友好、和谐、民主的氛围，学校管理也才能走向一种自融自洽的境界。

文化管理要强化学校特色，彰显学校的标识。每一所学校都有自己悠久的历史，深入发掘、彰显学校的历史，就能凝聚学校的办学文化，彰显学校的办学特色，形成学校独特的文化符号。如丁北小学根据自身的办学理念和悠久的办学历史，提炼出了"诚"文化校训，并将其融入全体"学校人"的日常学习、生活。"真诚""诚实""诚信"等，不仅是全体"学校人"的学习生活的根本性法则，而且是全体"学校人"的为人处世的标准，是全体"学校人"的精神底色。

学校文化管理是对学校管理的理性建构与思考。学校文化管理应当是一种超功利、非功利的管理，同时也是一种超越实用的管理。仅仅追求效用，会让学校文化管理降格到"器"的层面。"君子不器"，学校的文化管理也应当超越"器"，追求"道"。在一个价值日趋多元化的时代，学校文化管理就是要求全体"学校人"守望学校精神。正如英国著名的道德教育专家泰勒所说，"价值观教育得以实现的形式方面，比价值观教育内容本身更为重要""事情是怎么做的要比事情是怎样说的更有影响力"。学校文化管理要自觉地追求社会主义核心价值观，自觉地融入社会主义先进文化，要将社会主义核心价值观融入、渗透到管理之中，让管理与时俱进，让管理彰显时代的要求、风采。学校的文化管理既要入脑，更要入心，同时还要体现在全体"学校人"的日常行为之中。学校管理应当引导全体"学校人"以"身"体道、以"境"融道、以"行"评道。

五、结语

文化管理以文育人、以文养人、以文化人、以文立人，能充分发挥文化教育人、管理人、陶冶人、规范人等功能，彰显文化的育人价值。文化与人在文化管理中形成一种圆融、和谐的关系。文化管理，不仅是"说在口头上""写在文本中""张贴在墙壁上"，更应当体现在学校全体师生员工的言行之中。学校的文化管理是一种高阶管理，是一种顶层管理。学校的文化管理又是学校的一种智慧管理，也是学校的精神管理、生命管理。文化管理的终极目标是人的本质力量的全面解放与舒展。

参考文献：

[1] 张东娇. 学校文化团结发生机制与实现策略 [J]. 教育研究，2016，37（09）：59-66.

[2] ［美］C·I. 巴纳德. 经理人员的职能 [M]. 孙耀君，等译. 北京：中国社会科学出版社，1997.

[3] 张东娇. 学校文化建设："穿越概念丛林"之后我们去哪儿？[J]. 清华大学教育研究，2021，42（02）：41-47.

[4] ［奥］弗雷德蒙德·马利克. 公司策略与公司治理：如何进行自我管理 [M]. 朱健敏，解军，译. 北京：机械工业出版社，2010.

[5] 伊恩·帕尔默，理查德·邓福德，吉布·埃金. 组织变革管理 [M]. 金永红，吴玉芹，译. 北京：中国人民大学出版社，2009.

[6] ［美］玛丽·帕克·福列特. 福列特论管理 [M]. 吴晓波，等译. 北京：机械工业出版社，2013.

[7] ［美］斯蒂芬·P. 罗宾斯. 管理学 [M]. 黄卫伟，等译. 北京：中国人民大学出版社，1997.

"醋"不及防，与你相遇
——幼儿园营地课程研究

◎秦月娥

摘　要　《幼儿园教育指导纲要》指出幼儿园课程要具备全面性和启蒙性，运用不同领域的内容促进幼儿知识技能、情感态度、能力素质的发展。营地课程是指带领幼儿到特定场地进行的体验式课程，有利于幼儿创新意识、团队能力、责任感等多方面的发展。醋是我们传统的调味品，具有悠久的文化历史，让醋文化走进幼儿园营地课程能激发幼儿的民族自信，增强幼儿的实践操作能力，在多元文化熏陶下发展幼儿的综合素养。

关键词　幼儿园；营地课程；醋文化

作者简介　秦月娥，江苏省镇江市润扬幼儿园副园长，幼教一级。

随着幼儿教育课程改革的进行，许多幼儿园开始构建校外营地课程。营地课程作为一种集体活动课程，让幼儿走出幼儿园，有助于幼儿在户外活动中亲身体验、感受、探索，形成健康的身体素质和心理品质。同时，营地课程有助于培养幼儿动手动脑的能力、主动分析和解决问题的能力，以及语言表达和人际交往的能力等。

一、幼儿园营地课程的开发原则

想要充分发挥醋文化在幼儿园营地课程中的价值，教师要遵循以下原则。首先，教师要保证营地课程的完整性。在开发营地课程时需要紧跟教学目标和培养目标，带领幼儿认识醋文化的起源、发展，了解醋的制作、运用等，在这种完整的课程体系中锻炼幼儿的综合能力。其次，课程开发要具备创新性原则，在创新性的课程中激发幼儿兴趣，才能发挥营地课程的作用。因此，教师应主动提升自身的专业素养，深入了解醋文化，将醋文化与幼儿实际生活结合，使幼儿主动在课程中创新拓展，形成独特的知识技能，对醋文化

的学习充满热情。再次，课程开发还要遵循互动性原则，幼儿缺乏语言经验和生活阅历，存在人际交往能力差的问题，在营地课程中，教师要多与幼儿互动或引发幼儿间的互动，以此来增加幼儿的沟通经验，在团队合作中提高幼儿的人际交往能力和沟通交流能力。最后，教师要保证营地课程的趣味性，使幼儿充分参与到课程中，亲自观察、操作、学习，在实践活动中增加对醋文化的感悟，促进幼儿感知能力、探究兴趣的培养。

二、醋文化走进幼儿园营地课程的意义

我国传统文化博大精深、源远流长，醋文化是中华优秀传统文化的重要组成部分，能加强幼儿对传统文化的了解，增强他们的爱国主义情怀。在幼儿园营地课程中，教师要认识到传统文化的独特性，利用醋文化激发幼儿智力潜能，促进幼儿良好思想品德的培养，这对幼儿今后的成长和发展有着积极的影响。首先，醋文化走进幼儿园营地课程能提高幼儿对我国传统文化的认同感。幼儿园课程的开发意义在于满足幼儿多元化

的发展，醋在幼儿的生活中有着广泛的运用，能使幼儿主动了解和继承传统文化，促进幼儿身心的健康发展。其次，醋文化走进幼儿园营地课程还能弥补传统课程的不足。醋文化有着很强的民族特色，能突出中国人的生活习惯和人文情怀，这种具备民族风格和生活气息的课程，能激发幼儿自主学习的意识，增强营地教学的实用性和实践性。教师可以开展制作类的活动，将幼儿生活和教学课程结合在一起，促进幼儿知识技能的转化，从而增强幼儿的成就感和自信心。

三、醋文化走进幼儿园营地课程的策略

（一）开发生活课程，引出探究问题

陶行知先生提出了教育即生活的思想，指出教师要让幼儿在教学中学会生存、生活，《幼儿园教育指导纲要》中也指出幼儿园课程要教授幼儿生活知识和技能，增强幼儿热爱生活的意识，帮助幼儿主动解决生活中的困难。古人常说，"开门七件事"是柴米油盐酱醋茶，由此可见，醋在我们生活中有着重要的作用。因此，在幼儿园营地课程中，教师要从幼儿的实际生活出发，以"生活中的醋"为起点开展醋文化营地课程，以此来提高幼儿的认知能力，增强幼儿的生活体验。例如，在营地课程中，教师可以让幼儿说说自己在生活中吃过哪些醋，它们有什么区别，在不同的情况下如何挑选食醋，在吃醋时有哪些注意事项，以此来引出课程的主题，为幼儿介绍醋的分类，激发出幼儿对醋文化的探究兴趣。幼儿具有强烈的好奇心和求知欲，在营地课程中，教师可以为幼儿展示老陈醋、陈醋、风味醋、醋饮料等醋产品，让幼儿说说这些醋在自己生活中有哪些用处，以此来揭开醋文化的神秘面纱，确保幼儿园营地课程的顺利开展。

（二）组织社会实践，增加文化认知

幼儿园营地课程不能将幼儿局限在园内，而是要带领幼儿到社会中了解和体会醋文化。社会实践活动的开展能丰富幼儿的课余生活，拓展幼儿的文化视野，使幼儿了解到独具特色的醋文化，感受醋在生活中的重要性。因此，教师不能将幼儿局限在园内，而是要利用社会实践活动加强幼儿对醋文化的认知，为接下来的操作活动奠定良好基础。在醋文化的营地课程中，教师可以带领幼儿到醋文化博物馆了解醋的历史、文化和制作，在丰富幼儿课余生活的同时，帮助幼儿深层次认识醋文化，感受传统醋工艺的魅力。在开展社会实践活动时，幼儿通常都很兴奋，教师需要先粗浅地讲解醋文化博物馆的相关知识，同时发放调查表，了解幼儿对醋文化的兴趣，教师要引导幼儿带着问题去参观。在走进醋文化博物馆后，能看到里面复古的建筑，带有淡淡的醋香味，博物馆内分为醋的历史、醋作坊、陈列馆等部分，在解说员的带领下，教师可让幼儿一一体验。首先，带领幼儿了解醋的悠久历史，让幼儿知道我国是用谷物酿醋最早的国家，早在公元前八世纪就有了与醋相关的记载，在春秋时期就有了醋作坊，到汉朝时醋已经在民间广泛进行生产等。进入醋作坊后，带领幼儿详细了解醋的制作流程，可以让幼儿观看有关酿醋的各种工具、工艺等，还可以让幼儿尝尝手工醋与家里购买的醋的区别。在到达陈列馆后，可以为幼儿详细介绍墙上一幅幅图片和一段段文字的含义，带领幼儿领悟我国悠久的醋文化，这样幼儿可以了解到更多有关醋的知识，深化幼儿对醋文化的情感，逐渐形成乡土营地课程"玩转香醋"。在结束博物馆的参观后，可以鼓励幼儿回家向家长讲解自己在博物馆内的所见所闻，叙述香醋是怎么酿成的，醋文化博物馆的陈设是怎样的，有关醋的食物有哪些，等等。一系列活动使幼儿爱上醋这种调味品，主动向家长分享幼儿园的趣味活动。

（三）开展系列活动，激发自主意识

幼儿与幼儿间存在着明显的差异，教师应关注每位幼儿的发展，为他们构建多元的教学课

程。让醋文化走进幼儿园营地课程，教师要了解课程目标、教学定位，利用一系列教学活动调动幼儿自主学习的意识，增强营地课程的教学效果。系列活动，顾名思义，就是一系列的教学活动，这种活动形式比较自由、全面，幼儿可以在活动中自主操作、创新，体会到营地课程的乐趣。例如，在社会实践活动后，幼儿对醋文化有了一定的了解，教师可以开展品醋、辨醋、制醋、用醋等活动。教师可以为幼儿提供陈醋、白醋、可乐、酱油、茶等黑褐色或棕黄色的液体，先让幼儿看一看、闻一闻，了解到醋的气味有酸的特点，再让幼儿尝一尝，好的醋虽然有点酸，但又有甜、鲜、香的风味，能让舌尖回味绵长。再为幼儿准备两瓶品质不一的醋，让幼儿轻轻摇一摇，为幼儿介绍品质差的醋轻轻一摇会迅速出现大的气泡，且气泡转眼就没，而品质好的醋在摇过后会出现细小的浮动泡沫，并能持续一段时间。由于幼儿园条件有限，加上制醋过程复杂，教师无法带领幼儿亲身体验制醋的过程。但教师可以通过动画的形式，让幼儿了解到一粒小小的糯米是怎么经历蒸、酵、熏、淋、晒的过程最后变成醋的。最后，教师还可以组织幼儿用醋做美食，如制作醋饮料、醋泡蒜、醋曲奇等，帮助幼儿掌握醋的使用方法。此外，教师可以在系列活动中开展集体研究、亲子活动等，如"香醋大讨论""对对错错来说醋""酸酸的毛毛虫""吃醋好处多"等活动。还可以开展区域探究活动，如在美工区开展"漂亮的醋瓶子""好吃的糖醋鱼和糖醋藕"，在建构区开展"我搭建的醋文化博物馆"，在科学区开展"醋的挥发"等活动。教

师在营地课程中要进行跟踪式的观察与指导，以便更好地支持营地课程的持续、深入开展。

完善与"醋"相关的幼儿园营地课程，可激发出幼儿对醋的浓厚兴趣。在社会实践、集体活动、区域游戏、家园共育中，幼儿养成了爱学习、爱思考、爱提问的好习惯。特别是在集体活动和区域游戏中，幼儿认识到了醋的特征、作用和用途，还亲手制作了有关醋的手工作品。这一系列活动都促进了幼儿社会交往能力、动手能力、观察能力、语言能力的发展。

四、结语

综上所述，营地课程是对幼儿园课程的补充和延伸，让醋文化走进营地课程不仅能让幼儿了解到中华民族多元的文化，传承醋文化中的民族思想，还能让幼儿在实践操作中实现全面发展。让醋文化走进营地课程的过程中，教师要合理规划课程内容，开发生活化的课程资源，用社会实践和系列活动加强幼儿对醋文化的了解，拓宽幼儿的文化视野，增强幼儿园课程的趣味性。

参考文献：

[1]周珺晖,于宏.试论幼儿园园本课程的构建策略[J].辽宁教育,2020（10）：60-62.

[2]孟庆玲,郭松.优秀传统文化传承视角下的幼儿园课程开发研究[J].现代中小学教育,2019,35（12）：10-13.

[3]王翌.我国幼儿园传统文化课程资源开发与利用研究综述[J].教育观察,2019,8（34）：12-14,17.

亲自然理念下幼儿创意美术的实践与研究

◎张紫娟　杨烨君

摘　　要　亲近自然的教育理念已成为幼儿日常生活中不可或缺的一部分。本研究以亲自然理念为基石，对幼儿创意美术活动进行了探索与实践，揭示亲自然理念下幼儿创意美术活动可能存在的误区，阐述亲自然理念在幼儿创意美术活动中的应用，以及展示亲自然理念下幼儿创意美术活动的实践成果。结果表明：基于亲自然理念的创意美术活动不仅激发了幼儿的美术创作兴趣及创新能力，更培育了他们对自然的热爱与敬畏之情，有力促进了幼儿多元能力的整体发展。这一研究也为幼儿园在日常工作中开展创意美术活动提供了借鉴与启示。

关 键 词　亲自然理念；幼儿教育；创意美术

作者简介　张紫娟，江苏省无锡市锡山区东城幼儿园园长，一级教师；杨烨君，江苏省无锡市锡山区东城幼儿园保教主任，一级教师。

随着教育理念的不断深化与革新，亲自然教育在学前教育领域正逐渐展现出其独特的魅力与价值。这一理念不仅为教育带来了丰富的内容和形式，更为幼儿的成长注入了源源不断的新活力。对于幼儿而言，亲近自然不仅能使他们深切体验到大自然的神奇与美丽，更能有效激发他们的创造力与想象力，从而全面推动他们多种能力的协同发展。因此，本文将从亲自然理念下幼儿创意美术活动的误区分析、实际运用以及实践成果展示三个维度，对亲自然理念下的幼儿创意美术实践与研究进行深入探讨，以期能为幼儿美术教育提供新的思考路径与实践方法，为幼儿的全面发展贡献一份力量。

一、教师在亲自然理念的理解与实践中的误区

一是过度强调模仿自然形态。一些教师可能误以为让幼儿模仿自然就是亲自然，但忽视了幼儿创意和个性的培养，使幼儿的作品显得过于刻板，从而导致幼儿作品缺乏个性和创意。

二是自然材料利用不充分，不多样。有些教师只局限于常见的自然元素，如常见的树叶、花朵、石头等，而忽视了其他丰富的自然素材，限制了幼儿的创作空间和想象力。

三是存在"重技能轻创意"倾向。在创意美术活动中，一些幼儿园可能过分强调幼儿对绘画技巧或手工制作的掌握，而忽视了幼儿创意的培养。这种倾向不仅违背了亲自然理念的初衷，也限制了幼儿美术创作的可能性。

四是过于干预幼儿的创作过程。部分教师在指导过程中过度干预，没有给予幼儿足够的自主权和发挥空间。另外一些教师可能过于注重作品的完成度和美观度，而忽视了幼儿在创作过程中的体验、情感和努力。

五是缺乏对理念的深入理解。有些教师在实践中对亲自然理念的理解仅仅停留在表面，忽视

了让幼儿通过亲近自然来激发创作灵感和表达内心情感的重要性，导致在实践中无法有效贯彻亲自然的理念。

二、亲自然理念在幼儿创意美术活动中的应用

（一）创设亲自然环境，提供创作的空间

1. 合理利用空间，打造丰富的自然环境

首先，幼儿园应充分利用园所内的空地、角落等空间，种植各类植物，设置小型水景，打造出充满生机的自然环境。如，可以在幼儿园的户外活动场地，种植各种花草树木，搭建小型木屋或帐篷，供幼儿进行户外游戏和观察。其次，幼儿园应充分利用室内外空间，合理规划自然区域和创作区域。自然区域可以为幼儿提供观察自然的机会；创作区域则可以设置创作室，提供创作材料和工具。另外，在环境创设中，还要注重自然元素的引入，如植物、动物、石头、沙子等。这些元素不仅美化了环境，还能激发幼儿的探索欲望和创作灵感。

2. 创设主题区域，感受美妙的自然环境

幼儿园应根据幼儿的年龄特点和兴趣爱好，充分利用园内的室内外空间，创设不同的亲自然的主题区域。在室内，利用教室内的空间创设自然角，布置绿植、花卉等自然元素，营造创作环境。在室外，利用幼儿园草坪、小木屋、小树林，创设"自然创意工坊""植物探索营"等专门的创作区域，为幼儿充分提供观察自然的机会。要在这些区域中及时放置自然物品供幼儿进行探索和创作。教师可定期组织幼儿到工坊中进行创作，开展制作手工、绘画、拼贴等活动。幼儿利用工坊内的材料和周围的自然环境，可创作出富有创意的作品。这些活动不仅能锻炼幼儿的动手能力，还能让他们在创作过程中感受到自然的魅力。

3. 投放丰富材料，体验自然创作的乐趣

亲自然的材料不仅可以激发幼儿的探索欲望，而且可以提高幼儿的创作灵感。教师在提供材料时，要充分选择一些具有原生态性的自然材料和具有低结构性的创意材料，可以引导幼儿收集各种树枝、树叶、石头、松果、羽毛等，供幼儿进行创作。这些材料既环保又富有创意，能够激发幼儿的想象力和创造力。比如，春天，教师可以带领幼儿到户外收集各种自然材料，然后，指导幼儿将这些材料粘贴在画纸上，创作出独特的创意美术作品。这样的亲自然活动不仅锻炼了幼儿的动手能力，还培养了他们的审美情趣和环保意识。

（二）引导幼儿亲近自然，激发创作灵感

1. 环境创设与日常体验

幼儿阶段的孩子处于直观形象思维的发展时期，他们通过与环境的直接接触来认识世界。因此，创设充满自然元素的环境，让幼儿在日常生活中就能接触到自然，是引导他们亲近自然的重要途径。幼儿园每班都会设立自然角，放置各种植物、小动物和石头等自然材料，供幼儿观察。教师带领幼儿到自然角进行观察，让他们观察植物的生长变化，聆听小动物的叫声，感受石头的纹理。这样的日常体验可以让幼儿对自然产生浓厚的兴趣。

2. 户外探索与实践

户外活动是幼儿亲近自然的最好方式。通过户外探索活动，幼儿可以亲身体验自然的奇妙，从而激发他们的创作灵感。教师可定期组织幼儿到户外开展探索活动，如带领幼儿走出园门，到附近的公园、花园或农田进行实地观察。在探索过程中，教师可以引导幼儿观察不同植物的形态、颜色，感受泥土的触感，聆听风的声音。此外，还可以让幼儿收集一些自然材料，如落叶、树枝、石头等，带回幼儿园进行创作。

3. 创意美术与表达

创意美术是激发幼儿创作灵感的重要手段。通过美术活动，幼儿可以将自己对自然的感受和

理解转化为具体的作品，从而培养他们的艺术素养和创造力。因此，教师可以利用幼儿收集的自然材料，开展创意美术活动。例如，可以利用落叶进行拼贴画创作，让幼儿根据想象，将落叶组合成各种有趣的图案。同时，教师还可以鼓励幼儿用绘画、手工等方式表达自己对自然的感受和理解，让他们在创作的过程中进一步加深对自然的认识和理解。

（三）融合多种方法，丰富创作内容

1. 引导充分观察与发现

教师需要引导幼儿观察自然环境中的每一个事物，发现其中的美。在活动中，可以组织幼儿到户外进行实地观察，让他们用眼睛、耳朵、鼻子、手足等多种感官去感知自然。在观察过程中，教师可以提出问题，引导幼儿思考，从而激发幼儿的想象力和创造力。

2. 采用多种创作技法

在创意美术活动中，教师可以采用多种创作技法，如绘画、拼贴、塑形等，以满足不同幼儿的创作需求。绘画活动中，教师可以提供不同的画笔和颜料，让幼儿尝试不同的绘画风格；拼贴活动中，教师可以引导幼儿将各种材料组合在一起，拼成有趣的图案和形状；塑形活动中，教师可以提供泥土、陶土、太空泥等材料，让幼儿进行塑形和创作。

3. 鼓励合作与交流

在美术活动中，教师应鼓励幼儿与他人进行合作与交流。可以组织幼儿分组进行创作，让他们合作完成作品。在合作过程中，幼儿相互学习、相互启发，从而丰富自己的创作内容和技法。同时，教师还可以组织幼儿进行作品展示和分享，让他们向其他幼儿介绍自己的作品和创作过程，从而培养他们的表达能力和自信心。

4. 融入跨学科知识

在亲自然理念下的创意美术活动中，教师可结合其他学科的知识，如科学、文学、历史等，将其融入美术活动。例如，在观察自然界中的植物时，教师可以向幼儿介绍植物的生长过程、光合作用等科学知识。这样的跨学科融合不仅能丰富活动内容，还能拓宽幼儿的视野，增强他们的综合素质。

5. 利用数字媒体技术

在现代教育中，数字媒体技术已经成为一种重要的教学手段。通过数字媒体技术，幼儿可以更直观地感受自然的美，同时也能激发他们的创作灵感。此外，教师还可以利用绘图软件，引导幼儿进行数字绘画或图像处理，从而拓展他们的创作手段和表现形式。

6. 注重评价与反馈

在创意美术活动中，教师的评价和反馈对幼儿的发展至关重要。教师应该注重对幼儿作品的观察和评价，及时给予肯定和鼓励，同时指出作品中的不足之处，并提出具体的改进建议。

三、亲自然理念下幼儿创意美术活动的实践成果

（一）提升幼儿的美术创作及审美能力

亲自然理念下的幼儿创意美术活动，充分激发了幼儿的想象力和创造力。通过一系列的实践活动，幼儿不仅能够运用各种美术工具和材料，将自然中的元素进行组合和表现，还能够根据自己的理解和感受，创作出富有个性和创意的作品。幼儿在欣赏和创作美术作品时，逐渐形成了自己的审美标准和审美观念。同时，他们也学会了用美术的方式表达自己的情感和感受，提高了自己的审美水平。在实践中，我们观察到幼儿的美术创作能力得到了显著提升。他们开始能够运用线条、色彩和形状等美术语言，表达自己的思想和情感。他们的作品不仅色彩鲜艳、造型生动，而且富有创意和想象力。比如，在"春天的色彩"主题创意美术活动中，幼儿用各种材料进行作品创作。幼儿创作的作品不仅展示了他

们对春天的独特理解，也体现了他们的美术创作能力。

（二）培养幼儿热爱和尊重自然的情感

亲自然理念下的幼儿创意美术活动，让幼儿有机会亲身体验自然的美丽和神奇。通过观察、触摸和感受自然，幼儿对自然产生了浓厚的兴趣，开始热爱并尊重自然。在实践中，我们注意到幼儿对自然的态度发生了积极的变化。他们开始主动关注身边的一草一木，愿意花时间去观察和了解它们。在户外探索活动中，他们兴奋地捡拾落叶、观察昆虫、聆听鸟鸣，尽情享受自然带来的乐趣。同时，他们也开始意识到保护自然的重要性，愿意为保护环境做出自己的努力。比如，在环保主题的创意美术活动中，幼儿能用废旧物品制作出各种有趣的玩具和装饰品，能表达自己对环保的支持和关注。

（三）提高幼儿的观察力及思维力

亲自然理念下的幼儿创意美术活动，要求幼儿用眼睛去观察、用心灵去感受、用大脑去思考。通过这一系列活动，幼儿的观察力、思维能力和审美能力得到了有效的提升。在观察力方面，幼儿通过仔细观察自然中的元素，学会了捕捉细节、发现美好。他们开始能够注意到树叶的纹理、花朵的色彩、昆虫的形态等细微之处，从而丰富了自己的视觉体验。在思维能力方面，幼儿通过创意美术活动，学会了运用逻辑思维和形象思维进行创作。他们开始能够从多个角度思考问题，提出新颖的观点和想法。

（四）增强幼儿的合作意识和团队精神

在亲自然理念下的幼儿创意美术活动中，幼儿往往需要与他人合作才能完成作品。这种合作的过程不仅锻炼了他们的沟通能力，还增强了他们的合作意识和团队精神。在实践中，我们观察到幼儿在合作中学会了分工、协商和妥协。他们会根据自己的特长和兴趣选择适合自己的任务，并与其他成员进行有效的沟通和协调。在遇到困难时，他们也会相互支持、共同解决问题。这种合作的过程不仅提高了作品的完成质量，也培养了幼儿的团队合作精神，使他们产生集体荣誉感。

（五）促进幼儿的身心健康与全面发展

亲自然理念下的幼儿创意美术活动，让幼儿在轻松愉快的氛围中学习和成长。这种活动形式不仅有助于缓解幼儿的学习压力，还促进了他们身心的健康发展。在实践中，我们注意到幼儿在参与创意美术活动时，情绪更加稳定、心态更加积极。他们能够在活动中释放自己的压力和情绪，感受到快乐和满足。同时，这种活动形式也有助于提高幼儿的身体素质和协调能力，促进他们的全面发展。

四、结语

综上所述，亲自然理念下的幼儿创意美术活动，不仅能激发幼儿美术创作的兴趣，提高幼儿的美术素养和能力，更在无形中为他们的全面发展打下基础。然而，本研究仍有待深化，未来，我们将进一步拓宽研究视野，丰富样本类型，以更为全面和深入的视角探究亲自然理念下幼儿创意美术的实践效果。同时，我们也将致力于深入研究亲自然理念与幼儿美术教育的融合策略，以期为幼儿创意美术教育提供更加精准、高效的指导，共同推动保教质量的提高。

参考文献：

[1] 李跃儿. 儿童美术教育：能力比技能更重要 [J]. 中华家教, 2014（08）：42-43.

[2] 缪未雨. 幼儿美术体验式欣赏教学策略探究 [J]. 成才之路, 2021（29）：108-110.

[3] 吴涵欣. 生活化材料在幼儿美术活动中的优化作用 [J]. 当代家庭教育, 2022（27）：95-97.

课程游戏化背景下的科学投放绘本的策略

◎许亚琴

摘　要　课程游戏化是当前幼儿园教育改革的重要方向之一，旨在通过游戏化的教学方式，提高幼儿的学习兴趣和参与度，促进他们的全面发展。绘本作为幼儿园教学的重要资源，具有丰富的教育价值和趣味性。本文旨在探讨在课程游戏化背景下，优化游戏区域、科学投放绘本的策略框架，以期为幼儿园教学实践提供有益的参考。

关 键 词　课程游戏化；绘本；学前教育

作者简介　许亚琴，江苏省海安高新区仁桥幼儿园园长，中级教师。

课程游戏化作为当前幼儿园教育的重要改革方向，旨在通过游戏化的方式提高幼儿的学习兴趣和参与度。随着教育改革的不断深入，课程游戏化理念在幼儿园教育中得到了广泛推广和应用。课程游戏化强调将游戏元素和设计原则融入教育课程，通过创造具有挑战性、互动性和奖励机制的活动环境，让幼儿动用多种感官参与其中，激发幼儿的学习兴趣和动力，提高学习效果和参与度。绘本作为幼儿园教学的重要资源之一，对于促进幼儿的语言发展、认知能力和情感培养具有重要作用。同样，绘本作为幼儿最喜爱的读物，其丰富的教育价值和趣味性为游戏化区域活动的有效开展提供了广阔的空间。因此，如何将绘本资源有效地融入游戏区域，实现课程游戏化的目标，成为当前幼儿园教育亟待解决的重要问题。

一、绘本选择与内容分析

（一）绘本选择的具体操作

在课程游戏化背景下，绘本选择对于游戏区域的建设至关重要。教师应根据幼儿的年龄特点和兴趣偏好，结合各年龄段的细化目标，选择适合他们的绘本。以培养幼儿社交能力为目标的游戏活动为例。首先，我们选取内容与社交技能紧密相关的绘本，如《小熊维尼的新朋友》，它讲述了小熊如何结识新朋友并共同玩耍的故事，符合我们的课程目标。其次，我们注重绘本的画面质量和色彩搭配，选择那些画面生动、色彩明亮的绘本，以吸引幼儿的注意力。再次，我们还考虑绘本的语言表述，确保语言简单易懂，适合幼儿的阅读水平。最后，我们注重绘本的多样性，选取了几本不同风格和主题的绘本，以满足不同幼儿的阅读兴趣和需求。通过这样的绘本选择，我们成功地为游戏区域营造了一个既有趣又富有教育意义的环境，有助于实现课程游戏化的落地生根。

（二）绘本内容分析的具体步骤

在选择绘本后，教师应进行内容分析。这包括仔细阅读绘本，理解故事情节和角色关系；观察绘本的画面风格，分析色彩、线条等视觉元素；思考绘本所蕴含的教育价值，如道德、情感、认知等方面的培养。以《小蝌蚪找妈妈》绘本为例，首先，我们要仔细研读绘本内容，理解小蝌蚪寻找妈妈过程中的情感变化和成长经历。其次，分析绘本的画面，观察色彩、线条等视觉元素如何营造故事氛围，以及画面与文字如何相互呼应，共同构建故事情节。再次，我们还要注意绘本中蕴含的教育价值，如亲情、勇气、坚持等。最后，结合幼儿的年龄特点和兴趣，思考如何将这些教育价值融入游戏设计，使幼儿在游戏中体验、感悟和成长。通过这样的绘本内容分析，我们可以确保游戏区域的绘本投放既有教育意义，又富有趣味性，为幼儿的全面发展提供有力支撑。

二、游戏区域设计与规划

游戏区域的设计与规划是实现绘本与游戏有效融合的关键环节。

（一）游戏区域设计的具体操作

教师应根据绘本的内容和特点，设计与之相关的游戏区域，如角色扮演区、科学探究区、美工创作区等。这些游戏区域应能够充分展现绘本中的故事情节和角色特点，为幼儿提供多样化的游戏体验。

以"小小建筑师"主题活动为例，我们首先根据课程目标，确定游戏区域的主题——建筑。随后，我们规划游戏区域的空间布局，设置积木区、设计图绘制区、建筑作品展示区等，确保各区域功能明确且相互衔接。接着，我们投放与建筑相关的绘本，供幼儿在阅读中了解建筑知识。同时，我们准备丰富的建筑材料，以满足幼儿的创造需求。最后，我们注重游戏区域的安全性和美观性，确保地面干净整洁，材料无毒无害，并用装饰品营造舒适的游戏环境。通过这样的设计，我们成功为幼儿打造了一个既安全又富有创意的游戏区域，让他们在轻松愉快的氛围中学习成长。

（二）游戏区域规划的具体步骤

教师应合理规划游戏区域的空间布局和设施配置。游戏区域的空间应足够宽敞，便于幼儿进行游戏活动和绘本阅读；设施配置应考虑到安全性和舒适性，如设置软包边角的桌椅、提供充足的阅读材料等。

以"森林探险"主题活动为例，我们首先明确活动目标，即培养幼儿的探索精神和团队合作能力。接着，我们规划游戏区域的整体布局，设置探险起点、障碍挑战区、宝藏寻找区等，确保各区域之间既有独立性又相互衔接。然后，我们根据各区域的功能需求，合理配置游戏材料和道具，以丰富游戏内容。同时，我们注重游戏区域的安全性，对场地进行安全检查，确保无尖锐物品和安全隐患。最后，我们考虑游戏区域的美观性和趣味性，用自然元素和色彩进行装饰，营造出一个充满神秘和乐趣的森林探险环境。在森林探险环境中适时地投放相关的绘本读物，幼儿可体验阅读的情境，为游戏增加浓厚的趣味性和一定的指导性。

（三）游戏区域的氛围营造方法

教师还应注重游戏区域的氛围营造，通过布置温馨舒适的阅读环境、提供丰富的游戏材料和道具，激发幼儿的游戏兴趣和阅读欲望，使他们在轻松愉快的氛围中学习和成长。

以"梦幻童话世界"主题活动为例，我们首先利用柔和的灯光和温暖的色调打造舒适、温馨的环境，营造出童话般的氛围。接着，我们在游戏区域摆放各种具有童话元素的装饰物，让幼儿仿佛置身于童话故事中。此外，我们还播放轻松愉悦的背景音乐，增添游戏区域的欢乐氛围。同时，我们鼓励幼儿参与氛围营造，让他们动手制作并装饰游戏区域，培养他们的创造力和合作精神。通过这些氛围营造方法，让幼儿在游戏中尽情享受童话故事的魅力，激发想象力和创造力，让绘本阅读更有气氛。

三、绘本与游戏元素的融合

绘本与游戏元素的融合是实现课程游戏化的

重要手段。教师可以通过多种方式将绘本内容融入游戏元素中，使幼儿在游戏中体验绘本情节，加深对绘本内容的理解和记忆。

（一）绘本内容融入游戏的具体方法

在为幼儿游戏区域投放充足的有针对性的绘本的同时，还要注重提升绘本的利用率，实现绘本和游戏的进阶融合。

教师可以根据绘本的故事情节，设计与之相关的游戏任务和挑战，促进绘本内容与游戏的融合。以绘本《彩虹色的花》为例，我们首先提取绘本中的故事元素，设计与之相关的角色扮演游戏。幼儿可以选择扮演绘本中的不同角色，通过模仿角色的动作和对话，深入体验故事情节。同时，我们利用绘本中的场景和道具，搭建游戏区域，让幼儿在游戏中与绘本内容产生互动。此外，我们还设计一些与绘本主题相关的游戏任务，如寻找彩虹色的花，让幼儿在完成游戏任务的同时，加深对绘本内容的理解和记忆。通过这样的融入方式，绘本内容得以生动呈现，幼儿在游戏中不仅能够获得乐趣，还能够学习到绘本中传递的知识和价值观。

（二）利用绘本画面激发游戏创意的策略

教师可以利用绘本中的画面元素和角色特点，设计游戏道具和场景，激发游戏创意。教师还可以结合绘本的主题和内容，设计游戏玩法和规则。通过引入竞争机制、合作机制等，激发幼儿的竞争意识和合作精神，培养他们的团队合作能力和解决问题的能力。

以绘本《动物园大冒险》为例，其画面色彩鲜艳、动物形象生动，为游戏创意提供了丰富的素材。首先，我们引导幼儿仔细观察绘本画面，发现画面中的细节和元素，如各种动物的姿态、表情和动作。接着，我们鼓励幼儿根据这些画面内容，想象并创造出自己的游戏场景和角色。例如，幼儿可以设计一款动物园探险游戏，模仿绘本中的动物角色进行角色扮演。此外，我们还可以利用绘本画面中的元素，制作游戏道具和装饰，为游戏增添趣味性和视觉冲击力。通过这样的策略，绘本画面不仅为游戏提供了灵感，还激发了幼儿的想象力和创造力，使他们能够在游戏中尽情发挥和创造。

四、游戏过程中的指导与支持

在游戏过程中，教师的指导与支持对于幼儿的学习和发展至关重要。教师应密切关注幼儿的游戏行为和绘本阅读情况，及时给予指导和帮助。

（一）个性化指导的具体措施

教师应根据幼儿的游戏表现和绘本阅读情况，提供个性化的指导和建议。对于阅读能力较弱的幼儿，教师可以引导他们通过观察画面、猜测词义等方式来提高阅读理解能力；对于游戏参与度不高的幼儿，教师可以鼓励他们积极参与游戏活动，与同伴互动交流。

首先，教师要通过观察幼儿的游戏过程，了解他们的兴趣、特长及发展需求，针对不同幼儿的特点提供个性化的游戏建议，如调整游戏难度、增设新的游戏环节等。其次，在阅读绘本时，教师应尊重幼儿的个体差异，鼓励他们以自己的方式理解和表达故事，如可用绘画、表演、创编等形式。再次，教师还需根据幼儿的阅读能力和兴趣，推荐适合的绘本，引导他们深入阅读、积极思考。最后，教师应定期与幼儿进行反馈交流，了解他们的游戏体验和阅读感受，以便进一步优化指导策略，促进幼儿的全面发展。通过这些具体措施，教师能够更好地满足幼儿的个性化需求，提升他们的游戏和阅读体验。

（二）培养幼儿自主性和创造性的方法

教师应注重培养幼儿的自主性和创造性。在游戏过程中，教师应给予幼儿充分的自主权和选择权，让他们根据自己的兴趣和需求进行游戏和阅读；同时，教师还应鼓励幼儿发挥想象力和创造力，自主设计游戏情节、角色行为等，让每一个幼儿都能成为积极主动的学习者，以促进他们的全面发展。

一方面，在游戏中，教师要基于儿童视角，通过设计一系列开放性的游戏和讨论，鼓励幼儿自主选择角色、制定游戏规则，创造新的游戏情节，让幼儿在自主游戏中感受到乐趣，锻炼他们的决策能力和创新思维。另一方面，在绘本阅读中，教师要引导幼儿主动参与，让他们自由选择绘本，分享阅读感受，创作自己的故事。教师还要鼓励幼儿发挥想象力，对绘本内容进行延伸和拓展，从而培养他们的创造性思维和表达能力。同时，教师还应注重给予幼儿积极的反馈和引导，让他们不断获得成长和进步。这些方法可以有效激发幼儿的自主性和创造性，培养幼儿的创新思维，为他们的全面发展奠定基础。

五、评价与反思

（一）评价方法的具体应用

评价与反思是优化游戏区域、科学投放绘本策略的重要环节。教师可以通过观察幼儿在游戏中的表现、幼儿的绘本阅读情况以及课程目标的实现程度，评估游戏区域投放绘本的效果。同时，教师还应反思策略框架的合理性和有效性，针对存在的问题和不足进行改进和优化。

在幼儿游戏行为和绘本阅读中，评价方法的应用至关重要。一方面，在游戏中，教师要采用观察记录法，细致观察幼儿在游戏中的表现，记录他们的行为、语言和情绪变化，从而了解他们的兴趣、能力和发展需求。同时，结合自评和同伴互评，鼓励幼儿表达自己在游戏中的感受和体验，听取同伴的建议和意见，促进他们自我反思和成长。另一方面，在绘本阅读中，教师要运用作品分析法，对幼儿创作的绘本故事、绘画作品等进行分析，评估他们的想象力、创造力和表达

能力。此外，教师还可以通过问卷调查和访谈等方式，收集家长和教师的评价意见，全面了解幼儿在游戏和阅读中的表现。这些评价方法的具体应用，不仅有助于教师更准确地评估幼儿的发展水平，还能为教师制定个性化的教育方案提供有力支持。

（二）反思与优化的具体步骤

在评价的基础上，教师应进行反思和优化。首先，教师应总结实施过程中的经验和教训，分析存在的问题和不足；其次，教师应根据评价结果调整策略框架，优化绘本选择、游戏区域设计、绘本与游戏融合等方面的实施策略；最后，教师应持续关注幼儿的发展变化，关注游戏的开展进程，随时调整和发现真切的"靶向问题"，不断调整和完善实施策略。

六、结语

基于课程游戏化背景下的游戏区域科学投放绘本的策略框架与实施是一个持续的过程，一个因地制宜的过程，需要教师在具体实践中不断探索和完善。科学投放绘本，实现绘本与游戏区域的有机结合，可以为幼儿提供一个充满乐趣和挑战的学习环境，促进他们的全面和谐发展。

参考文献：

[1] 陈睿.课程游戏化视域下幼儿园生成性课程的实践研究[J].教育界，2023（33）：104-106.

[2] 王小丽.探究幼儿园课程游戏化的实施策略[J].当代家庭教育，2023（08）：62-64.

[3] 肖菊梅，莫馨雨.幼儿园课程游戏化教学的现实问题与改进策略[J].成都师范学院学报，2022，38（04）：43-49.

[4] 倪莹莹.课程游戏化背景下绘本资源在区域游戏中的拓展[J].新课程，2021（42）：166.

园本化教研路径探索

——以七星湖幼儿园为例

◎仲玉萍

摘 要 教研活动旨在激发教师积极参与教育改革和创新的热情，提高幼儿园整体教育质量，促进幼儿健康成长。只有围绕实际问题开展有针对性、有计划的教研活动，才能真正促进园所教育教学水平的提升，为幼儿的健康发展创造良好条件。本文以海安市七星湖幼儿园的教研活动为例，阐述了园所进行园本化教研的探索之路。

关 键 词 幼儿园；教研；园本化

作者简介 仲玉萍，江苏省海安市七星湖幼儿园园长，高级教师。

海安市七星湖幼儿园以"七星拱月"为整体建筑方案，活动室大楼似七星，半月形大楼似月亮，中心庭院似怀抱，形成"七星拱月"状，寓意着老师和孩子的关系似星星和月亮，相互依偎，熠熠生辉。我园以"水润童年"为办园思想，"水无痕，爱有心"是我们的价值追求。水无痕，即教育无痕，"无痕教育"期待没有烙印的教育，以浸润的方式，让孩子自然成长，实现内在于心，外化于行。

我园省级立项课题"幼儿游戏中浸润优秀传统文化的实践研究"，积极推动了传统文化在幼儿游戏中的融合研究，希望通过无痕教育，潜移默化地增强儿童的意志力、责任心和爱国心，激励他们爱家乡、爱祖国，为"星湖娃"扣好人生第一粒扣子。

一、共建：以游戏化建构为主轴，打造"研"途的七色花香

（一）七色花开，建构区域重聚焦

我们努力创设利于"建构梦想"的情境，打造承载建构内涵的区域平台，让幼儿的思想看得见，让幼儿的游戏看得见，让幼儿的经验看得见，让幼儿的愿望看得见。

1. 小区域多造型，投放特色化

在每个班的建构区，我们投放了基础的清水积木，同时各班在建构图式扩充和图式改变理论的指导下，筛选出了符合本班幼儿年龄特点且幼儿感兴趣的建构材料，多种造型，特色鲜明，孩子们在这里尽情地建构美，创造美，欣赏美。我们慢下脚步，与孩子一起，用心灵感悟特色，以造型的特色化投放彰显匠心，公主城堡、恐龙乐园、万里长城，既切合当下建构活动的主题，又有中华优秀传统文化的巧妙渗透。

2. 小区域多功能，活动游戏化

虞永平教授曾表示，高质量的教育有赖于科学的实践，游戏化是幼儿园课程改革和发展实践的基本路径和指导思想之一，也是切入点之一。我们投放了适宜表演、再现生活等方面的材料，将角色表演和建构游戏有机融合。在小班走廊的建构区，我们投放了红绿灯，警察的衣服、帽子，等等，幼儿利用材料搭建出马路后，热衷于开展"红绿灯"的游戏，游戏中，幼儿在老师的巧妙引

导下加入"一戴一盔"宣传教育活动。

3. 小区域多层次，聚焦生活化

建构是幼儿基于原有的知识经验生成意义、理解的过程，获取知识与学习离不开基于生活的互动，少不了"生活即教育"的"同化"和"顺应"。在我们的小（6）班，幼儿用砖头、网格、积木搭建出水池，饲养小蝌蚪、金鱼、乌龟等，幼儿之间互相学习、彼此感动、共同进步，成为观察生活、感知生活的主人。中（1）班的幼儿对建构"桥"产生了浓厚的兴趣，他们联系我们身边的七星湖大桥，构思了更为丰富多彩的斜拉桥设计。幼儿在自主参与、亲身实践中感知建构的乐趣、科学的奥秘，真切体验到生活即教育，教育即生活。

4. 小区域多构想，实践主题化

发展依托于科学主题实践。在益智区的材料投放上，我们越来越重视科学、有效地投放有利于实践的材料，满足幼儿的好奇心和探索欲望。我们本期构想的中心庭院的建构主题是野战区，二楼走廊的建构方向是七星湖游乐场。针对我园幼儿的年龄特点、主题活动目标，结合幼儿实践经验，我们适宜地投放材料，家园合作设计和制作的各类益智小玩具也得到了幼儿的喜爱，收到了良好的活动效果。在班级科学区域，我们创设了"光影体验馆""电磁世界""造纸工厂""机器人总动员""镜子世界""摩擦真的来电吗""水的秘密"等丰富多彩的主题情境，让幼儿去看、去听、去讲、去画、去记录、去争论、去尝试、去解决，让他们在自主参与、亲身实践中感知建构的乐趣、科学的奥秘。

5. 小区域多操作，建构多元化

建构作为一种集操作、思维、艺术、创造与良好学习品质为一体的活动，深受各年龄段幼儿的喜爱，对幼儿的发展具有多方面价值。幼儿不仅能在搭建过程中发展动手能力和建构技能，而且能在交往、协商中学会分享、合作，也能尝试

想象、创新，既实现了搭建的愿望，又体验了游戏的快乐。我们在一楼、二楼的走廊还设有公共建构区，在中心庭院也设有户外的大型混龄建构场地，主题不同，材料各异，满足了各年龄段幼儿的多元化需求。

（二）七里花香，建构实践有支撑

一路建构一路歌，我们都是建构游戏的帮助者、促进者、实践者，助力着幼儿的知识习得和经验获得，在"平衡—不平衡—新的平衡"的循环中不断地提高和发展。

1. 花开有心，强化游戏观察

建构游戏需要做好观察。如何做好游戏观察？我们关注三个"有"：一要有问题导向。游戏是幼儿内心的一面镜子，游戏观察是成人从幼儿成长的视角看游戏中幼儿的情绪、生理等综合情况的发展，也就是用专业的眼光看游戏这面镜子里孩子所呈现出来的内心状态，并给予有效的回应。二要有实践体验。身临其境，身历其程，让幼儿充分地在建构游戏中表现、表达。我们要对建构游戏本身具有的各种积极功能有所了解，带着研究的思路去观察幼儿在游戏中的行为。三要有必要援助。用各个年龄段幼儿所表现出来的游戏特征去对标幼儿在游戏中的状态，带着适度且适宜的回应策略给予孩子必要的援助。做好游戏观察是教师专业提升的必经之路。

2. 花开有声，优化建构研修

我园以建构游戏为媒介，开展研讨活动，以卷入、反思、研磨的方式进行专题教研。先从班级内研讨入手，一段时间后，将班与班联结起来，将人与人联结起来，将研讨模式推广到年级组，年级组内进行互动，并由业务园长、骨干教师进行研讨、点评，记录下来，整理成文，发布到工作群，供大家互相学习。这样，一个个的沙龙群便成了一个个可感、可知、可尽情徜徉的教研部落。这有利于教师在建构活动中实现真实成长和专业发展，最终护航幼儿的建构梦想。

"头脑风暴"随研潜入，"建构精彩"润教无声。回望我园建构游戏的实践历程，从建构内容的选择、建构意义的明晰到研讨规模的扩大，从空中楼阁到脚踏实地，从手足无措到充满智慧，我们一点一点爱上了钻研，一步一步变得更加专业。

3. 花开有根，深化园本课程

幼儿园课程建设是提高办园质量的基本途径，需要下大功夫去做。对于一所新建的幼儿园来说，建设符合本园幼儿发展需求的园本课程至关重要。我园追随"幼儿在心，课程随行"的课程理念，以"现场会督、公众号促"的方式，不断加强课程园本化建设。

（三）七彩梦想，守望相助共成长

梦想只要能持久，就能成为现实。围绕建构游戏，我们着力建构精彩，梦想着诗在远方，追寻着花开有声的幸福成长。

预约时间好追梦。我们将细化预约墙，设置预留时间，让幼儿有充分的时间进行设想和操作，进一步引导幼儿从生活中观察发现，创设更丰富的建构游戏情境。只要"建构梦想"的初心不变，假以时日，定能静待花开。

预约空间好筑梦。在空间上，我们将更好地留存幼儿的建构作品，同时利用好家长资源、社会资源，定期开展各班级的亲子建构和混龄建构活动，让单一的建构游戏变得更加多维立体，推动建构游戏的"粗犷式"发展。

二、共生：以园本化研修为主线，打造"研"途的七色花香

每个优秀的人都有一段沉默的时光，那段时光，是付出很多努力，却得不到结果的日子，我们把这期间做的努力叫作扎根。面对新建的幼儿园，面对全园四分之三的年轻教师，我们更要扎根，更需要园本化。

1. "研"途欣赏，促进经典阅读园本化

研修园本化离不开阅读。我们给每个班级配备了基础阅读书目，如《0—8岁儿童学习环境创设》《幼儿行为观察与记录》《发展适宜性实践》《学前教育机构质量评价系统》等。还针对幼儿园教科研工作的每一个节点配备了相应的书籍，教师在每一次阅读后都会留有不同的痕迹，也许是一次轻松愉悦的阅读沙龙，也许是一次认真专注的读书笔记评比。我们尝试用不同的方式让教师爱上阅读，让教师离不开阅读。

2. "研"途探索，促进线下网上园本化

我们的园本研修少不了研修方向、研讨规模、研训组织的系列化。

一是起步，梦想着解决问题一步到位是不现实的。教研有时不仅仅是一个活动，更是一个解决问题的过程，有些问题可能需要多次活动，甚至需要一点时间深入实践才能解决！审视当前我园教科研工作的现状，我深深感觉到学校教科研工作确实还存在着不少的困难和问题，这些困难和问题迫切需要我们采取有效的措施予以解决。

二是先行，梦想着骨干引领一步到位是不现实的。骨干教师是学校教学工作的中坚力量，是学校教学工作开展的领头人。骨干教师的质量和数量，直接关系到我校教师队伍的整体水平。我们的沙龙研讨活动团队由骨干教师组成，在每周的固定时间段，几位骨干教师就目前教科研工作中的问题进行沙龙式研讨，后来逐步发展到每个班由一名主班教师参与沙龙研讨。在这个过程中，我们发现这样的研讨确实解决了很多问题，教师在沙龙活动中提高了专业素养，更新了育人理念。

三是卷入，梦想着青年教师研讨沙龙一步到位是不现实的。事实证明，青年教师虽然都经过专业的培训，有着较扎实的专业基础，可塑性强，教学热情高，但实际教育教学经验不足，教科研能力不足，他们在研讨沙龙中，无话可说，或者有话不知道怎么说。针对这一情况，我们继续推动沙龙研讨模式的变化，利用班级沙龙对本班每日发生的问题进行沙龙式讨论，成员由各班班主

任、教师、保育老师组成。面对自己熟悉的孩子，和发生的自己知道来龙去脉的事情，从实际出发进行研讨，青年教师的参与度、真实感受度都有了大幅度提高。

四是反思，梦想着研讨模式一步到位是不现实的。每个人都不是孤岛，每个人都需要被看见，被连接。班级沙龙研讨开展一段时间后，我们希望能将更多班级联结起来，将更多人联结起来，于是将研讨模式推广到年级组内。教师在班级沙龙群可自由浸润、恣意生长！

五是坚守，梦想着守望相助逐步到位是现实的。目前，我们小班年级组针对指定话题，进行群体线下沙龙式研讨。每周二对上周抛出的话题、预拍的视频进行研讨。研讨的话题通常由年级组长、班主任、教师共同商定，话题提前几天被选出并被置顶，内容多是与班主任工作密切联系的，对班主任工作有指导意义的。视频则是由各班轮流进行随机拍摄，然后进行沙龙研讨，并录播全程，对全园开放。中大班是在每周一、周三、周五，教师自发在年级组群里进行线上沙龙式研讨，并由业务园长、骨干教师轮流进行研讨、点评，之后整理成文，发布到园所工作群，供大家互相学习。

3.“研”途歌唱，促进“水润童年”园本化

正如林清玄所说，我们如果心情够细，也能体贴一棵树的心。那些细微的观察，那些充满爱的点评，还有那些来自同伴的金点子……我每天都能发现教师的精彩“哇”时刻。“研”途，我们每一个人都在成长，我们一直在彼此成就。

教育，不过是为了找一条走回内心的路。我们要真诚地走进教师的心里，鼓励他们主动提升自身的专业水平，接纳他们的真实想法，帮他们

找到阻碍前行的因素，为他们搭建前行的支架，使教师在教育活动中实现真实成长和发展，最终护航幼儿的童年梦想。目前，我们的园本化研修仍处于初步阶段，未来我们将继续深挖，期待着一切准备就绪后，园内集体沙龙活动能呈现得更加生动与深刻。

三、共勉：以个性化课题为主题，打造“研”途的七色花语

追寻花开有声的幸福成长，我们有一些经验：一是充分准备研讨；二是丰富研讨内容；三是积极调动教师热情；四是引导深入思考。目前，全园教职工已经形成了自我反思、同伴互助、骨干引领的学习共享、研修共生的成长状态。

在实践中摸索，在改革中创新，没有谁会为你踏雾而来，喜欢的风景要自己去看。今后我们将一如既往，用朗读者的姿态慢慢领悟，用实践者的勇气步步进攻，用教育者的平凡热烈成长，一起探索教育的幸福真谛！

参考文献：

[1]［美］朱莉·布拉德.0—8岁儿童学习环境创设［M］.陈妃燕，彭楚芸，译.南京：南京师范大学出版社，2014.

[2]徐莹晖，王文岭.陶行知论生活教育［M］.成都：四川教育出版社，2010.

[3]虞永平.聚焦质量：幼儿园课程改革的思考［M］.北京：教育科学出版社，2023.

[4]成尚荣.儿童立场：教育从这儿出发［J］.教育理论与实践，2008（6）：4-5.

[5]李季湄，冯晓霞.《3—6岁儿童学习与发展指南》解读［M］.北京：人民教育出版社，2013.

基于情境教育的特殊学生数学教学研究

◎陆灵俊

摘　要　创设丰富的情境不仅能促进学生智力水平的发展，还能体现出学科育人的价值。尤其对于特殊儿童而言，丰富的情境可拉近学生与知识的距离，让学生从学习活动中提升思维品质，发展关键能力。文章认为情境的多样性与跨界融通的特性具有良好的育人价值，并结合数学教学实践总结出情境育人的实施策略：借助游戏情境，提升思维品质；借助项目情境，提高生活能力；借助绘本情境，渗透生命教育；借助多元操作情境，促进全面发展。

关 键 词　情境育人；特殊教育；数学教学

作者简介　陆灵俊，江苏省南通市通州区特殊教育学校书记，校长，中学高级教师。

特殊教育属于教育的重要组成部分，教育对象以身心存在缺陷的儿童为主，如存在听障、智力落后、弱视、肢体残疾、言语障碍或病弱等问题的特殊儿童。受传统思维的束缚，不少特殊教育的数学教师对特殊儿童的评价方式还不够全面，仅以考核、智商测定等语言或数理逻辑模式进行评价。殊不知，特殊儿童除了因个体缺陷导致的某些能力的欠缺外，在其他方面还有发展的可能。研究发现，创设丰富的情境可从很大程度上促进不同认知水平的学生的多维度发展，真正实现育人价值。

一、在特殊教育中实施情境教学的价值

在课堂上创设情境，不仅能让学生更好地建构与内化新知，还能从真正意义上起到"育人"功效。一方面，教师可结合课标要求、教学目标与学情特点不断优化情境，引导学生投身于真实的情境，让学生自主感知到情境中的知识点，激活思维。随着探究行为的产生，学生不仅能积累实践经验，还能从情境教学中提升对数学美的认识，享受学习带来的乐趣，让学习成为一种内在需求。

另一方面，将课内外、校内外、学科间的内容有机地整合在一起，有助于引导学生从不同情境的关联中提取知识与技能，实现跨界能力的融通。事实证明，增加情境间的关联，将情境的"相加"转化为"相融"，可进一步发挥情境的教学作用，提高数学课堂的育人功能。如在生活数学课堂中增添生活语文知识，让学生在探索数学问题时，感知知识间的关联性，此为提升学生生活综合能力的重要举措。

二、在特殊教育中实施情境教学的策略

（一）借助游戏情境，提升思维品质

特殊儿童的理解能力普遍偏弱，将学生置身于有趣的游戏或他们感兴趣的学习场景内，往往能调动学生的学习兴趣，提高学生的注意力。

案例："认读数字1—4"的教学

学情分析：班级共有10名学生，其中5名发育迟缓，2名唐氏综合征伴有认知障碍，2名孤独症伴情绪化，1名多动症。课堂整体偏安静，学生学习参与度不高，但对听故事、玩游戏、看电视的积极性高一些。大部分学生能随口数1—4，但不会认读。考虑到学生的身心特征，以及数的

认读属于一件枯燥的事情，研究者结合教情与学情有针对性地设计了一个指压板游戏，意在激发学生的学习兴趣，培养学生的数学思维品质。

游戏安排：将 8 块指压板摆放成两排，每 5 名学生一组，两组学生同时站在指压板的起点，听从教师的口令向前走，边走边数。走的过程中，要保证数正确，若出现数错的现象，需回到原点重新走。比赛过程中，给赢得比赛的学生予以奖励，能对学生的数数行为起到正强化的作用。

设计意图：对于特殊儿童而言，数数属于比较枯燥的教学活动，如果用常规教学法实施教学，很难激起学生的探索欲，最终会导致课堂在沉闷的环境下推进，学生对数数的掌握程度也仅停留在会说不会用的地步。在指压板游戏情境的辅助下，学生的身心愉悦，课堂参与度与学习效率得以大幅度提高。由此可见，游戏情境的应用能有效激发学生的学习兴趣，促进学生的个体发展。

（二）借助项目情境，提高生活能力

在促进特殊教育普惠发展的当下，利用数学课堂推行项目式学习，学生不仅能从宏观的角度认识并理解数学知识，还能基于跨学科融合的视角应用所学知识，实现学科间的融通，以提升创新意识。对于特殊儿童来说，常见的项目式学习有创设模型或设计学校劳动基地等方式，也可带领学生从生活实际出发，通过搜集与整理数据发现数学规律。

案例："做时间的主人"项目化教学

项目背景：为了让学生体会时间的存在，养成珍惜时间的习惯，教师特别设计了一节"做时间的主人"的项目化课程，拟帮助学生自主构建良好的时间观，形成用数学知识创造性地解决生活问题的能力。该项目的驱动问题为：每个人每天都拥有 24 小时的时间，那么我们该如何规划一天的时间，让我们的生活变得更加丰富呢？

实施过程：

活动 1：制作钟面

以小组合作的方式，自制一个钟面。组内成员协商、分工，必要时找教师咨询。

活动 2：认识时间

要求组内成员拨动时针与分针，其他成员描述钟面时间，通过反复练习，增强学生对时间中整时与非整时的辨别，由此增强学生对时间意义的理解。

活动 3：感知时间

所有学生准备一张长条形的纸张，将这张纸条视为生命 0—100 岁的长度，用刻度尺将纸条进行等分，分别写上 0、10、20、30 等数字，并在纸条的左边标注"生"字，右端标注"死"字。

教师引导学生按照如下几个问题进行撕纸活动：

问题 1：现在的你几岁了？如果现在的你是 11 岁，则将 11 之前的纸张撕掉，因为已经流逝的生命无法回头。

问题 2：你期望自己将来能活到多少岁？若你想活到 93 岁，就把 93 之后的部分撕掉，因为那段时间将不会在你的生命中出现。

问题 3：现在手中剩下的纸张就是你所拥有的生命时长，请大家思考这样一个问题：倘若你每天用来睡觉的时间为 8 小时，吃饭、休息、看电视、玩的时间也是 8 小时，那么用来学习的时间只剩下 8 小时。请大家把手中的纸条平均折成 3 份，撕掉其中的两份，剩下的那份是什么时间？（答案：学习与工作时间）

活动 4：设计时间管理方案，增强时间意识

要求学生针对自己每天所拥有的 24 小时来设计时间管理方案，计划越详细越好。

项目成果：学生展示自制钟面与时间管理方案，并从同伴的时间方案中汲取优点，加强反思，以从真正意义上形成良好的时间意识。通过该项目学习，学生对看不见、摸不着的时间产生了深刻理解，并意识到时间对于每个人来说都是公平

且有限的，只有珍惜时间，才能不负青春。

设计意图：对于特殊教育来说，教学的主要目的并不在于教会学生多少知识，也不在于学生能用所学内容解决多少复杂的问题，而在于教会学生基本的生活技能，让学生获得良好的生存能力。时间客观存在却又极其抽象，若跟学生大讲特讲，学生也很难从真正意义上理解什么是时间。项目式学习的模式，不仅让学生意识到什么是时间，为什么说时间是宝贵的，还让学生亲历了动手操作、合作交流等过程，这些都是训练学生协调能力、语言表达能力、思维能力的基础。因此，项目情境的应用对于培智来说具有重要的价值与意义。

（三）借助绘本情境，渗透生命教育

绘本不仅是一种图文并茂的故事书，也可将一些学科知识、做人的道理等深入浅出地展示出来，很受学生的喜欢。对于特殊儿童而言，学校教育就是唤醒心灵的过程，是与他人精神交流的主要载体。借助绘本情境进行数学教学，不仅能让学生更好地感知"数"的价值，还能让学生在绘本探索中形成良好的审美能力，帮助学生构筑"心"的坐标，让学生在真善美的故事中获得生命教育。

在培智数学课堂中融入绘本教学，可为学生开启心灵的大门，增进学生对知识的理解程度。值得注意的是，绘本教学要考虑到实际学情，挑选与学生认知经验相契合的绘本内容，从而进一步增强学生对知识的理解程度，助推学生数学思维的发展。绘本情境应用时，要关注双向建构问题，即数学绘本化与绘本数学化，前者指将数学知识借助绘本呈现，后者指从数学的维度完善绘本内容，令其更适用于教学。

案例："元、角、分"的教学

教学背景：随着时代的发展，支付方式发生了翻天覆地的变化，现金支付越来越少，电子支付成为大多数人选择的支付方式，这就导致学生接触到钱币的机会变得更少，这也给元、角、分的教学带来了挑战。同时，元、角、分的抽象性又给特殊儿童增添了理解屏障。若想提高教学成效，就要想办法引起学生对钱币的兴趣。为此，研究者结合学情，选择《认识元角分》这本绘本实施教学。

教学过程：绘本主要以大篇幅的图呈现硬币、纸币、小朋友购买物品付款、售货员找零、集市货币交流以及储蓄等场景。学生在教师的引导下阅读绘本，不仅认识了元、角、分，还分别认识了不同面额的硬币与纸币，并对元、角、分单位之间的数量关系产生了明确认识。基于此，教师可带领学生模拟绘本中的购物场景。在完成教学任务的基础上，学生通过绘本情境模拟获得了找补、货比三家等能力。

设计意图：绘本教育有趣有料，如关于购物与储蓄的引导，可提升学生的生活技能。此设计一方面能让学生认识钱币；另一方面可引发学生的购物思考，渗透金钱观，为丰盈学生的生命奠定基础。

（四）借助多元操作情境，促进全面发展

特殊教育学校的儿童之间的个体差异性异常显著，每个学生对事物的关注点不一样，这给教学带来了很大的挑战。研究发现，基于多元操作情境研究同一个知识点，可让各个认知水平的学生从不同的维度感知数学知识，从而更好地理解教学内容。将教学内容融入丰富的实操活动中，不仅能进一步提升学生的学习兴趣，增强学生解决问题的能力，还能让学生在手脑并用中全面发展。

案例："圆的面积"的教学

教学策略分析：探寻圆的面积最好的方法就是将圆转化为长方形来推导面积公式。然而，对于特殊学生而言，这是一个过于抽象的过程，凭借一种教学方法，很难让所有学生理解圆与长方形之间的关系，多元操作情境则能化解这一现

象，为学生展示更多的解题方法。

方法1：将圆置于网格内，通过数格子的方式来获得圆的大致面积。

方法2：将圆沿着半径剪开，进行多等份分解，形成的扇形份数越多，拼成的图形就越接近长方形。

方法3：用实际测量法获得圆的周长，再借用一条绳子，将绳子放在一个平面上，以绳子的一端作为圆心，将绳子盘成周长一样的圆面。沿着任意一条半径剪开由绳子盘成的圆，形成一个三角形，通过对三角形底边与高的测量，计算面积。

方法4：将圆形纸片剪切成多个等边三角形，将这些等边三角形与剩余部分拼接起来，形成的图形近似平行四边形，再计算面积。

方法5：利用信息技术手段，将圆分割成与长方形相似的图形，在"等积变形"思想的辅助下，获得面积公式。

设计意图：不同的探索方法带给学生耳目一新的感觉，学生在多元操作的情境下探索圆的面积，更利于发挥自己的特长。如偏好数数的学生，更喜欢用网格图来数圆的面积；偏好动手实践的学生，更喜欢方法2—4，操作过程带给他们更多的学习体验与快乐。如此设计，能激发学生对圆面积的探索欲，令每个认知水平层次的学生都愿意主动去探索圆的面积，在确保完成教学任务的同时，也有效训练了学生动脑、动手、动口的能力，为促进学生的全面发展创造了条件。

多元操作的探索路径让学生对圆的面积有了直观的认识，访谈发现，学生对利用信息技术手段转化圆的方法最感兴趣，原因在于这种方法更直观、易理解。这也引起了研究者的深思：特殊儿童受认知水平、精细动作等因素的影响，很多时候难以完成数学实验，然而数学实验又是学生深入理解数学知识的基本手段。借助希沃白板、几何画板、移动应用程序等科技手段，创设丰富的教学情境，可为特殊儿童带来更多的实践机会，尤其是一些学生无法自主完成的实验，可通过信息技术手段实现。实践发现，信息技术手段能带给学生丰富的情境刺激，让学生产生更多的学习体验，从真正意义上爱上数学这门具有独特魅力的学科，为学生培养良好的生活能力创造条件。

三、结语

时代在进步，特殊教育数学教学的方法也在不断更新，但万变不离其宗，要将"以生为本"的理念贯彻落实到教学的每一个环节，让学生在丰富的情境中感知源自教师、同伴的善意。作为一线的特教老师，须在不抛弃、不放弃的原则上，利用好课堂这一主阵地，提升特殊学生的综合素养，借助情境育人方法，从真正意义上促进特殊教育的普惠高质量发展。

参考文献：

［1］刘春玲，江琴娣.特殊教育概论［M］.上海：华东师范大学出版社，2008.

［2］娄延果.情境：学校育人的品质之境［J］.河北教育（综合版），2022，60（11）：26-27.

［3］［美］斯图尔特.面向未来的世界级教育：国际一流教育体系的卓越创新范例［M］.杭州：浙江人民出版社，2017.

［4］夏雪梅.项目化学习设计：学习素养视角下的国际与本土实践［M］.北京：教育科学出版社，2018.

［5］兰衍局.一个项目玩一节课——小学数学微项目化学习的实践与反思［J］.小学教学参考，2021（17）：1-7，105.

［6］周炼，朱金祥.创设合理情境　坚持素养立意　凸显育人导向——新课标下对2022年情境类中考试题的评析［J］.中学数学月刊，2022（11）：52-55，59.

儿童无边界阅读支撑系统的建构与实施

◎袁干斌　蒯红良

摘　要　昆山开发区震川小学"基于'震川文化'的无边界阅读支撑系统构建的研究"成功立项为江苏省教育科学"十三五"规划2020年度重点自筹课题。该课题通过对儿童阅读内容、阅读样态的调查分析，探索儿童阅读的实施策略、原则，从环境支撑、指导支撑、保障支撑、评价支撑等方面出发，努力构建较为完善的儿童无边界阅读支撑系统，培养学生成为终身的阅读者。

关 键 词　儿童阅读；无边界阅读；支撑系统

作者简介　袁干斌，江苏省昆山开发区震川小学教师，中小学高级教师；蒯红良，江苏省昆山开发区震川小学教师，中小学高级教师。

　　儿童阅读的本质是一种"意义建构"，在建构过程中，儿童阅读的边界不是固定的、僵化的，而是能动的、灵活的。由此我们可以看出，儿童阅读其实是无边界的。震川小学"基于'震川文化'的无边界阅读支撑系统构建的研究"成功立项为江苏省教育科学"十三五"规划2020年度重点自筹课题，该课题通过对儿童阅读内容、阅读样态的调查分析，探索儿童阅读的实施策略、原则，从环境支撑、指导支撑、保障支撑、评价支撑等方面出发，努力构建较为完善的儿童无边界阅读支撑系统，并取得初步成效。

一、环境支撑

　　儿童阅读是离不开场所的，这个场所更像一个生态圈，包括"物理环境"和"心理情境"两个方面，它需要成人与儿童共同搭建。

（一）物理环境

　　无边界阅读，致力于将儿童从传统的课堂中解放出来，着力体现儿童与儿童之间、儿童与书本之间、儿童与社会及自然之间开放且自立共存的和谐状态。震川小学以建好震川藏书楼为契机，最大化地为学生创设与图书亲密接触的机会。为充分利用好藏书楼内的图书，学校每天按时组织班级借书或阅读。藏书楼内专门添置桌椅、沙发、吧台、绿植等，营造温馨氛围，以供学生在最舒服的状态下进入沉浸式阅读。同时，以震川藏书楼为中心，将阅读空间向外部延伸，设置"雪竹轩""耐斋""杏花书屋""承志堂"等主题区域，分别作为静态读书区、读书互动区、阅读展示区等，布局上体现开放、随性、分级、丰富的特点。这种布局可以让学生随时拿起书来，迅速进入阅读状态，帮助学生打造"以阅读为重心的生活"。

（二）心理情境

　　所谓"心理情境"，是指我们对事情的一种比较情绪化的、感性的态度。积极悦纳的心理情境能极大地提升儿童的阅读兴趣、投入程度及阅读效果。震川小学利用校内橱窗、宣传栏开设"阅读书目推荐""阅读排行榜""读书征文"等专栏，帮助儿童在耳濡目染中建立对阅读生活的渴望与亲近。通过学校广播、微信等播放师生朗诵音视频、"亲子共读"音视频等，增强儿童的阅读动机与阅读自我效能感，激发他们的阅读热情。设置"读书成果展示栏"，将学生制作的和读书有关的卡片、插图、个人文集等粘贴或固定在展示架上；在学校电子屏滚动展示书香家庭照片、阅读小达人宣传片、阅读节精彩瞬间照片等，褒扬阅读表现突出的家庭和个人，在榜样引领中潜移默化，激发儿童自主阅读的积极性。

二、指导支撑

结合阅读教学在语文课程中的目标定位，震川小学对儿童阅读指导的内在机理进行剖析，从"阅读面与阅读量""阅读策略与方法""阅读兴趣与习惯"及"阅读力"四个维度出发，梳理阅读指导各相关要素。

（一）阅读面与阅读量

儿童阅读力的提升需要大量的阅读实践来加以保证。《义务教育语文课程标准（2022年版）》对各学段学生的阅读量和阅读能力作出明确规定。这就要求学校和教师引导学生广泛涉猎各类作品，在古今中外的经典中，积累丰富的语言养料，通过开放性阅读，实现从量变到质变的阅读力提升。震川小学十分重视丰富学校的优质图书品种，选书时注意参照权威机构推介的书目，精心挑选经典的高品质的优秀读物，充足配置馆藏图书；结合学校文化建设及学生年龄段特点，遴选震川小学"学生必读书目"及"推荐阅读书目"。在此基础上，针对不同作品类型，指导学生运用跳读、略读、速读、精读、回读、细读等方式进行有质量的阅读；注重教师合理引导与学生自由阅读的相互融合，使学生阅读的速度、广度和深度相互兼容，产生良好的阅读效果。

（二）阅读策略与方法

儿童阅读不仅要能够阅读书中那些文字，更重要的是能够破译和思考那些文字背后的意义。一个出色的阅读者能对文本进行破译及思考，实现真正的"阅读理解"。而这一理解的实现，则得益于阅读过程中专门使用的一些策略与方法。

1. 在阅读中学会"联结"

联结，即在阅读过程中调取已有的背景知识和个人经验，从而更好地理解文本的意义。当儿童开始将某个故事与自己的生活联系起来，这个故事也就变得轻松而有意义。通过故事中的图片、情节、人物和阅读感受，儿童其实能够轻易地产生联结，这也是他们最容易理解和掌握的阅读策略。教师要做的，就是让他们学会这一策略，并能有意识地在阅读中加以运用。

2. 在阅读中学会"提问"

提问，即基于文本或从文本出发来提出问题，包括阅读前、阅读中和阅读后头脑中的疑惑，从而引发读者更深入地探究文本的含义。提问使儿童好奇，而好奇则推动他们想去进一步弄明白故事背后的含义。所以，好的教师会鼓励儿童成为提问者。通过提问，他们会逐渐明白：并非所有的问题都有现成答案，而这些没有现成答案的问题，往往比那些有现成答案的问题，更能帮助他们接近故事的内核。

3. 在阅读中学会"图像化"

图像化，即在阅读过程中，由读者的"思维之眼"创造出视觉、听觉、味觉、触觉、嗅觉等多重感官图像，从而帮助读者理解文本。从根本来说，图像化来自儿童的经验。教师要创设机会，鼓励儿童在阅读时能根据文本内容在大脑中积极创造图像，并引导儿童认识到这是一种十分重要的阅读理解。当儿童在阅读时能不断激活自己的想象力，他们就能把自己的知识背景和文本语言结合起来，将阅读带入生活的思维图像，创造出更加鲜活的理解。

4. 在阅读中学会"推测"

推测，即能够利用书中出现的线索来补充、假设，并进行合乎常理的推断。它包括阅读开始阶段，基于书名、导言或目录等来猜测将要发生的内容，以及在文本阅读中，对故事情节发展及结局的推想等。教师要帮助儿童成为好的"图书侦探"，敢于推测，善于推测，学习从文本、图画、自己的知识档案中寻找有助于理解文本的蛛丝马迹。通过推测，他们会逐步意识到，虽然有时作者写下的文字很少，但留下的线索可供读者去发现和诠释，在头脑中填入那些没有写在书页上的内容，是一项十分重要的本领。

5. 在阅读中学会"转化"

转化，即能够分析语言材料，整合文本信息和自己的认识加以思考，并得出结论。有经验的阅读者应该都有这样的感触：阅读的过程也是我们不断被塑造的过程，有些特定的书可以改变我们对自己、他人或世界的看法。教师要做的，就是让儿童学会在书中寻找、辨认对他们重要的东西，并学着超越文本，看到对自己生活的某种暗示和影响。

联结、提问、图像化、推测及转化，指向儿童阅读理解力的生成，它们相互联系并能在实际阅读过程中综合运用，是指导学生成为出色的阅读者的有效途径和手段。震川小学组织编写《学生必读书目指导手册》，通过阅读指导课，把大量童书引入课堂，引导儿童在阅读中掌握阅读方法，推动儿童阅读力的发展。

（三）阅读兴趣与习惯

学校丰富的阅读活动是激发学生阅读内需的重要因素。这里的"阅读活动"是指由"读书"派生出的一系列有意义的能动的行为实践，更多观照人在活动中的表现，以及活动给予人的影响。结合实际，震川小学出台《学生阅读推进方案》，举办"追光震川，书香童年"校园读书节，还创新形式，精心组织开展各项阅读活动，如作家进校园，读书分享会，图书跳蚤市场，师生同台朗诵会，古诗词大赛，书中人物模仿秀，我与书籍合个影，"我的阅读简史"展示，"我的手制书"评比，读写绘作品展示等。引导学生亲近书本，持续阅读，感受读书的幸福。

三、保障支撑

儿童无边界阅读的推进，需要儿童自身的持久热情，更需要我们成人，尤其是教师和家长的鼎力支持。一个值得信赖的大人，能理解儿童的需求并为他们提供各种协助，从时间、人员、制度等方面创造条件，让他们全程投入、心无旁骛地去阅读，让他们充满期待、自发自主地去阅读，逐渐成为一名成熟的阅读者。

（一）时间保障

让儿童爱上阅读，需要保证他们充足的阅读时间。一所好的学校，除了鼓励学生自由阅读，还应有统一的阅读时间安排，为儿童阅读提供保障。震川小学每天早晨安排 15 分钟的诵读时间，诵读经典诗文；每天中午安排 30—45 分钟的午读时间，教师为学生大声读或学生自由阅读；每周设置至少 1 节阅读指导课，引导学生读绘本，读整本书，在阅读策略与方法等方面给予指导；在"双减"背景下，严格控制学生作业量，加大课外阅读任务的布置比例。同时要求家长了解孩子的需求，找到适合孩子阅读的材料，采用家长带读、家长与孩子交替读、孩子自主读等方式陪伴孩子读书，切实保障每天不少于 30 分钟的阅读时间。

（二）人员保障

儿童阅读的兴趣、态度、情志、习惯的培育离不开成人的引导和帮助。为了有效引导儿童阅读，教师和家长也需要参与阅读活动。震川小学把读书作为教师成长最好的修行，成立"项脊轩"青年教师读书会，制订章程，定期、不定期组织读书论坛、好书分享、阅读专题研讨等活动；确立教师共读书目，在学校网站开设读书栏目，定期上传阅读体会或微书评；建立"把经典读给你听"教师朗读音频库，每天早晨固定时间段为学生播放。家长方面，成立"班级亲子读行会"，制订方案，以"读书＋游戏"的方式组织开展相关活动；举办亲子阅读节，以亲子共诵、共绘、共演等形式开展活动，让家长真正体会到陪伴不仅仅是简单地"在一起"；举办家长征文活动，邀请家长交流亲子共读经验，分享亲子阅读的体验和收获。

（三）制度保障

制度是指要求大家共同遵守的办事规程或行动准则。任何一项活动的组织开展，如果没有制度支撑，都将影响其正常的运行。儿童无边界阅读也是如此。震川小学秉持规范性、激励性原则，精心制订了各项阅读管理规章制度，并认真检查，执行到位。其中，规范性制度有《震川藏书楼图书阅览制度》《学校图书馆书刊借还制度》《班级书架管理规定》《午间阅读检查要求》等；激励性制度有《"阅读之星"评选细则》《"书香班级"评选细则》《"书香家庭"评选细则》等。这些制度的制定，为规范儿童阅读行为，维护阅读活动的正常开展，激励儿童朝正向的目标迈进起到良好的推动作用。

四、评价支撑

儿童阅读评价应突出评价的整体性和综合性，从阅读行为、阅读理解过程、阅读态度和习惯等方面来进行评价，以全面考查学生的阅读素养。

（一）阅读力评价

阅读力评价是一种表现性评价，是结合学生在真实阅读情境中的表现，对其阅读素养进行性质研判的评价。阅读力评价针对各学段学生阅读目标和要求的不同，制订评价内容，从阅读面与阅读量、阅读策略与方法、阅读兴趣与习惯三个维度来进行考查，并列举一般常见的评价方式，以便于操作，例如：为低年级的同学开列喜欢的书单；用朗读、表演、绘画等方式表现自己喜欢的故事内容；用概念图等方式概括人物的形象；说出阅读时让你疑惑的问题和你的推测；评述某部文学作品可能对自己生活的某种暗示和影响；与阅读伙伴合作举办图书展，从海报的制作、图

书的分类摆放、书评的撰写、讲解等方面进行策划与实施等。阅读力评价将阅读素养细化为多种具体的行为表现，有利于我们结合学生的呈现情况，有针对性地提供指导与帮助。

（二）档案袋评价

档案袋评价也称为"学习档案评价"或"学生成长记录袋评价"，通过收集学生作品，展示学生的努力、进程和表演能力，体现学生的反思。档案袋评价以学期为时间段，从"过程参与""成果展示""获得荣誉""自我评议"四个方面对学生个人阅读过程及变化做真实反馈。内容包括：阅读的书目、活动参与照片、个人纸质作品、音频视频作品、获奖证书以及对自我的评价等，进而发现阅读带给学生的变化，包括阅读兴趣、阅读情感、阅读能力以及阅读价值取向等方面的行为变化。档案袋评价为教师指导提供信息，也为学生自我反思提供机会。

五、结语

综上所述，震川小学从环境支撑、指导支撑、保障支撑、评价支撑等方面出发，努力构建较为完善的儿童无边界阅读支撑系统，培养学生成为终身的阅读者。

参考文献：

［1］王荣生.阅读策略与阅读方法［J］.中国教育学刊，2020（07）：72-77.

［2］［加］阿德丽安·吉尔.阅读力——文学作品的阅读策略［M］.岳坤，译.南宁：接力出版社，2017.

［3］［英］艾登·钱伯斯.打造儿童阅读环境［M］.许慧贞，蔡宜容，译.海口：南海出版公司，2007.

［4］［新西兰］黛安娜·墨菲，［新西兰］詹姆士·墨菲.如何教学生阅读与思考：每位教师都需要的阅读训练手册［M］.彭相珍，译.北京：中国青年出版社，2020.

乡村小学"绿色校园教育"课程的实施与思考

◎杨广宇 陈树华

摘 要 绿色校园教育旨在通过环境教育，培养学生的环境意识和环保实践能力，使学生尊重与关爱自然人文环境，并促进学生全面发展。本文着眼于环境教育的内涵与目标，对"绿色校园教育"的内涵进行了深入阐释；对"绿色校园教育"课程进行了建构；基于多元绿色环保活动的落实，对小学各学段"绿色校园教育"课程进行了剖析；最后致力于将绿色校园打造成教育载体，用基于绿色环保的特色教育反哺教育教学，全面提升学校教育质量，全面提高学生素质。

关 键 词 绿色校园；环境教育；课程建设

作者简介 杨广宇，江苏省盐城市大丰区三龙小学校长，高级教师；陈树华，江苏省盐城市大丰区三龙小学教师，高级教师。

当今，我们应该更加重视农村环境资源的保护和利用。通过加强生态建设、推进绿色发展、加强资源保护等措施，让农村的环境资源得到更好的保护和利用，为农村的发展注入新的动力和活力。农村教育一直面临着诸多挑战，如教育资源匮乏、师资力量不足等。为了改善这一现状，我们提出了"以绿育人，筑梦未来"的教育理念，通过实施绿色校园教育课程，培养学生的环保意识和实践能力，促进学生的全面发展。

一、绿色校园教育的目标与资源

（一）教育目标：环境意识与实践能力

首先，应注重培养学生对环境保护的认知。在课堂上，教师通过组织主题讨论、观看环保影片等教学活动，让学生了解环境问题的严重性及保护环境的重要性。同时，结合农村当地的生态环境和传统文化，引导学生发现身边的环境问题，培养他们的观察力和问题解决能力。

其次，应注重培养学生的实践能力。农村地区拥有丰富的自然资源，为学生提供了动手实践的机会。教师可以组织种植、养殖、垃圾分类等实践活动，让学生亲身体验环境保护的乐趣。通过实践，学生可以更加深入地了解环境保护的方法和技巧，培养他们的责任感和参与意识。

为了实现这些教育目标，我们学校与当地政府、社区和家庭建立合作关系。政府提供政策支持和资金保障，促进环保教育的普及；社区组织环保宣传活动和实践活动，营造良好的环保氛围；家庭则引导学生养成良好的生活习惯，树立环保意识。

总之，结合农村特色，明确教育目标，注重培养学生的环境意识与实践能力是至关重要的。通过学校、政府、社区和家庭的共同努力，我们增强了农村学生的环保意识与参与度，为建设美好的家园贡献力量。

（二）教育资源：社区与自然环境

农村有着丰富的社区文化和自然资源，是开展丰富多样的教育活动，促进学生全面发展的理想场所。与城市相比，农村的社区文化和自然资源具有独特的优势，为学生提供了更多接触和体验世界的机会。

利用农村的社区文化，我们可以开展一系列富有特色的教育活动。例如，可以邀请当地的老人来学校讲述他们的人生经历和故事，让学生了解和尊重传统文化。我们还可以利用当地的传统节日和庆典活动，组织学生参与其中，让他们感受到社区文化的独特魅力。

农村的自然资源更是丰富多样，为学生提供了学习和探索的广阔天地。我们可以通过组织学生种植植物、观察动物、探索自然现象等活动，培养他们的观察力和探索精神。同时，我们还可以利用自然资源，如木材、泥土等，引导学生进行手工制作，培养他们的创造力和实践能力。

总之，利用农村的社区文化和自然资源开展教育活动，可以让学生在接触和体验世界的过程中成长和发展。我们应该充分认识和利用这些资源，为学生提供更优质的教育环境和服务。

二、绿色校园教育课程的开展形式

（一）环保主题课程与活动

环保主题课程与活动是增强学生环保意识和推动环保行动的重要手段。通过这些课程活动，我们可以向学生传授环保知识，让他们了解环境保护的重要性，以及如何通过自己的行动来保护环境。

环保主题课程可以涵盖许多不同的内容。例如，我们讲解环境污染的危害和如何防治环境污染；介绍可持续发展的概念和实践，以及如何推广绿色生活方式。此外，我们还讲解自然保护区的建设和保护，以及野生动植物的保护等。

除了理论知识的学习，我们还注重实践活动的开展。例如，组织学生到野外进行实地考察，让他们亲身体验自然环境的美丽和珍贵；组织学生进行环保实践活动，如清理河流、滩涂的垃圾，

参与绿化植树等。

此外，我们还注重宣传教育的开展。例如，组织环保宣传活动，向学生介绍环保知识和环保行动的重要性；通过环保竞赛和环保讲座等形式，增强学生的环保意识和环保素养。

总之，环保主题课程与活动是推动环保事业的重要手段。我们应该注重这些课程和活动的开展，让更多的人了解环保知识，增强环保意识，共同保护我们的地球家园。

（二）结合农村特色的环保主题课程

结合农村特色的环保主题课程，能够更好地帮助我们增强环保意识。

农村的环保课程可以从多个方面入手。首先，通过讲解农村的生态环境，让学生了解农村的环境问题。例如，农村的水资源污染、土壤污染、农药和化肥的使用等。通过这些实例，让学生认识到环保的重要性。

其次，结合农村的实际情况，开展一些特色的环保实践活动。例如，组织学生清理河道、湖泊的垃圾，保护水资源；让学生到田间地头，观察农作物的生长情况，了解农药、化肥的使用对环境的影响；组织学生调查当地的生态环境，了解生态平衡的重要性。

再次，我们还充分利用农村的环境资源，开展绿色实践活动。例如，组织学生种植植物，让他们了解植物的生长过程，以及植物对环境的影响；组织学生收集废弃物，让他们了解废弃物的处理和再利用；组织学生调查当地的生态环境，让他们了解生态系统的运行机制。

总之，结合农村特色的环保主题课程可以帮助我们更好地了解农村的环境问题，增强环保意识。通过这些课程的学习和实践，我们可以更好地保护我们的家园，为农村的发展作出贡献。

三、多元绿色校园教育活动的落实

我校根据不同年级段儿童的身心发展与特

征,制定不同的教育目标,落实教育活动。

（一）创意教育与环保观念的培养——低段年级：废物利用与循环使用

低年级的学生思维活跃,好奇心强。我们通过废物利用和循环使用的教学,让学生了解资源的珍贵,学会珍惜和利用资源,同时培养他们的创新思维和环保意识。

1. 废物利用

在废物利用的教学中,我们引导学生收集生活中的各种废弃物,如废纸、破损衣物、废弃塑料瓶等,然后让他们发挥创意,将这些废弃物变成有用的物品。例如,将废纸制作成纸球,用于装饰教室;将废弃塑料瓶制作成花瓶、笔筒等。通过这些活动,学生不仅可以增强自己的动手能力和创新意识,还可以认识到废物利用的可行性,从而培养他们的环保意识。

2. 循环使用

在循环使用的教学中,我们让学生了解哪些物品可以循环使用,如何进行循环使用,以及循环使用的好处。例如,我们引导学生将废旧的书籍、报纸等送回收站进行回收,让他们了解这些物品可以再次被利用。通过这样的教学活动,学生可以认识到循环使用可以节约资源、减少污染、保护环境,从而培养他们的环保意识和责任感。

（二）以"绿"为主题的美化活动——中段年级：校园绿化与班级美化

对于中年级,我们通过以"绿"为主题的美化活动,让学生更加深入地了解绿化环保的重要性,积极参与到爱护环境的行动中来。

在校园中,学生独立或者合作行动,借助工具,在指定的绿化区域进行种植,为校园的绿化贡献出自己的一份力量,让校园变得更加美丽。

在班级里,学生也以"绿"为主题进行了美化活动。有的班级在教室里摆放了各种绿色植物,为教室增添了一抹绿色;有的班级还组织了环保主题的演讲比赛,让学生更加深入地了解了环保的重要性和意义。

以"绿"为主题的美化活动不仅让学生更加深入地了解了绿化环保的重要性,还让他们积极参与到爱护环境的行动中来,通过自己的努力和付出,让校园和班级变得更加美丽。

（三）社区服务与环保意识的提升——高段年级：社群共融与服务学习

高年级的学生积极参与到社区服务中,加深了对社会和环保的认识。他们以实际行动践行着服务学习的理念,将所学知识应用于实际生活中,为社区和环境贡献自己的力量。

在社区服务活动中,学生分工合作,承担不同的任务。一些学生负责宣传环保知识,通过张贴海报、发放宣传单等方式,向社区居民普及节能减排、垃圾分类等环保理念。一些学生则参与到社区绿化中,种植树木、花草,改善社区的生态环境。有的学生还加入了志愿者队伍,参与社区的公益活动,为社区居民提供帮助。

通过社区服务活动,学生不仅提高了自己的团队协作能力和社会实践能力,还增强了环保意识和社会责任感。他们深刻认识到保护环境、服务社会是每个人的责任和义务,也是实现可持续发展的重要途径。

总之,高年级学生通过社群共融与服务学习,不仅提高了自己的综合素质和社会责任感,还为社区的环境作出了积极的贡献。

四、将绿色校园打造成教育载体

（一）叶叶承欢,以"绿"育人

校园内绿树成荫,花草繁茂,打造出清新宜人的自然环境。这些绿色的植物不仅仅是装饰,更是一种教育。这片绿色的校园,不仅是知识的殿堂,也是生态环保的倡导地。

学生在这里学习如何保护环境,如何尊重生命,如何可持续发展。他们了解到,环境是地球上所有生命的共享家园,保护好环境就是保护我们自己。他们也明白,可持续发展是长期稳定发展的关键,既要满足当代人的需求,又不能损害后代人的利益。

绿色校园教育不仅在课堂上教授环保知识，更在实践中让学生体验和掌握环保技能。学生可以参与到环保活动中，如清理校园垃圾、植树造林、监测空气质量等，通过这些活动培养他们的环保意识和责任感。

叶叶承欢的绿色校园不仅培养出了一批批有知识、有能力的学生，更培养出了一个个有环保意识、有社会责任感的公民。

（二）科技为辅，丰富拓展课程

在乡村小学的课后服务中，我们积极引入科技元素，丰富和拓展课程的内容和形式。我们相信，与科技农业教育结合，能够让乡村的学生更好地了解现代科技的发展，同时也能激发他们对科技的兴趣和热情。例如，我们组织学生参观当地的科技农业示范园。在示范园中，学生能够亲眼看到科技在农业中的应用，如智能化的农业管理系统、高效的灌溉系统以及先进的种植技术等。这些直观的体验让他们深刻认识到科技对农业的重要性和推动作用。此外，我们还为学生安排丰富多彩的科技农业教育活动。例如，我们邀请了农业专家来给他们讲解现代农业的知识和技术，让他们了解到科技如何改变传统农业的生产方式，提高生产效率。我们还引导他们自己动手进行农业实验和观察，让他们在实践中培养科学思维和动手能力。

通过乡村小学课后服务与科技农业教育的结合，我们希望能够为乡村的学生提供更全面、更优质的教育资源，从而拓宽他们的视野，激发他们对科技的兴趣，培养他们的实践能力和科学素养。

（三）特色教育，反哺日常教学

1. 加强文化浸润，提升学生综合素质

文化浸润是学校教育中的重要环节，通过对学生文化的熏陶和感染，培养学生的文化自信和综合素质。在特色教育中，应该注重文化浸润的作用，利用各种文化资源，引导学生了解和认同自己的文化背景，从而提升学生的文化素养和文化自信。

2. 以特色教育为手段，优化教育教学质量

特色教育作为学校教育的有益补充，可以在优化教育教学质量方面发挥重要作用。首先，特色教育可以丰富教学内容，通过引入新的教学理念和方法，提高学生的学习兴趣和积极性。其次，特色教育可以拓宽学生的知识视野，通过各种实践活动和课程设计，让他们能更加深入地了解各种知识领域。最后，特色教育可以培养学生的创新能力和实践能力，各种创新实践项目和活动让他们学会发现问题、解决问题。

3. 注重特色教育的实施方式，确保教育教学质量的提升

在实施特色教育的过程中，应该注重方式方法，确保教育教学质量的提升。首先，要注重特色教育的系统性和连贯性，将特色教育贯穿于整个教育教学过程中。其次，要注重特色教育的针对性和实效性，根据学生的实际情况和需求，制定具体的特色教育方案和计划。最后，还要注重特色教育的多样性和创新性，不断探索新的特色教育手段和方法，以满足学生的不同需求，提高教育教学质量。

五、结语

绿色校园教育注重借助环境教育等特色教育实施方式，加强文化浸润，培养学生的环保意识和实践能力，拓宽学生的知识视野，使学生对自然环境充满敬畏和关爱，同时使学生素质得到全面发展。

参考文献：

[1] 杨国泰．创造绿色育人环境，探究绿色德育模式 [J]．新课程，2022（26）：32-33.

[2] 辛法雨，王强，杨模焱．农村小学校园环境文化打造策略初探 [J]．四川教育，2023（Z1）：61-62.

[3] 邬国强．生态环境教育与绿色学校创建行动 [J]．环境教育，2019（Z1）：24-26.

基于张謇"知行并进"教育理念的小学课程建设方略

◎杭强圣

摘　要 "知行并进"是张謇在中国教育转型发展之初所提出的重要教育改革主张，分析其变革价值、传承价值、实践价值，有助于我们更好地进行学校课程建设，从而全面深入地把握张謇教育理念的精神实质，更好地借鉴、传承和弘扬。

关键词 张謇；知行并进；课程建设

作者简介 杭强圣，江苏省南通市三里墩小学校书记，校长，中小学高级教师。

"读万卷书，行万里路。"为了避免学生陷入"死读书、读死书"的困境，真正培养出"可用之才"，张謇先生提出了"知行并进"的教育理念。其中"知"指的是理论、知识、学识等，"行"则是基于"知"而产生的行动、实践、阅历。二者是相辅相成、彼此交融、交替渗透的有机统一体。有了"知"，才能"行"得正，"行"得远；有了"行"，"知"的价值才得以实现。"知"与"行"缺一不可。

一、"知行并进"教育理念的内涵梳理

笔者从"知行并进"视角探索，撷取张謇先生三个方面的教育思想，进行"知行并进"教育理念下的小学课程建设的内涵梳理。

（一）"全面发展"是"知行并进"教育理念的价值旨归

张謇先生认为："学问之竞争，实践、责任、合群、阅历、能力之竞争也。"课堂是教学的主阵地，是立德树人的出发点。我们对教育的理解不应局限于教授学生"知识"，更应该关注学生的全面发展，这也是"知行并进"教育理念的最终价值指向，即既注重知识的教学，也要注重学生学习能力与学习品质的培养，以及学生沟通、合作能力的涵育，使得学生能够获得适应未来社会的能力，变成一个可持续发展的具有丰富个性的人。

（二）"知要会通"是"知行并进"教育理念的设计原点

张謇先生有言："比类而观，乃能知其要；参互以证，乃能会其通。""知要""会通"就是学生能够彻底理解和运用所学知识，即做到"融会贯通"。张謇先生还十分强调知识运用与实际操练，他强调"学必期于用""良知之学，重在知行并进"。这启发我们在课堂中要关注学生的实践环节，学以致用，学用结合；教师在教学方法上，则倡导"实用、自得、自动"，教师是学生学习的引导者，要充分发挥学生的主体作用，不断塑造学生对自我、对学习的认识体验。

（三）"适其所适"是"知行并进"教育理念的审美追求

张謇先生说："凡事必求其适。"一节好课往往呈现出和谐的美感。课堂应该是针对儿童开发的，具有适切性、规律性，能够踏准儿童生命节拍的课堂。它关注儿童生命的成长需要，促进儿

童寻找到自己"天性"的成长点,成为最好的自己。在课堂中,每一个儿童都能够敞开心扉,享受生命的舒展与自由。

二、"知行并进"理念下课程建设的路径探寻

(一)基于"知行并进"教育理念的课程建设原则

张謇认为,唯有将认知、经验与实践、应用结合起来,才能真正实现德智体的全面发展,将所学的知识转化为实践能力与综合素质。

1. 行以融知:强化学科实践

《义务教育课程方案(2022年版)》中阐明了"强化学科实践"的要求,强调学生通过课程学习到的知识不能孤立存在,而应该充分与学生已有经验、现实生活现状、社会发展需要相结合。教学是一种教师教与学生学有机融合的特殊的双边认识活动,其存在着"从认识到实践""从实践到认识"两条路径,还大量存在"从已知到未知",即通过现有经验分析、预测未来的特殊路线。在学科课程中,教学任务的最终旨归是引导学生获得真知,而实践探索是达到该目的的一种手段。倡导学科实践,就是指导学生通过实践检验认识,再用最新的认识来指导实践,不断接近"真知",并在日常生活中做到身体力行。

2. 且行且知:促进综合学习

新课标强调要基于核心素养,精心挑选课程内容、科学设计组织形式,旨在培养学生的基础知识和技能,促进学生综合性发展。为了更好地发挥综合学习的效用,不同学科应对同一主题内容,根据自身的学科特点与中心价值,进行整体规划和分工协调。开展跨学科主题学习活动要增强学科间的联系,推动课程综合化实施,增强课程的实践性。通过这样的学习,学生在生活中,能够综合运用所学的知识、技能和方法来解决所遇到的问题,实现自身的"综合性"成长。

3. 知行汇通:培养创新人才

自新课改以来,以素养发展为中心成为教育领域的根本变革导向。在基础教育阶段,对于儿童早期创新思维、综合素质的培养是迫切且可行的。这种综合素养的基础,正是在长期的实践中,通过行动寻求知识、用知识引导行动、行动与知识相互促进、知行合一,逐步建立起来的。在义务教育阶段,主要任务是培养学生的强健体魄、丰富学生的知识等,使学生成为"有本领"的新时代好少年,使他们具有未来创新人才的关键能力。此外,教师要引导学生树立远大理想,使其成为"有理想""有担当"的新时代学生。

(二)基于"知行并进"教育理念的课程建设路径

教育作为知识传授和技能培养的过程,是一个"理解—应用"不断交替的过程,具有多样性、循环性的特点。张謇强调"良知之学,重在知行并进""学必期于用,用必适于地"。他认为真正的教育应该是理论和实践相辅相成、融为一体的教育。在进行特色学科课程建设时,我校将该理念融入了课程建设的总体规划和具体实施中。

1. 特色学科课程建设的整体规划

(1)优化课程顶层设计

我校秉承张謇"知行并进"教育理念,搭建特色学科课程框架,形成"基础+拓展+研究"的课程结构,采用"主题—问题—活动序列"的方式组织课程内容。坚持以积极正确的价值观为引领,以学生综合素养的提升、人格的健全完善为旨归,致力于通过学科学习培养学生的各科核心素养,满足学生差异化、个性化的发展需求,使每一个学生成长为"完整的人"。

(2)精选学科知识

我校秉承国家课程"校本化"的政策理念,进一步提高国家课程在学校的实现程度,基于学生的兴趣和个性发展需要,结合学校的传统和优势,着力丰富以"学科教学"为核心,以儿童游

戏为原点的综合活动课程，进一步开发多学科融合、多资源整合、多元发展的课程，使得课程体系知识更为紧密，可操作性更强，学生能在学习中增加知识，发展核心素养，提升关键能力。

（3）充分利用教师资源进行课程建设

教师是促进学校课程建设与完善的核心力量。因此，在课程开发与实施的过程中，要充分利用教师资源。一方面，应着力增强教师的课程建设意识，使其明白课程建设对于学生成长、自身提升与学校发展的重要性，激发他们的积极性和主动性，从而乐于参与到学校的课程建设中；另一方面，应努力提升教师的课程建设能力，为教师成立课程建设的学习小组和合作团队，举办相关的科研讲座和培训，不断提高教师的专业素质与研究能力。

2. 特色学科课程建设具体操作方式

延深式。在原有学科的基础上，横向有所拓展，纵向有所深化，补充具有思想性、科学性、时代性、亲和力的儿童喜闻乐见的鲜活内容。我校开设了击剑、足球、篮球、棒球、3D 打印等 23 个社团，为学生提供了更广阔的学习体验空间和更多的发展可能。

整合式。整合式课程强调对基础课程的校本化改造，即结合区域情况、办学理念、儿童特点等因素对原有课程进行整合，使课程更加因地制宜、因生制宜。我校结合"靶向阅读：小学图书馆课程"的建设，构建了品赏山水文学、研习传统非遗等四门课程。在品赏、理解、实践、体悟、创造的过程中发展学生的核心素养，提升学生的关键能力。

聚焦式。着重以学生的学科核心素养为中心来编排课程内容，确保学科核心素养在特色学科课程建设的整个过程中得到贯彻实施。我校结合"靶向阅读：小学图书馆课程"的建构研究，开发设计了近 50 个"图书馆课程"主题性活动，通过这些课程的开发，全方位地助力学生成长。

（三）基于"知行并进"教育理念的课程建设策略

课程的执行包含了"教的方法"和"学的方法"。只有坚守"教是为了学习""教是为了最终无须再教"的理念，才能使教授和学习两种策略相互支持、相辅相成。

1. 目标导向策略

传统学科教学重知识轻素养。特色学科课程则强调儿童核心素养的培育，以学生为中心，以学科核心素养为引导，设定标准和内容，促进学生全面发展。我校在特色学科课程建设中，坚持目标导向策略，遵循"确立素养—设定目标—选择内容—设计项目"的流程，确保核心素养的核心作用。为了能在课程目标和内容选择上，深刻体现学科核心素养，我校从以下几个方面入手：①以课程标准为指导，关注学科特性与学生关键品格与能力；②指向学科核心素养，使核心素养培养细节化、可视化，明确课程建设的具体目标；③围绕设定目标，基于儿童现实生活，选择教学内容，并整合成板块和主题，以适应儿童身心发展；④丰富课程项目，满足儿童差异化和多样化需求，在合作探究中促进核心能力的培养。

2. 结构优化策略

学生的成长道路各不相同，彼此之间存在差异。故而特色学科课程建设要实施分层次、分类别的全面设计，为学生提供多样化、可供选择的学习体系。目前，我们初步构建了一个包含基础类、拓展类和研究类课程的课程体系。其中基础类课程着重于对儿童基础知识的教授和基本能力的培养，拓展类课程强调基于个人需要的选择性和动态性，而研究类课程注重具体问题的探究性和研究结论的开放性。

（1）基础类课程强调梳理与整合

首先，对课程内容进行系统整理，识别出关键的知识点和能力点。包括单元内部整合、跨单元整合、学期整合、学年整合以及跨学科整合。

单元内部整合需要我们重新审视单元内的文本，寻找知识点之间的联系，整合相似的知识点。跨单元整合针对的是同一册教材中的不同单元，需要寻找单元之间的联系，使之相互呼应。学期和学年整合则涉及某一学科在学期或学年的不同内容，需要对学科进行整体梳理，按照一定的标准重新组合。跨学科整合则要求有机整合不同学科的知识点，促进学生跨学科的思考和应用。

（2）拓展类课程强调重组与整合

拓展类课程的宗旨是满足不同儿童的兴趣和发展需要，因此选择性和动态性是其重要的特点。我们基于以上分析设计了两种相关课程：其一是兴趣拓展，根据学生的兴趣和需求进行拓展。其二是知识拓展，打破教材的篇幅限制，依据知识的逻辑和儿童的需要，补充更多的学科相关知识，丰富学生的学习体验。

（3）研究类课程强调开发与整合

研究类课程旨在引导学生运用学科知识进行独立学习和深入探究，强调的是学生的自主性和课程的开放性。研究类课程分成两类进行建设：其一是主题研究类。这类课程鼓励学生围绕特定主题进行自主研究，培养学生主动解决问题的能力。例如，我校的"数学研究"课程、"创客小组"课程、"靶向阅读"图书馆课程等。其二是主题创作类。这类课程需要学生在一定的主题下，充分发挥自己的想象力，创造出与众不同、独一无二的作品，从而培养学生思维的发散性、创造性。例如，我校的"博雅写作"课程。

3. 知行结合策略

张謇在教育中非常重视"三个结合"：一是理论教育与实践教育相结合，二是教育与生产劳动相结合，三是学校教育与社会教育相结合。我校以"玩美农场"为依托，开展劳动教育，创新教育载体、挖掘教育资源、拓宽教育渠道、创新教育方法，将劳动教育融入教育教学全过程，让学生亲近大自然，提高动手能力，在劳动中陶冶情操。我们秉承张謇提出的"知行并进"思想，让教师必须站在"让每一个孩子成才"的高度，一方面积极参与、认真规划，积极引导学生参与相关综合实践活动课程；另一方面在活动组织中发挥重要作用，如在团队活动中发挥引导作用，在学校传统活动中做好宣传工作，通过持续实践，促进每一个学生全面、和谐、可持续发展。

4. 科学评价策略

课程实施或教学评价既需要深化和细化，又需要在传承的基础上更新和发展。针对课程实践性的整体提升，我们尝试运用"乐考"的方式，全面展现学生的学习成果。例如，一、二年级分别以"太空旅行记""摘星探月，逐梦神舟"为主题，各科教师结合课标、教材及学情，确定闯关内容，学生则在活动中体验、展示，充分学习，全程参与。学生在"乐考"中得到天性的释放，兴趣的发展，成为乐学乐群、充满活力，会学善用、充满好奇的"敦和娃"。

三、结语

在践行张謇"知行并进"的教育思想的过程中，我们不仅惊叹于张謇先生对教育的寄情之深、致力之多，也不断通过更新教学理念、开展实践行动，挖掘其教育思想在新时代的价值，不断赋予当下的课程实施内涵与路径以更多的新思考。

参考文献：

［1］尤世玮，杨树德.我与张謇研究［M］.苏州：苏州大学出版社，2014.

［2］帅宁华.基于学校文化的课程再造——以南通高等师范学校附属小学"大生课程"建设为例［J］.中小学德育，2016（06）：22-25.

［3］沈行恬.张謇教育文论选注［M］.南京：南京师范大学出版社，2016.

［4］刘强.张謇乡村教育实践对两淮区域发展的影响［J］.盐城师范学院学报（人文社会科学版），2013，33（06）：34-37.

经典润童心　书香溢校园

——以东北塘中心幼儿园新经典诵读课程建构为例

◎黄　芳

摘　　要 文章谈了幼儿园在实施新经典诵读的探索和实践过程中，根据幼儿的学习特点和年龄特点，从环境氛围的创设、诵读课程的建构、一日生活的渗透、特色活动的开展等多个方面入手，全方位、多维度地引领、指导全园师幼开展形式多样的新经典诵读活动，分享了让书香溢满校园的经验和做法。

关 键 词 新经典；幼儿园；特色课程

作者简介 黄芳，江苏省无锡市东北塘中心幼儿园退任园长，高级教师。

经典诗文是中华民族文化的瑰宝，是延续中国传统文化的命脉。习近平总书记在中共中央政治局第三十九次集体学习时的讲话中强调："中华优秀传统文化是中华文明的智慧结晶和精华所在，是中华民族的根和魂，是我们在世界文化激荡中站稳脚跟的根基。"

我园于 2011 年起实施新经典诵读，根据幼儿的年龄特点和学习特点，注重为幼儿创设良好的诵读环境，全方位、多维度地引领、指导全园师幼开展形式多样的新经典诵读活动，让经典滋润童心，让书香溢满校园，取得了良好的成效。

一、环境氛围创设——随风潜入夜，润物细无声

良好的诵读环境和氛围对提高孩子的诵读兴趣、诵读效果起着十分重要的作用。为了激发孩子对经典诵读的兴趣，我们注重为他们创设愉快、宽松的游戏环境和氛围。

首先，注重在幼儿园的整体环境创设中充分渗透，在孩子们每天经过的楼梯、走廊，我们提供了诗配画、古代儿童常规礼仪图等适合幼儿诵读的内容，让孩子们在潜移默化中接受经典的熏陶。在二楼的大厅专门开设了一个开放式的诵读区，孩子们可以在这里两两对诵，也可以坐在小沙发上观看同伴在小舞台上的诵读表演，趣味无穷。

其次，在班级内巧妙营造浓郁的诵读氛围。每个班都设置一面与经典诵读相关的墙饰，并在各班开设经典诵读游戏角，有的放矢地制作、放置一些针对性、实用性、适宜性强的活动材料。小班的老师制作了古诗拼图，画出孩子们熟悉的古诗场景并制作成拼图，小朋友边拼边诵读；中班的老师制作了经典诵读棋，和小朋友一起设计玩棋规则，边诵读边玩棋；大班的老师设计了经典诵读台历、经典诵读滚筒，孩子们可玩相应的填词、接龙等诵读游戏。每一个幼儿都流连在诵读角中，在游戏中接触经典、品味经典、爱上经典。

我们还在户外活动场地上画了经典古诗房子格子图，孩子们可以边玩跳房子的游戏，边吟诵古诗，兴趣盎然。

二、诵读课程建构——接天莲叶无穷碧，映日荷花别样红

我们提倡的新经典秉承的理念是"传统、开放、鲜活、典范、适合、趣味"，是指经过选择的符合幼儿各年龄段的古诗词、童谣、儿歌、绘本、经典故事等，既能传承中华民族传统文化，又能体现时尚的现代观念。我们所主张的诵读是指老师带领小朋友在轻松愉快的氛围中，通过读、唱、吟、画等形式演绎新经典，不求甚解，只求熟记。因此，我们根据幼儿园课程实施蓝本《整合活动阅读课程》，并结合前几年在实践中积累的经验与发现的问题，着力构建具有园本特色的"书韵"诵读课程。

（一）拓宽内容，多方引进

"新经典"是传统的、民族的。毋庸置疑，《论语》是经典，《三字经》是经典，唐诗宋词是经典，我们摒弃了那些过于艰涩拗口，与当代生活理念过于对立的篇目，选择了如《咏鹅》《静夜思》等浅显易懂、语言简练的古诗。"新经典"又是多元的、开放的。成语典故是经典，民间童谣是经典，民俗文化中的对联、灯谜也是经典。此外，国外的一些优秀童话故事、绘本故事也被我们纳入了"新经典"的范畴。"新经典"更是鲜活的、成长的。真正的经典应当是一条河流，在悠悠岁月里穿行，不断吸纳最新的思想小溪，荡漾着生活的真实浪花。因此，现代童话诗、现当代美文也成了我们"新经典"中的重要板块。全新的经典内容让孩子们接收到经典的"新"洗礼。

（二）课程渗透，循序渐进

孩子的成长和发展是一个循序渐进的过程，我们根据各年龄段幼儿的特点，遵循循序渐进的原则，确定了各年龄班的新经典诵读的目标和内容，并渗透在一日教学活动的课程中。在内容的安排上，注重由易到难，由简到繁，篇幅由短到长，逐步深化提高。在教学活动课时的设置上，从小班的每两周一个活动，逐步过渡到中班的每三周两个活动，最后到大班的每周一个活动。就这样，在不断的研究和实施中，初步形成了脉络清晰、层次分明的"书韵"园本课程，让孩子们感受经典的"新"魅力。

（三）注重探究，主题推进

结合幼儿园主题教学活动的内容和方式，我们的新经典同样尝试以主题推进的方式进行。结合中国传统节日，设置并完成了幼儿园小、中、大班的经典诵读主题。小班的主题有"春节""元宵节""做元宵"，中班的主题有"中秋节""端午节""包粽子"，大班的主题有"清明节""重阳节""剪纸""中国结"，围绕这些主题，我园积极开展主题探究内容与课堂教学的有效性研究。实践证明，新经典诵读的内容与主题教学的内容相结合，以更统整的方式呈现，更强调孩子的主动性学习，能帮助孩子更好地认识中国文化的传统习惯、道德伦理、价值取向等深层底蕴。有效的主题推进让孩子们体悟到了经典的"新"内涵。

三、一日生活渗透——竹外桃花三两枝，春江水暖鸭先知

（一）天天诵读，水滴石穿

我们深知"水滴石穿""绳锯木断"的道理，也懂得"曲不离口""拳不离手"的重要性。因此，我们将每天的午睡前两分钟和放学前两分钟定为幼儿园的集体诵读时间。在这规定的"天天诵读"时间里，整个校园里书声琅琅，琴声、书声相互交融，组成了一首动听的交响乐。不要小看这每天四分钟的诵读时间，从小班开始，到大班毕业时，每个孩子都能入情入境地背诵100首左右的古诗、童谣等。这样的诵读活动让孩子们接触到更多的新经典，从而爱上经典，恋上经典，

在新经典的天空自由翱翔。更重要的是,这些优秀的新经典作品陪伴着孩子们一起成长,使孩子们感受着新经典作品中思想的力量,这对他们的一生都将产生积极影响。

(二)时时渗入,见缝插针

平时,在幼儿的一日活动中,我们的老师常常会结合常规管理,巧妙地将新经典融入其中。如在点心、午餐、课堂、课间、游戏、散步、排队、起床整理等各个环节,播放不同的新经典内容。早晨,桌面游戏即将结束,老师用经典古诗《春晓》作为孩子们整理玩具和搬椅子的信号,孩子们听着动听的歌谣,又快又轻地将小椅子搬到中间;户外游戏时,老师用经典童谣《丢手绢》作为操作和游戏时的音乐,伴随着悠扬的歌声,孩子们快乐地游戏;午餐前的洗手环节,老师播放具有教育意义的古诗《悯农》,在琅琅的诗歌声中,孩子们很快洗完手,认真地吃完自己的一份饭菜;午睡时,一首经典的《摇篮曲》伴随着每一个孩子进入甜甜的梦乡;离园前,将孩子们喜欢的古诗新唱《咏鹅》《一去二三里》《游子吟》等作为他们离园前倾听的内容,听着自己喜爱的音乐,念着熟悉的古诗,孩子们快乐地离开幼儿园。就这样,在不知不觉中,孩子们又掌握了很多新经典作品。

(三)游戏结合,寓教于乐

游戏是儿童的天性。我们将新经典与幼儿游戏结合起来,让孩子们在游戏中诵,在游戏中读,在游戏中感悟经典。如在早晨的户外游戏时间,教师带着孩子们玩起了体育游戏《荷花荷花几月开》,师幼共同探索新的玩法,赋予了经典童谣新的生命力。音乐游戏时,教师将古诗《一去二三里》配上孩子们熟悉的《数鸭子》音乐,让孩子们在学会吟诵的基础上学习演唱,孩子们学习古诗的兴趣更浓了。此外,教师还以舞蹈的形式开展游戏,如古诗《春晓》《明月几时有》等,孩子们根据自己的理解加上舞蹈的动作来演绎古诗,

收到了良好的效果。体育游戏时,师幼齐读童谣《摇啊摇》,教师引导孩子们模仿开船,在童谣的诵读伴奏下探索不同的摇船动作,站着摇、坐着摇、单人摇、双人摇,比赛摇,在不知不觉中,孩子们的各项动作技能都得到了发展,也熟练掌握了童谣。

(四)家庭参与,其乐融融

家庭是幼儿园的重要合作伙伴,我们充分利用家庭教育资源,通过家长会、专题讲座帮助家长了解幼儿园新经典诵读活动开展的意义、进程、课程设置等,让家长接纳新的教育观念。组织教师选编《新经典诵读推荐篇目(家长篇)》《新经典诵读推荐篇目(共读篇)》,向家长、幼儿推荐新经典作品,引导家长抽时间陪孩子一起诵读。这些举措营造了浓郁的家庭阅读氛围,而且增进了孩子和父母之间的亲子情感,真可谓一举多得。

四、特色活动开展——嘈嘈切切错杂弹,大珠小珠落玉盘

(一)教学活动研讨——精彩纷呈

每学期,我们都会组织课题组教师围绕新经典诵读展开研讨活动,大家积极探索、大胆尝试,将新经典作品融入语言、社会、体育等不同领域,如社会活动"三只羊"利用了小班幼儿爱表演的特点设置了情景表演,让幼儿在故事表演中领悟经典故事中所蕴含的故事哲理。教学活动公开展示后,课题组成员会针对教师的提问、师幼的互动、重难点的把握等进行分析和讨论,实现了"思维碰撞,研讨共进",也为新经典诵读的深入开展打下了坚实的基础。

(二)经典名篇演绎——彰显个性

孩子们眼中的名篇是怎样的?他们又会怎样来演绎呢?就拿《西游记》这部文学巨著来说,孩子们有着自己独到的见解,他们喜欢机智勇敢的孙悟空、憨厚贪吃的猪八戒、法力无边的如来佛、漂亮的铁扇公主,还对各大神仙、各路妖魔

鬼怪的兵器产生了浓厚的兴趣……于是在课程游戏化理念的指导下,教师支持孩子们独特的想法和创意,鼓励孩子们大胆改编一个个经典的西游故事:《三打白骨精》《收服金银角》《大战红孩儿》,他们还自己制作道具、服装,分配角色,布置场景,进行活动彩排,组织正式演出。孩子们带着自己的见解,演绎经典故事,诠释经典角色,传承经典,彰显个性!

(三)亲子故事表演——温馨甜蜜

亲子故事表演由家长和孩子共同完成:有的是母女组合,孩子做主演、妈妈做配角;有的是全家"总动员",爸爸、妈妈、爷爷、奶奶齐上阵;还有的是几个家庭联合一起表演。《龟兔赛跑》《农夫与蛇》《小猫钓鱼》等一个个经典故事轮番上演着,全场洋溢着温馨而又甜蜜的氛围。孩子们徜徉在童话的世界里,尽享童话带来的乐趣。

(四)诵读之星评选——如火如荼

我园还在全园幼儿中举行"诵读之星"评选活动,孩子们或熟练地朗诵经典名篇《三字经》,那长长的篇幅、连贯的语音让成人也为之叹服;或深情地朗诵现代诗《我骄傲,我是中国人》,那投入的表情、到位的手势获得了阵阵掌声;或以武术操的形式边吟边表演着《满江红》,那稚嫩的嗓音、有力的动作也得到了一致好评;或和爸爸妈妈一起以情景剧的形式进行古诗联诵,那巧妙的设计、父(母)子(女)之间的温情更让人为之动容。比赛进行得如火如荼,过五关斩六将,最终评选出经典诵读之星三十名。幼儿园大厅还进行了诵读之星的风采展示。

(五)教师齐诵《弟子规》——声情并茂

为激发教师参与新经典诵读的热情,幼儿园发出了教师诵读《弟子规》的活动倡议,得到了教师的大力支持。教师利用空余时间、休息时间或吟或诵,力求熟读熟背,并理解其中含义,牢

记圣人的训导。全园七十多位教师分成小班组、中班组、大班组以及行政组四个组进行了展示活动。活动在轻松愉快而又意蕴悠长的氛围中进行,教师或集体诵读,声情并茂,辅以简单的动作;或交替对吟,你一句,我一句,此起彼伏,大家都认真专注地投入其中。通过诵读《弟子规》,教师表示将时时以《弟子规》检视自己,脚踏实地做好每一件事情,真正孕育出高雅的品行。

(六)公众号栏目特推——我讲你听

在我园微信公众号上,有一个特别的诵读专栏——我讲你听,以孩子(或和家长一起)讲述经典故事、诵读古诗文、吟唱童谣为主要内容。本栏目自 2019 年 3 月开辟以来,受到了广大家长、孩子、教师的追捧和欢迎,目前已发布三百八十多期。这种利用互联网和新媒介构建的立体化阅读模式,不仅为孩子们搭建了一个展示自我、提高自信的舞台,而且打造了阅读大空间,促进了优秀经典作品的传播,促进了阅读活动的推广。

五、结语

未来是过去的延续,过去是未来的财富。行走在新经典诵读的教学路上,有喜悦、有感动、有收获,也有疑虑、有困惑、有艰辛,但我们将携手同行,撑一支长篙,向青草更青处漫溯,一起去收获前方那恬淡而又诗意的风景!

参考文献:

[1] 王丽娜,覃卫华.中华优秀传统文化融入高校思政教育的意义和策略[J].吕梁学院学报,2022,12(06):53-54.

[2] 王炳照.中国传统文化与幼儿教育[J].幼儿教育(教育科学版),2006(01):51-55.

[3] 李振村.我们为什么要诵读经典——关于经典诗文诵读的对话[J].基础教育,2005(10):19-22.

创新作业管理，提升管理效能 *

——以江苏省大港中学为例

◎毛罕华 黄卫荣

摘 要 为深入贯彻中央"双减""高中育人方式转型"等有关规定，进一步加强高中阶段学生的作业管理，全面推进素质教育，规范学校办学行为，江苏省大港中学以"双减"和作业管理为抓手，通过优化作业设计和作业管理的质量，提高学生的学业成绩、思维能力、探究能力、合作能力，提升教师设计作业和管理作业的能力，通过高质量作业促进学生全面发展和自主发展。

关 键 词 "双减"；作业管理；效能

作者简介 毛罕华，江苏省大港中学学生发展处主任，中学高级教师；黄卫荣，江苏省大港中学校长，正高级教师。

作业管理是高中学科教学管理中落实"双减"政策的最重要一环，是减负提质的重要抓手。目前，在高中的作业管理工作中，还存在学校的作业管理制度缺失、执行不严，教师的作业管理不科学、不到位，学生的作业态度消极被动，作业效率低下等问题。重负轻质是当前作业管理普遍存在的现象，因此加强作业效能管理，实现轻负高效显得尤为重要。

一、作业效能管理的含义

作业效能管理指的是学校在"双减"政策背景下针对作业效能标准、作业效能教研、作业效能规范、作业学科样态等各个方面，建立、完善符合本校教学实际的作业管理机制、作业管理评估机制、作业实施方案等校本作业长效管理机制，从而规范学校的作业管理。教师依据学校作业管理规范，进行作业管理，提升作业管理效能，达成轻负高效的目标。

二、目前高中作业管理中存在的问题

（一）学校层面作业管理制度缺失

学校缺少作业管理制度，教师作业管理也就无章可循。通过对教师访谈，发现，许多教师对学校是否制定了作业管理制度不太清楚，或知道有类似的作业管理制度，但不清楚作业管理制度的具体要求和内容。这说明一部分学校未能根据"双减"要求及时更新作业管理制度，同时也说明少部分学校作业管理制度未能宣传解读到位，当然也就未能落实到教师行动中。

（二）课程教学处作业监管功能弱化

大部分高中学校实行了年级部管理机制，这有利于提高教育教学管理的执行力，但相对课程

* 注：本文系江苏省教育科学"十四五"规划课题（2021 年度）研究成果之一，课题名称：基于"双减"的普通高中作业效能管理实践研究，课题编号：D/2021/02/426。

教学处而言，年级部在作业管理能力上稍显不足，这在客观上带来了课程教学处的宏观作业管理监控功能被弱化的现状，导致了学科作业管理缺乏有效监管的现状。

（三）教研组作业管理研究不够

在年级部管理机制下，除了课程教学处作业管理监控功能弱化之外，教研组学科教研的职能也逐渐弱化，备课组集体研讨的形式逐步代替了教研组的教研职能。教研组在作业设计、作业调控、作业评价等作业管理诸多环节都缺乏深入探讨和研究。

（四）教师作业管理意识不强

教师对作业功能挖掘和研究不够，对作业的内涵、外延缺少缜密的思考。教师在布置作业时作业设计不到位，在作业评价时缺少灵活多样的评价形式，难以激发学生对作业的主动参与的积极性。

（五）学生作业管理认知欠缺

高中科目众多，高一文化学科多达九门，即便高二选课后高考文化学科也有六门。教师作业布置大多形式单一、数量多、重复率高、难度大，往往忽视了学生在作业设计中的参与和探究，在一定程度上也造成了学生对作业管理认知的欠缺。

（六）家长参与作业管理方式单一

家长参与作业管理大多停留在督促孩子完成作业，检查作业完成情况，在学生作业上签字等。家长参与作业管理的意愿也不浓，有的甚至出现抵触情绪。

三、作业效能管理的校本探索与实践

（一）完善学校作业管理制度，做到有章可循

"双减"政策文件下发后，学校积极行动，在"压总量、控时间"的基础上，注重"调结构、提质量"，根据"双减"文件精神和新高考要求，先后制定了《江苏省大港中学作业管理制度》《江苏省大港中学全员导师制实施方案》等一系列制度，从作业的数量、质量、设计、形式、监管等维度进行规范管理，保障作业管理工作的顺利开展。制度要求：

（1）控制作业数量。每天作业时间不得超过120分钟，寒暑假、双休日、国家法定节假日家庭书面作业不超过日常总量。

（2）提高作业质量。创设"精准教""深度学""自主学"三层级作业设计方法。教师实施"精准教"，课前选定题目，课中精确指导，课后精准辅导；学生则进行"深度学"，构建知识图谱，采用多元化学习策略；同时，学生还能自主选择作业内容和层级，自主驱动学习，实现个性化学习。

（3）优化作业设计。坚持分层、弹性、个性化设计作业，严禁布置超难度、重复性、惩罚性作业。严禁给家长布置或变相布置作业，严禁要求家长协助打印、检查、批改作业。

（4）丰富作业形式。结合学科特点、学生学习水平、年龄特征和兴趣等进行作业整体设计，提倡布置阶段性、探究性、实践性作业，注重学科融合。当堂巩固型作业、复习型作业、预习型作业、拓展型作业、创新型作业等合理搭配，不断丰富作业形式。设计基础性作业、个性化作业、实践性作业等多种形式，让学生体会学习的乐趣，促进学生综合素质的发展。

（5）加强作业监管。每周集体备课时，由备课组长牵头，根据教学内容统一设计好一周的作业，每个任课教师结合班情，弹性布置，适当增减；每天学委把作业公示到班级黑板上；学委每周把作业填写到作业记录本上并上交年级部，由年级部统一检查、监督作业的内容及时间是否合理，出现问题及时通知任课教师进行调整。

（二）明确作业管理主体责任，做到职责分明

作业管理人员是管理的主体，为提升作业管理的实效，学校开展了多种形式的作业管理学习教育活动。

（1）以宣促训，学政策抓落实。在暑期全员

培训会上，校长以"双减"政策为背景为教师宣讲作业管理政策，明确要求抓作业管理政策的落实，做到适当减少书面家庭作业，让学生有时间参加体育锻炼和社会实践活动，增加作业设计的技术含量，做到分层设计。

（2）以访促行，明方向强责任。我校进行作业管理内容调研测试访谈，强化对"双减"政策的学习，了解提升作业管理效能的方法，并纳入省级课题进行研究，共建作业管理"新生态"。

（3）以章促学，下决心破难题。三个年级根据学校作业管理制度，分别制定了年级层面的《年级部作业管理制度》，并针对不同对象，采用不同方式进行制度宣传和学习。对家长，主要通过微信群和家长会告知；学生主要通过班会课学习并参与问卷调查；教师主要采用"线上线下"多种方式进行学习，切实把思想和行动高度统一到中央"双减"精神上来，传承师道精神，厚植教育情怀。

（三）加强作业管理效能研究，做到科学规范

加强作业管理中的普遍性问题的研究，各部门分工协作解决问题，以提升作业管理效能，提供科学规范的保障。课程教学处对作业研讨制度、作业审批制度、作业检查制度等进行研究。教研组对教师作业选择能力、教师设计与改编能力、教师批改与使用能力等方面进行研究。备课组对规定性作业管理、创新性作业管理、学生作业管理制度等方面进行研究。教师对学生自主作业管理、学生作业规范养成、优秀作业评价标准、优秀作业成果展示等方面进行研究。通过研究，作业管理者能够在作业管理实践中不断地发现和解决问题，科学规范地进行作业管理。

（四）调动师生作业管理状态，做到主动参与

作业管理的效能取决于教师和学生的状态，良好的状态是提升作业管理效能的前提。除了加大宣传力度，让教师和学生认识到作业的重要性，接受学科作业的价值，积极主动地去参与到作业管理中，还需加大奖惩机制，可以通过评优晋级、荣誉表彰、情感事业等对教师进行激励，

通过鼓励表扬先进、批评惩处落后、奖励积极责罚懒散等对学生进行奖惩，充分调动师生良好的作业管理状态。

（五）加强作业管理培训，做到善管会管

对师生进行相关培训，让师生对作业管理都能做到善管会管。教师要做到规范、科学地进行作业设计，注重多样态的作业形式与新颖的前沿知识紧密结合。教师还要进行作业的数据收集、分析及作业调控，同时对作业的标准、形式、方法、结论进行评价。这样一来，学生面对教师精心设计的多样态作业，就能积极主动地参与并完成，进而实现作业的价值，最大程度地达成作业管理的效能。

四、作业效能管理的思考

（一）有序开展作业教学工作，是作业管理的催化剂

校内减负需从课堂提质和作业减负两方面进行努力。如何做到减负不减质？关键在于教师的教和学生的学。课堂是实施素质教育，落实"双减"政策的主阵地，是塑造学生精彩人生的战场，更是"减负、提质、增效"的关键。为积极落实"双减"政策，提高课堂教学效果，优化课堂质量，深化推进课堂作业改革，学校优化课堂结构，打造"六学"课堂新模式。基于"以学生为本"的教育理念，坚持以"学"为主导向，构建以"预学—导学—研学—练学—讲学—评学"为主要环节的"六学"课堂教学模式，展现了"双减"背景下的课堂教学新样态。做好"六学"课堂教学工作中的作业教学管理，要在课堂教学中以"学"为中心，精讲多练，优化课堂作业设计，提高课堂效率，通过统筹规划设计诊断性作业，加强作业教学效果反馈，助力教师把握学情，做到精准施教，提高课堂实效。课后布置"化学方程式书写大赛""政治手抄报设计""英语思维导图"等一系列别开生面的学科特色作业，真正做到减负、提质、增效。

（二）预约导师答疑机制，是作业管理的助推剂

学校在全员导师制的基础上，实行预约导师答疑制度。高中学生自主学习时间较少，教师工作量普遍较大，导致用于学生与导师交流答疑的时间难以保证。而预约导师答疑制度的推行有效解决了学生作业疑难问题解决不及时、进行师生交流的时间不同步等问题。预约导师答疑制度是促进学生健康成长，增强教育服务能力的重要工程，也是提升作业管理效益的重要抓手。预约导师答疑服务工作遵循公开透明、家长自愿、有效监管的原则，在提升服务水平，满足学生多样化作业等方面做了有益探索。教师根据学生预约的情况，合理安排时间对预约学生进行作业辅导、答疑，或者组织个性化复习、检测、强基计划辅导等。教师根据学生预约的特色作业，安排学生开展社团及兴趣小组活动，布置体育、艺术、科普等社会实践类作业，以及进行阅读交流活动及阅读作业指导。

（三）创新教育管理，是作业管理的推进剂

我校坚决落实立德树人的根本任务，全面贯彻落实"双减"精神，创新教育管理方式。

首先，提升管理水平，升级管理力量。为提升学校教育管理水平，学校多次邀请教育专家举行讲座。学校还进一步打造优秀班主任选拔和培育机制、组织教师参加师徒结对、举行作业主题班会课展评活动、开展班主任线上线下培训，提升班主任班级作业管理能力。

其次，发挥家校合力，搭建共育桥梁。学校高度重视家校共育工作，在线下，定期举行家委会、家长会，建立家访制度，邀请家长参与学校重大活动等，构筑学校与家庭、社会沟通的桥梁。在线上，学校广泛通过网站、微信公众号、家委会交流群等平台，定期推送家校共育课程和相关知识，引导家长及时更新教育观念，树立正确的育人观、成才观，同时也鼓励家长参与学校的监督管理，建言献策，形成家校共育的合力。

最后，开展特色活动，促进全面发展。结合办学特色和实际，以立德树人、强化体育素质、增强美育情趣、加强劳动技能为目标，学校设置了羽毛球、足球、篮球、跆拳道、轻泥制作等主题社团，不断拓展学生学习空间，努力满足学生不同学习需求，促进学生多元发展，减轻了学生的课业负担，提高了学生的综合素质，助力"双减"政策落地见效。

五、结语

综上所述，我校从学生的全面发展着眼，从作业管理着手，联动全校各部门、各学科，利用教研活动和学科教学实践，积极创新作业形式，从学生的实际学情出发，巧妙设计作业，让作业发挥其巩固知识、形成技能、发展能力的作用，同时做好全员导师作业辅导服务，为作业管理提供了有利的平台。当然，由于高中作业管理涉及的环节、技术、部门较多，作业管理还在作业数据收集技术的优化、作业管理环节的衔接、作业管理效率的提升等方面面临诸多问题，我校将继续用创新思维探索作业管理新方法，并将其应用到学校教育教学实际工作中，提高学生作业的效益，让作业成为提高学生能力，培养学生情感、态度、价值观的主要手段，让师生在作业的量与质中找到平衡点，真正实现"减负增效"。

参考文献：

[1] 中共中央办公厅，国务院办公厅．中共中央办公厅　国务院办公厅印发《关于进一步减轻义务教育阶段学生作业负担和校外培训负担的意见》[J]．中华人民共和国教育部公报，2021（10）：2-7．

[2] 行走在探索"宜人课堂"的道路上——丹徒区教师发展中心成功筹办首届"宜人课堂"教学节活动[J]．教育界（教师培训），2019（05）：F0004．

[3] 薄晓玲．优化作业管理，实施素质教育[J]．学周刊，2014（21）：183．

立德树人视域下音乐教育探析

◎ 顾 蕾

摘 要 立德树人是教育的根本任务，也是促进学生全面发展的重要途径。在立德树人视域下，学校音乐教育的目标不仅仅是培养学生的专业技能，更是要培养学生的核心素养、品德素质和社会责任感。立德树人视域下的学校音乐教育要更好地适应时代的需求，关注学生的全面发展；要将音乐教育融入整个学习过程中，不再局限于课堂上的知识传授；要注重学生实践能力的培养，使学生学以致用；要坚持以美育人，引导学生积极参与艺术活动；要尊重学生的个性和创新能力，让他们展现自己的音乐才华。

关键词 立德树人；学校音乐教育；综合素质发展；教师发展

作者简介 顾蕾，江苏省南京市南京特殊教育师范学院教师。

根据《中华人民共和国教育法》的规定，教育应当坚持立德树人，对受教育者加强社会主义核心价值观教育，增强受教育者的社会责任感、创新精神和实践能力。教育的目标是培养社会主义建设者和接班人，这就要求教育要注重培养学生的爱国主义情怀、集体主义精神和社会责任感。同样，音乐教育的要求也不仅仅是培养学生的音乐素养，更要注重培养学生的审美情趣和人文素养。

立德树人视域下的学校音乐教育不仅仅是传授音乐知识和技能，更注重培养学生的品德素质和人文素养。教育者应当在教学中注重培养学生的美感、人文情怀和创新精神，让学生在音乐中感受人类文化的魅力，培养学生的审美情趣和情感表达能力。只有这样，才能真正实现音乐教育的价值和目标，让学生得到全面的发展和提升。

一、学校音乐教育面临的问题及特点

（一）学校音乐教育面临的问题

近年来，随着我国教育体制的改革和音乐教育理念的更新，学校音乐教育也在不断调整和改进中。然而，学校音乐教育仍然存在一些问题和挑战。

资源不均衡是一个普遍存在的问题。一些经济较发达的城市的学校音乐教育资源相对丰富，音乐教师的素质也较高，而一些经济欠发达的农村地区的学校音乐教育资源匮乏，音乐教学条件落后，这导致了地区之间音乐教育质量的差异。

课程设置不合理也是一个问题。有些学校的音乐课程设置过分注重技术性，忽视了音乐艺术的审美和情感表达，只注重学生音乐技巧的培养，而忽视了音乐对人文精神的熏陶。

学校音乐教育还面临着社会认知度不高、学生兴趣不足、课程内容不贴近生活等问题。随着社会发展的不断加快，人们对音乐艺术的认知度也在提高，但是对学校音乐教育的重要性和意义尚未有足够的重视。学生对音乐的兴趣受到了外部环境的影响，很多学生倾向于追求流行音乐和娱乐音乐，而对传统音乐和古典音乐的学习热情不高。课程内容不贴近生活也导致了学生对音乐课程产生抵触情绪，学生觉得音乐课程与自己的生活脱离太远，缺乏实际应用的意义。

总的来说，在立德树人的视域下，学校音乐教育仍需要不断完善和探索。只有更好地适应时代的需求，关注学生的全面发展，才能使学校音乐教育真正发挥其应有的作用，培养出更多优秀的音乐人才，为音乐事业的发展贡献力量。

（二）学校音乐教育的特点

学校音乐教育作为一种特殊的艺术教育，具有独特的教学特点。学校音乐教育注重培养学生的审美情趣和情感体验。通过音乐的欣赏、演奏和创作，学生可以感受到音乐所带来的美感和情感，从而热爱和理解艺术。学校音乐教育注重培养学生的音乐素养，包括音乐理论知识、乐器演奏技能和声乐表现能力等。通过系统的教学和实践活动，学生可以全面提升自己的音乐水平，丰富自己的文化生活。

学校音乐教育在培养学生综合素质方面具有重要价值。音乐作为一种艺术形式，可以激发学生的创造力和想象力。在音乐教育中，学生可以通过创作音乐作品和演奏演唱等形式，展现自己的个性和才华，培养创造性思维和表现能力。音乐教育可以促进学生的情感发展和社会交往能力。学生在音乐活动中可以表达自己的情感和情绪，加深与他人的情感沟通和理解，提升人际交往能力。

学校音乐教育可以促进学生的认知发展和学习兴趣。音乐教育不仅可以加强学生对音乐的认识和理解，还可以提升他们对其他学科的认知和兴趣，促进他们全面发展。因此，在立德树人的教育理念下，学校音乐教育的重要性不言而喻。在教育教学实践中，应该进一步发挥学校音乐教育的作用，推动学生全面发展，实现教育的最终价值。

二、立德树人视域下的学校音乐教育

（一）立德树人视域下学校音乐教育的理念

在立德树人的教育理念下，学校音乐教育不仅仅是培养学生的音乐技能和审美能力，而是更注重学生的人文关怀和情感培养。在音乐教育中，学生不仅可以通过学习乐理知识和演奏技巧提升自己的音乐水平，还可以通过音乐作品的欣赏和表演，培养情感和品格。音乐作为一种语言，能够传递情感和情绪，激发学生内心最纯粹真实的情感。通过演奏和表演，学生可以在音乐中找到自己的情感表达方式，感受到音乐带来的美好与震撼，增强自我认知和审美能力。

在音乐教育中，人文关怀也是至关重要的一环。教师不仅要注重传授音乐知识和技能，更要关注学生的个性特点和情感需求。通过深入了解每个学生的兴趣和特长，教师可以有针对性地进行教学安排，激发学生的学习动力和热情。同时，教师也要关注学生的情感变化和心理健康，在教学过程中给予学生足够的关爱和支持，帮助他们建立积极健康的人际关系和情感体验。

通过人文关怀和情感培养，音乐教育可以帮助学生树立正确的人生观和价值观，培养学生的爱心和同理心，使他们成为有情怀、有担当的人才。在立德树人的教育视域下，学校音乐教育应该成为塑造学生人格的重要平台，为他们未来的成长和发展打下坚实的基础。

（二）立德树人视域下学校音乐教育的实现路径

学校音乐教育可以通过各种途径来完成立德树人的根本任务。例如，通过丰富多样的音乐教学内容和活动，激发学生的音乐兴趣和创造力，帮助他们感受音乐的美好和力量。音乐教育还可以与其他学科和校园文化活动结合，促进学生全面发展，培养和提高他们的协作精神和创新能力。

学校还可以将音乐教育与社区文化活动结合起来，开展音乐义演、音乐志愿服务等活动，让学生将音乐的美好传递给更多人，同时也培养学生的社会责任感和团队合作精神。这些实践不仅丰富了学生的课外生活，也促进了社区文化的繁荣和发展。

总的来说，在立德树人的视域下，学校音乐教育不仅要注重知识和技能的传授，更要注重品德修养和审美情操的培养。通过丰富多样的教学内容和活动，激发学生的兴趣和创造力，引导他们树立正确的人生观和价值观。

三、立德树人视域下音乐教师的发展

（一）音乐教师的专业素养培养

在学校音乐教育实施中，教师素质是至关重要的。音乐教师的专业素养是影响教学质量的关键因素之一。音乐教师需要具备扎实的音乐理论知识和技能。他们应该熟练掌握音乐的基本概念、音乐史、乐理知识等方面的内容，能够为学生提供严谨、深入的音乐教育。音乐教师还应具备丰富的音乐演奏经验和教学经验。只有通过不断地实践和经验积累，音乐教师才能更好地带领学生感受音乐、表达情感。此外，音乐教师还应具备较高的审美能力和艺术修养。他们应该能够理解不同的音乐风格、作品背后的文化内涵，以及艺术家的创作意图，从而能够引导学生在音乐表演和欣赏中培养自己的审美情趣和文化品位。

为了提高音乐教师的专业素养，培养具备高素质高水平的音乐教师，学校和教育部门可以采取以下措施：

一是建立完善的音乐教师培训机制。学校可以举办各类专业培训课程和讲座，邀请国内外知名音乐教育专家进行指导，帮助教师不断提升自身的专业水平。

二是加强音乐教师的实践能力培养。学校可以组织音乐教师参加各种音乐比赛和演出活动，为教师提供更多的实践机会，使教师积累舞台经验，以便他们能更好地将理论知识应用到实际教学中去。

三是鼓励音乐教师不断学习和创新。音乐是不断发展、变化的艺术，教师应该保持学习的热情，不断拓展自己的音乐知识，调整教学方法，以适应时代的发展和学生的需求。

音乐教师的专业素质是决定音乐教育质量的关键因素之一。不断提高教师的专业水平和素养，可以更好地推动学校音乐教育的发展，培养更多具有艺术修养和创造力的优秀音乐人才。

（二）音乐教师的职业发展

在当前的学校音乐教育中，教师的职业发展面临诸多挑战。一些教师在专业素养和教学方法上存在明显不足，难以很好地引导学生的学习，提升学生的音乐素养。随着社会的不断发展，音乐教育需要满足学生多样化的需求，教师需要不断提升自己的教育理念和教学技能。

面对一系列的问题和挑战，学校要思考如何提升音乐教师的职业发展。学校应该加强对教师的继续教育培训，注重提升教师的反思能力和创新意识。学校也要建立良好的教师发展机制，通过评选、表彰优秀教师，给予教师更多的职业发展机会等，激励教师积极进取，不断提高自身素质。此外，学校还需要营造良好的教师工作环境，给予教师更多的支持和帮助，让他们能够更好地发挥自己的专长和潜能。

在未来，我们需要更多地关注学校音乐教育，为教师提供更好的发展空间和条件，同时也要注重培养学生的音乐素养和综合能力，让他们在音乐学习中得到更多的乐趣和启发。只有在这样的共同努力下，学校音乐教育才能真正落实立德树人的根本任务，为学生的综合素质发展做出更大的贡献。

四、结语

综上所述，立德树人视域下的学校音乐教育应注重提升学生的审美情趣、情感体验和人格修养。教师素质的提升和专业培训是实现学校音乐教育目标的重要保障。学校需要加强音乐教育资源的均衡分配和课程设置的合理安排。在教学过程中,教师需关注学生的个性化和多样化发展,注重培养学生的实践能力、协作精神和创新能力。此外,我们要将音乐教育融入整个学习过程中,注重学生实践能力的培养,尊重学生的个性和创新能力。通过不断探索和改进,学校音乐教育将为学生的全面发展和终身发展提供宝贵的支撑力量。

参考文献:

[1] 郝冬梅.立德树人视域下高职学生职业精神培育探析[J].辽宁高职学报,2021,23(10):101-103.

[2] 王天航,宋紫欣,牛梦园.立德树人视域下高校班级建设的文化维度研究探析[J].天南,2023(04):100-102.

[3] 陈国辉,黄豆豆.立德树人视域下高职院校体育改革路径探析[J].南方职业教育学刊,2021,11(05):105-109.

[4] 卢致苑.立德树人视域下公共音乐教育推进"课程思政"建设的实践探索[J].现代职业教育,2023,(33):5-8.

[5] 于承杰.立德树人视域下高校人才培养路径探析[J].教育评论,2021(02):119-124.

[6] 张洁."立德树人"视角下的高职音乐教育探析[J].成才之路,2023(18):65-68.

[7] 郭新峰.立德树人视域下的高中历史复习备考策略[J].新课程导学,2021(14):9-10.

创设情境化读写区促进小班幼儿的
早期阅读

◎ 欧阳爱华

摘 要 早期阅读是儿童认识世界的重要手段之一，是儿童成为成功阅读者的基础，也是成为终身学习者的开端。因此，幼儿园内设有读写区，以鼓励儿童阅读。然而，受年龄特点影响，幼儿在实际使用读写区时存在读写区选择比例不高、读写区活动时间不持久等问题。为解决这些问题，本研究剖析原因，通过创设适宜情境，拓展阅读形式，打造情境化读写区，为幼儿提供更好的阅读体验。

关 键 词 情境化；早期阅读；学前教育

作者简介 欧阳爱华，江苏省丹阳市实验幼儿园园长，高级教师。

早期阅读是指 0—6 岁学前儿童凭借变化着的色彩、图像、文字和听取成人的读讲，来理解以图为主的低幼儿童读物内容的活动过程。它是一个融观察、记忆、思维、表达等多种认知于一体的综合过程。国际关于儿童阅读的追踪研究发现：早期阅读对未来阅读能力和学业成绩有预测作用。《3—6 岁儿童学习与发展指南》在语言领域明确提出了"喜欢听故事，看图书"的目标，并提出要利用图书、绘画和其他多种方式，引发幼儿对书籍、阅读和书写的兴趣，培养前阅读和前书写技能。幼儿期是语言发展的敏感期，应从小培养幼儿的阅读兴趣和习惯。

一、小班读写区活动现状

3—4 岁是幼儿口语迅速发展、词汇量猛增的时期，但此时期幼儿处于直觉行动思维阶段，受到年龄和理解能力的限制，相比幼儿园内的其他区域，读写区似乎"受尽冷落"。我们对小班幼儿选择读写区的情况进行了持续观察，发现如下问题。

（一）现状一：读写区选择比例不高

为全面了解小班幼儿选择读写区的整体情况，我们对班级 30 名幼儿两周的选区情况进行了跟踪统计：角色区 64 人次，建构区 55 人次，科学区 47 人次，益智区 48 人次，美术区 59 人次，读写区 22 人次。可见，小班幼儿对读写区的选择比例不高。

此外，我们设置了专门的表格，对读写区进行为期两周的持续定点观察，以发现幼儿在游戏中的兴趣点，找到幼儿比较喜欢的游戏，从而促进幼儿的游戏开展和相关素养的提升。同时，我们观察幼儿在读写区活动中的行为，对幼儿阅读能力进行专项分析，并通过活动反思来找到活动中存在的不足，重新设计更加符合幼儿兴趣的游戏活动。

（二）现状二：读写区活动时间不持久

在定点观察的基础上，我们采用了追踪观察法对选择读写区的幼儿进行持续观察，重点观察和分析他们在读写区活动中的表现。我们在两周内对小班 30 名幼儿进行了观察，得到数据：两周内共有 31 人次选择了读写区，每次在读写区游戏的时间，10 分钟以内的有 70%，15 分钟左右的有 20%，15 分钟以上的有 10%。也就是说，有 70% 的幼儿进入读写区后没多久就会离开，去别的区域玩。由此可以看出，小班幼儿在读写区活动时间不够持久。

我们对在阅读区持续活动时间达 15 分钟及以上的 12 位小朋友进行重点追踪观察。在持续追踪观察后发现，有 2 人能安静阅读 15 分钟左右，边读边讲，有较好的阅读习惯；有 3 人分别用 5—8 分钟的时间阅读完一本书后，开始了角色扮演；有 7 人进入到阅读区或选择沙盘，或选择手偶，或选择耳麦听故事。由此可见，小班幼儿在读写区不进行阅读的情况普遍存在。

二、问题剖析

（一）不选择读写区的原因

1. 环境功能单一，无法吸引幼儿

我们通过分析和梳理观察记录发现，影响幼儿选择活动区域的主要因素是区域环境。教师在创设读写区时，一般会重视阅读功能，而忽略幼儿的其他爱好和兴趣，所以读写区的环境设置相对刻板、形式单一，只有阅读和书写的功能，无法吸引幼儿选择该区域。

2. 家长忽视陪伴，阅读技能缺失

家庭对幼儿的早期阅读的重视程度也会影响幼儿阅读技能和习惯的养成。为了解幼儿的家庭阅读情况，我们发起了"幼儿阅读情况调查"。调查发现：绝大多数幼儿没有养成每天坚持阅读的习惯，大多数幼儿的阅读时间在 10 分钟以下。超过一半的家长不能坚持陪伴幼儿阅读，有将近四分之一的家长从来没有陪伴幼儿阅读过，也不知道如何进行陪伴阅读。家长没有坚持陪伴阅读，缺少亲子阅读中的互动方法，阻碍了幼儿阅读习惯的养成。

（二）在读写区不阅读的缘由

1. 阅读情境缺乏

小班幼儿由于经验较少，不能像中大班幼儿一样独立地进行阅读书写活动，而且小班幼儿处于直觉行动思维阶段，对情境的要求更高。但是在幼儿园的读写区域中，其环境布置不能满足幼儿的阅读需求。此外，相关研究发现，幼儿需要阅读 15 分钟以后才会进入深度学习，但是我们要求儿童每隔 15 分钟就交换活动区域，这种做法也阻碍了幼儿进行深度学习，他们的有效阅读时间无法得到保证。

2. 阅读材料僵化

根据观察发现，读写区的图书不及时更换，幼儿在反复阅读后很容易失去兴趣，部分图书在反复阅读过程中还会被损坏，再次影响了幼儿的阅读兴趣。读写区也没有篇幅短小、有情趣、画面鲜艳的图画书、布书和响响书等符合小班幼儿年龄特点的趣味性图书，阅读材料单一且僵化。

三、创设情境化读写区

心理学家皮亚杰曾经强调："适宜的物质和心理环境能激发幼儿的学习欲望，增强幼儿主动活动的意识，从而促进幼儿语言的发展。"

幼儿的思维发展正处于具体形象阶段，他们对周围世界充满着好奇心和探究的欲望，并且通过具体事物或具体的情境来了解和认识周围世界，进而建立起与周围世界的各种联系。情境教育最大的特点，就是将抽象的阅读文本化为具体的情境，通过图画、音乐、表演等情境或现实生活的典型场景，直接映射儿童的感官，直抵幼儿的内心世界。所以，如果能将幼儿的早期阅读与他们接触的事物建立联系，就会使幼儿在阅读过程中变得轻松自如，从而提高幼儿阅读活动的有效性。

（一）融入"娃娃家"，打造温馨的家庭式读写环境

儿童的发展是全面的，其每一个发展领域都

很重要。一个精心创设的环境可以促进儿童各方面的发展。它为儿童提供了经过整合的学习经验。根据观察可以发现,小班幼儿对"娃娃家"游戏情有独钟,追究其最根本的原因,是"娃娃家"与幼儿生活的环境类似,幼儿在这个环境中感到自由、安全和舒适,所以我们将家庭式的软环境引入读写区,投放了垫子、抱枕、小帐篷等,让幼儿在区域中体验家庭式的自由、愉悦的氛围,激发幼儿的表现力,鼓励幼儿在生活情境中交流、互动,发展幼儿的语言表达能力。

(二)拓宽区域环境,拓展阅读形式,打造有效的互动式读写环境

1. 拓宽区域环境

(1)扩大面积,让读写区更加宽敞

幼儿园要创设与教育相适应的良好环境,为幼儿活动与表现提供机会与条件。要将读写区融入"娃娃家"区域,需要扩大区域空间。因此,我们选择了较大场地,将其改造成了一个大型的"娃娃家"型读写区,保证幼儿有足够的活动空间。用屏风、矮柜等将读写区细分成听、说、读、写四个子区域,让幼儿可以根据需要自行挑选材料。

(2)调整布局,让读写区更具情境

《0—8 岁儿童学习环境创设》一书提到读写区应设置在采光较好的地方,所以我们将读写区设置在靠窗,又相对安静的位置,用小书架和绿植作为天然的隔断,在"娃娃家"中开辟了"卧室""厨房""更衣室""游戏室"以及阅读书写用的"书房",并留出可供幼儿通往"家"中各个区域的小通道,保证区域之间的联通。

(3)丰富情境,让读写区更加温馨

家庭式的"小书房"会让幼儿感到更安心和自如。于是,我们尽可能在班级也创设家庭式的阅读环境:①铺上色泽柔和的地垫或地毯;②准备干净美丽的坐垫或抱枕,如可爱的动物造型坐垫、柔软的爱心抱枕;③放上与教室里桌椅不同的可爱的小桌子和小椅子;④提供能够充分展现

图书封面、与幼儿身高相符的书架或卡通书袋;⑤根据图书的不同性质与种类选择适宜的呈现方式,或挂,或平铺,或垒高,或排列等,保持视觉的美感。将读写区变得柔和,易亲近,更容易获得幼儿的好感,激发幼儿进入其中阅读的兴趣。家庭式的软装,营造"家一样"的阅读氛围,让幼儿从内心调整了对阅读的认识,有效地激发了幼儿的阅读兴趣。

2. 拓展阅读形式

小班幼儿注意力不稳定,有意注意时间短,观察的目的性较差。幼儿单独在读写区阅读时,保持静态阅读的时间较短。针对以上特点,小班幼儿早期阅读应在成人陪伴下进行。成人应为幼儿提供丰富适宜的低幼读物,经常和幼儿一起看图书、讲故事,丰富幼儿的语言表达能力,培养幼儿的阅读兴趣、阅读习惯,帮助幼儿掌握阅读方法。

(1)同伴互动,交流阅读

鉴于小班幼儿的年龄特点,我们在阅读区投放了一定数量的图书,供幼儿交流阅读,有时,幼儿会人手一本,边看边交流;有时会两人合看一本,语言能力稍强的幼儿带着同伴一起阅读,这两种都是非常好的交流阅读方式。

(2)随时随地,陪伴阅读

在陪伴幼儿的阅读过程中,我们也要注意方式,让幼儿更好地投入到阅读的过程中。比如,按照书中的文字进行阅读,不脱离画面进行"添油加醋",也不"删繁就简",不进行过多的解释。"照本宣科"两遍后,幼儿就能看书复述故事了。另外,在优秀的图画书中,一笔一画都是有故事的,都隐藏着作者的设计理念和想法,所以我们不能放过封面、封底、环衬等内容,要抓住细节,培养幼儿良好的观察能力和推理能力。最后,在伴读时,需要进行适当的互动。幼儿是阅读的主体,在与幼儿共读时,我们要充分尊重他们,少问"为什么",多跟他们"共情",创设一个自由、平等的共读情境,营造宽松的共读氛围,聆听幼儿自己对阅读的理解,

相信每一个幼儿都能自主阅读。

（3）亲子时光，快乐共读

我们在读写区开展了"妈妈陪读"活动，每月我们都会邀请小朋友的妈妈来园，给幼儿讲故事。有的妈妈从家中精心挑选出适合幼儿阅读的绘本，有的会在我们的阅读区认真挑选图书。在妈妈的陪伴下，小朋友听故事时认真又专注。我们也在大厅设置了阅读区，以供亲子阅读，营造亲子阅读的氛围，激发亲子阅读的兴趣，交流和分享亲子阅读的经验，让浓浓的书香氛围在校园中弥漫。我们还开展了"家园亲子阅读合作行动"。图书区投放了爸爸妈妈和孩子们合作完成的自制图书。每位幼儿可以从家里带自制图书到幼儿园，给大家讲述故事，在相互交流的过程中，幼儿的语言表达能力及逻辑思维水平都会相应提高。

幼儿阅读活动的范围是宽泛的，不仅限于幼儿园内，家长在家也可以为孩子创造一个温馨舒适的阅读环境，可以利用固定时间，陪伴孩子一起进行阅读，有效促进他们良好阅读习惯的养成。

（三）结合生活、兴趣、经验，打造有趣的体验式读写环境

1. 结合生活

结合幼儿的实际生活，在读写区放置与生活环境相关的图书。例如，小朋友在秋天饭后散步时，看见风将树叶从树枝上吹落时，都会发出惊叹。对此，我们在读写区投放了绘本《落叶跳舞》，并利用晨间活动、区域游戏等活动时间，为幼儿阅读绘本，让幼儿了解故事内容。再次遇到落叶，小朋友会兴奋地说："是落叶在跳舞。"满地的落叶使小朋友的想象得到了无限的延伸，在小朋友的手里，它们变成了各种各样的东西，有着各种各样的玩法。

雪天，我们提供了一本《亲爱的雪人》图画书，并投放了小雪人图片和操作材料，引导幼儿给小雪人写信。在操作中可以加深幼儿对故事的理解，提高幼儿的读写能力。

2. 结合兴趣

春节过后，幼师和幼儿一起讨论生肖，发现幼儿对龙非常感兴趣。于是，我们在小书架上投放了一些关于图腾"龙"的图书，将其作为"好书推荐"，并投放积木等操作材料，让幼儿在读写区域中可以看一看、玩一玩，再用积木搭一搭，以兴趣激发幼儿的阅读、交流、动手的兴趣。

3. 结合经验

幼儿个体存在差异性，有的幼儿乐于表达，而有的幼儿害怕表现自己。针对这种情况，我们提供了不同的方式，根据每个幼儿的具体成长经历，支持和鼓励有不同需求的幼儿大胆独立地进行表达。如将幼儿熟悉的故事角色放置在室内外的各个区角中；让幼儿给毛绒玩具讲故事；用录音机将幼儿讲的过程录下来，请他们带回家给爸爸妈妈听等。

四、结语

综上所述，一个好的读写区离不开环境和材料的支持，也离不开成人的引导和陪伴，小班读写区应该"一融、二拓、三结合"，融入游戏情境，拓宽区域环境，拓展阅读形式，结合生活、兴趣、经验，提供丰富的材料，创设适宜的情境，努力营造自由、宽松、舒适的读写区环境，带给幼儿不一样的阅读体验。这种集听、说、读、写于一体的情境式读写区，让小班幼儿能够自在地倾听、阅读、交流与表演，以生活支持阅读，以阅读丰富生活。

参考文献：

[1] [美] 朱莉·布拉德 . 0—8岁儿童学习环境创设 [M]. 陈妃燕，彭楚芸，译 . 南京：南京师范大学出版社，2014.

[2] 张次桃 . 浅谈学前教育阶段幼儿早期阅读能力的培养 [J]. 当代家庭教育，2023（09）：57-59.

[3] 林业 . 关于学前教育阶段幼儿早期阅读能力的培养分析 [J]. 现代职业教育，2021（12）：116-117.

以传统节日为载体的小学语文跨学科主题学习实践 *

◎曹　海

摘　　要 作为中华文化重要表现形式的传统节日具有显著的民族特色和丰富的育人价值。小学生对于传统节日的认识有简单化的倾向，本文以端午节为例，从跨学科主题学习的主题、任务两方面阐述跨学科主题学习"学什么"，从多学科知识联结、多学科教师联动、多学科实践联合三个方面探索跨学科主题学习"怎么学"，从评价的内容、评价的时机、评价的方式探索跨学科主题学习"如何评"，引导学生在真实的任务情境中提升语言文字运用能力，形成正确的价值观和审美情趣，进一步增强民族自豪感和自信心，切实提升学生语文核心素养。

关 键 词 小学语文；跨学科主题学习；传统节日

作者简介 曹海，江苏省常州市戚墅堰东方小学教育集团总校长，中小学高级教师。

中华民族五千多年的文化灿烂辉煌，作为重要形式之一的传统节日更是立德树人的重要途径。遗憾的是，小学生对于传统节日的认识有简单化、肤浅化的倾向，只知美食、旅游、小长假，而不知其背后的文化意义，教师也很少探究传统节日的育人功能。《义务教育课程方案（2022 年版）》提出跨学科主题学习这一概念，得到广泛认可，跨学科主题学习也是核心素养导向的中小学课程实施的必然要求。《义务教育课程方案（2022 年版）》还提出"各门课程用不少于 10% 的课时设计跨学科主题学习"的明确要求。本文结合义务教育教科书语文一年级下册的课文《端午粽》，尝试在一年级开展语文学科的跨学科主题学习。

一、"学什么"——开发跨学科主题学习的内容

核心素养直接反映了一门课程独有的育人价值，以核心素养为导向的课程改革必然要引起学习方式的变革，无论哪一种学习方式，都要首先考虑"学什么"的问题。

（一）跨学科主题学习的主题

"学什么"就是学习内容，对于跨学科主题学习来说，首先需要确定跨学科主题学习的主题，以统摄跨学科主题学习的整个过程。跨学科主题学习的主题覆盖面较广，我们也称之为大主题。大主题之下一般还有若干个并列式或进阶式的小主题，可称之为二级主题。《义务教育语文课程标准（2022 年版）》（以下简称"语文新课标"）明确提出"文化自信"这一核心素养的内涵，要求学生认同中华文化，对中华文化的生命力有坚定信心。基于《端午粽》这篇课文以及一年级的学情，我们将这次跨学科主题学习的大主题定为"'粽'情端午，'艾'你一夏"。整个主题意思明确，清晰地表达了此次活动的情感培养目标，就是激发

---

* 本文是 2022 年江苏省中小学课程基地"基于融合视野的食育课程基地的实践研究"暨常州市 2023 年前瞻性项目"小学跨学科主题学习校本实践"的阶段成果。

学生对端午文化的兴趣，在主动探究的活动中持续增强对端午文化的热爱之情。大主题之下分设"端午文化我知道""端午习俗我探究""端午成长我来秀"三个二级主题，分别指向对端午文化的了解和感悟、对端午习俗的探索以及对学习活动成果的呈现。围绕如上主题设计跨学科主题学习活动，有助于学生在真实的情境中培养爱国主义情感，增强民族文化自信，提升语言文字运用能力。

（二）跨学科主题学习的任务

语文新课标强调在真实情境下解决真实的问题。以"'粽'情端午，'艾'你一夏"为主题的端午节跨学科主题学习活动本身就是一个真实、可感知的学习情境。二级主题下的学习任务也具有真实性、可实施性。具体来说，主题一"端午文化我知道"，通过"设计人物卡片""端午诗歌吟诵""端午民俗介绍"三个任务帮助学生学习有关端午的知识和文化，探索端午的起源，了解有关端午的历史、文学、民俗，并交流自己的学习感受，引导学生认识端午节承载的中华传统文化，激发他们对中华优秀文化的兴趣。主题二"端午习俗我探究"的任务包括学习包粽子、插艾草和制作香囊，引导学生动手动脑，将知识应用于实践。同时，要求学生以多种形式记录和分享学习过程和感想，如手抄报、思维导图等形式，以提升语文表达能力。主题三"端午成长我来秀"，主要引导学生反思前两个主题的学习过程，运用讲故事、演节目、送祝福的方式呈现自己在语文跨学科主题学习中的收获，旨在进一步激发对传统文化的热爱，进一步提升语文核心素养。总体来说，一个大主题、三个二级主题、九个学习任务自成逻辑，浑然一体。

二、"怎么学"——探索跨学科主题学习的学习策略

语文新课标要求在跨学科学习过程中引导学生"围绕学科学习、社会生活中有意义的话题，开展阅读、梳理、探究、交流等活动，在综合运用多学科知识发现问题、分析问题、解决问题的过程中，提高语言文字运用能力"。实施的过程和策略是跨学科主题学习的重点环节，笔者从实践中总结的主要策略有多学科知识联结、多学科教师联动、多学科实践联合。

（一）多学科知识联结

崔允漷教授认为：从学理建模上看，新课程中的跨学科主题学习表征为"A 跨 B 型"与"A 跨 B+ 型"两种类型。这里的 A 学科即主学科，本文中指小学语文学科，B 学科指除了主学科之外的辅学科，本文中指小学语文之外的其他学科，如数学、音乐、劳动与技术等。跨学科主题学习的基本策略之一就是以主学科知识领衔多学科知识的横向联结。

以端午节为载体的小学语文跨学科主题学习，在不同阶段的学习任务中联合了除语文之外的多种学科。比如，吟唱端午歌曲，需要运用音乐学科的知识；学习包粽子，需要用到劳动与技术学科知识来选择粽叶、浸泡糯米，需要用到数学知识计算所需粽叶的片数和糯米的重量。跨学科主题学习活动中调查端午民俗的形式比较多样，需要学生做好充足的准备工作，综合实践学科的知识和技能，确定调查形式，学习调查方法。而在制作香囊的过程中，学生了解到香囊利用各种草药的气味、性能，在炎热多虫的时节里，实现驱虫、提神、醒脑的目的。这一过程则涉及科学学科和疾控预防专业的知识。

跨学科主题学习强调运用两个或两个以上学科的知识、观念与方法去考察、探讨一个中心主题、议题或问题，可为学生创设在"做中学"的机会，让学生以综合和关联的方式在真实的情境中展开实践，以提高问题解决能力。音乐、数学、劳动与技术等学科知识的介入，是为了保证学生在真实民风民俗体验中有一个完整的策划、组

织、解决问题的过程，从而保证活动育人价值的最大化、多元化，提升学生的综合素养。

（二）多学科教师联动

核心素养让学科有了独特的存在价值，但是核心素养与学科课程不是简单地一一对应的关系，其本身也是跨学科的。因此，多个关联学科教师的联动是保障跨学科主题学习顺利实施的又一个策略。"'粽'情端午，'艾'你一夏"语文跨学科主题学习活动的实施离不开多个相关学科教师所建立的有效的联动机制。

有效的多学科教师联动机制包括顶层策划机制、集体教研机制、多学科教师课堂协作机制。以集体教研为例，基于活动的目的，语文教师与其他学科的教师就如何展开教学开展研讨，让不同学科知识有机联结起来，让不同学科教师彼此互动起来。而在多学科教师课堂协作机制中，多学科教师在学习活动中采用不同的指导方式，展开合作教学。比如，以时间划分，指导方式可分为课前指导、课中指导、课后指导，在开展包粽子的学习活动之前，数学老师可以开展关于粽叶、糯米数量计算的教学，美术老师可以在跨学科学习活动的课堂中，指导学生完成人物卡片制作的学习任务，音乐老师可以针对语文老师的需求，在课后进行韵律、舞蹈知识的指导，帮助学生通过演节目的方式，呈现学习结果。

多学科教师的有机互动、彼此关联是跨学科主题学习得以顺利实施的基本保障。

（三）多学科实践联合

跨学科主题学习本质上是一种融综合性与探究性于一体的深度学习方式。在开展主学科的实践活动的同时，不可避免地要融合辅学科的知识经验与学科技能，调用自身已有的知识经验，在大主题统领下开展综合性的深度学习。但是，在学科课程中，跨学科主题学习所强化的是以跨学科学习的方式推进学科特有的育人价值的实现，而不是专业特色的消解。这就提醒我们，语文学

科在开展跨学科主题学习过程中，始终要坚守培养学生的语文核心素养，即文化自信、语言运用、思维能力、审美创造。比如，从学科属性来看，包粽子、插艾草、做香囊、送祝福这四个任务应该与劳动与技术、综合实践、道德与法治等学科直接相关，但是在学习活动的开展过程中，无论多少辅学科参与其中，都不能影响语文学科的教学。在融合其他学科教学，指导学生完成上述任务的同时，也需要激发他们对中华民族传统文化的热爱，锻炼他们的语言表达能力，如要求学生"能科学、准确地说出包粽子的过程"。

多学科实践的联合最终是为达成主学科学习任务服务的，其归宿必然是指向学生核心素养的提升，最终还是为了达成主学科的课程目标。

三、"学得怎么样"——开发跨学科主体学习的评价

评价本身是非常重要的教育活动，不是简单地区分好坏优劣，而是为了调整和优化学习进程，促进后续学习活动更好地进行。对于跨学科主题学习，我们尤其要关注评价，并且至少需要回答好"评什么""何时评"以及"怎么评"这三个关键问题。

（一）评价的内容

"评什么"，指评价的内容。核心素养是课程在学科里的具体体现，学习目标既是跨学科主题学习的灵魂，更是后续学习评价的依据。因此，评价首先要关注主学科的目标达成。在"'粽'情端午，'艾'你一夏"这一跨语文学科主题学习活动中，最重要的就是衡量语文学科目标的达成情况。以"讲端午故事"为例，师生的评价应围绕故事的"主题是否准确、要素是否完整、情节是否生动"展开。对于"制作人物卡片"来说，评价主要考量卡片上介绍屈原的内容是否正确、全面、简洁，然后再考虑图片布局、颜色搭配等因素。又如，在插艾草的过程中，评价的重点应是

学生是否能按照一定的角度向他人介绍艾草的外形，而不是插艾草的位置好不好。

（二）评价的时机

"何时评"，指评价的时机。评价本身也是一种重要的教育性活动，或者说是学习活动不可或缺的一个环节，它旨在更好地保障学习活动的节奏和效率。《义务教育课程方案（2022年版）》在第五部分"课程实施"的"改进教育评价"中明确指出"加强对话交流，增强评价双方自我总结、反思、改进的意识和能力，倡导协商式评价"。协商的本质就是师生、生生之间的平等对话和互动交流。为此，我们一贯主张引导学生在学习过程中进行即时的、平等的、对话式的评价。讲述端午民俗时，学生讲述完毕，就可以围绕评价标准开展即时交流、平等对话，可以先由伙伴围绕标准发表评价意见，或者由学习小组进行点评，然后发言同学对评价进行回应，最后师生一起总结提升，帮助学生形成正确的知识架构。笔者一贯主张，教育教学的评价应该趁热打铁，这就需要教师在教育教学活动中开展即时性的评价。以讲端午故事为例，故事讲完，评价立即开始，围绕故事内容是否完整、过程是否连贯、语气是否贴切等方面展开。评价的过程也是一个深度学习的过程：一方面有助于将优秀的资源变成全班的资源；另一方面有助于培养学生思维的敏捷性、灵活性、深刻性、批判性等特点。

（三）评价的方式

《义务教育课程方案（2022年版）》在第五部分"课程实施"中特别提出："创新评价方式方法。注重对学习过程的观察、记录与分析……注重动手操作、作品展示、口头报告等多种方式的综合运用，关注典型行为表现，推进表现性评价。""'粽'情端午，'艾'你一夏"这一跨语文

学科主题学习的学习任务有明确的内容要求与清晰的任务描述，为学习过程中开展表现性评价奠定了良好的基础。比如，为了解学生对屈原这一历史人物是否有足够的认识，笔者创新评价方式，用评价学生制作的人物卡片的形式，来判断他们是否能够说出屈原的生平、成就、投江始末，是否能感受屈原的爱国主义情怀，是否能表达对屈原的崇敬和缅怀。

四、结语

跨学科主题学习坚持素养导向、体现育人为本，是新一轮课程改革的亮点，也是培育学生核心素养的重要途径，但同时也是一个新鲜的事物，没有现成的经验可以照搬照抄。本文以端午节为载体的"'粽'情端午，'艾'你一夏"小学语文跨学科主题学习是一次大胆的尝试，希望其实践成果能为之后的跨学科主题教学提供借鉴。本文中的活动设计难免有疏漏之处，我们将针对这些问题在下一步进行优化、改进与完善。

参考文献：

[1] 崔允漷，郭洪瑞.跨学科主题学习：课程话语自主建构的一种尝试[J].教育研究，2023，44（10）：44-53.

[2] 崔允漷，郭华，吕立杰，等.义务教育课程改革的目标、标准与实践向度（笔谈）——《义务教育课程方案和课程标准（2022年版）》解读[J].现代教育管理，2022（09）：6-19.

[3] 曹海.小学语文作文评改存在的问题及对策研究[J].语文建设，2022（10）：73-74.

[4] 中华人民共和国教育部.义务教育语文课程标准（2022年版）[S].北京：北京师范大学出版社，2022.

基于核心素养的小学语文阅读教学策略

——以班本特色阅读课程为例

◎蒋 源

摘 要 随着当前课程改革的深入发展，小学"班本课程"受到了越来越多的关注。如何在小学低年级语文课堂阅读教学中，从语文核心素养出发，进一步探索小学语文阅读教学的方法，从而改进小学语文阅读课堂的教学，成为语文教育者关心的议题。本研究以班级为载体，开设班本特色阅读课程，打造"四读教学"，探究基于核心素养的小学语文阅读教学策略，使孩子们在阅读中感受阅读带来的快乐，从而提升语文核心素养。

关 键 词 班本课程；语文核心素养；小学语文；教学策略

作者简介 蒋源，江苏省泰兴市襟江小学教育集团济川校区，二级教师。

班本课程是以班级为单位，师生双方共同开发的富有班级特色的课程。随着当前课程改革的深入发展，小学的"班本课程"受到了越来越多的关注。它以班级为本，紧紧围绕新型课程模式展开，传授给学生传统课程之外的一些知识技能。在小学语文阅读教学中，大多数教师对语文核心素养的内涵定义不明确，把握不精准，尤其是低年级教师缺乏对学生语文核心素养的培养意识和教学策略，因而很难基于语文核心素养来进行小学语文阅读教学。一线教师应顺应时代的发展，在阅读教学中通过传授一定的方法，提出科学的阅读策略，为学生搭建平台，培养学生独立思考的能力，发展学生智力，使其获得审美体验，提高学生对经典故事的认知与理解，培养学生的创新能力及人际交往能力。为此，笔者紧抓"语文素养"的牛鼻子，尝试在班级建构班本特色阅读课程，打造"四读教学"，即"悦读""创读""想象读""立体读"，努力为班级的每个学生提供最适宜的课程，促进学生个性化成长，更深层次地在班级开展阅读教学。

一、"悦读"，营造阅读氛围

（一）争星活动，激发阅读兴趣

开学伊始，笔者在班级环境布置上凸显阅读特色，针对低年级学生的特点，打造了"我们都是'小星星'特色专栏"，鼓励学生多读书，广读书。每当学生读完一本书，就可以向老师发起挑战，如果挑战成功，就可以自己动手制作一颗小星星，将它粘贴到"星星墙"上。阅读是学生的个性化行为，培养阅读兴趣对于低年级学生尤为重要。而争星活动的开展，在激发了学生的阅读兴趣的同时，还锻炼了学生的动手能力。

（二）创立小报，展示阅读成果

为了让学生爱上阅读，展示班级阅读硕果，笔者联合家长开发了班级小报——《萌芽》。榜样的力量是无穷的，每期的班级小报都会刊登"写作之星"的优秀作品。小报还特地开辟了"好书推荐"板块，旨在让学生向身边的同学介绍自己看过的好书，交流自己在读书中的收获。同时，建立"班级读书角"，学生根据自己的喜好设计、装饰读书角，并将自己推荐的好书带到学校，共同组成"临时班级图书库"。由此，整个班级形成良好的读书风气，学生从书籍中汲取了丰富的知识，"德育""劳育"在"广读"中得到了培养，学生真正感受到阅读的乐趣。

二、"创读"，创新阅读方式

（一）读演结合

在阅读教学中，朗读是一种最为常见的阅读方式，是激发学生阅读兴趣、培养语感的重要手段。学生在一遍遍地朗读的过程中理解了文章的大意，感悟了人物的形象，同时潜移默化地受到情感的熏陶。低年级的学生在理解能力和表达能力上有一定限制，根据低年级学生的特点和实际情况，笔者制订了具有本班特色的班本阅读课程，如"你来说，我来做"：读2—3本故事书，通过对故事情节的讲解、表演、录制等形式，训练学生大胆上台、敢于表现，提高学生的语言组织能力、表达能力和表现能力。

比如，《一园青菜成了精》是一年级学生刚入学读的第一本绘本故事。这则故事，语言生动活泼，情节精彩，由于是童谣，学生读起来朗朗上口。笔者成立了"班级小剧场"，以绘本内容为基础编写剧本，由学生饰演绘本中的角色。在这个过程中，学生既是绘本的阅读者，也是戏剧的策划人。通过在表演过程中的讨论和练习，学生提高了阅读能力，磨炼了意志，更通过故事内容、人物的性格，树立了正确的人生观、价值观。

（二）多媒介阅读

根据新课标，我们应关注学生通过多种媒介的阅读，鼓励学生自主选择优秀的阅读材料，加强对学生课外阅读的指导，开展各种课外阅读活动，为学生创造展示与交流的机会，营造人人爱读书的氛围。课后，笔者充分发挥多媒体的作用，如音视频平台、校园广播站等，发布学生的优秀作品，树立学生的自信心。

此外，由于一年级的学生年龄小，识字量不大，刚刚学会拼音，阅读难度较大，我校开辟了阅读公众号，陆续推出《小猪唏哩呼噜》等系列图书播客，每天一个故事，让学生边听边看，边看边读，边读边思。学生听着广播里的故事，沉浸在奇妙的童话王国中，感受着阅读带来的快乐。

（三）设计分层阅读作业

为了让学生更好地阅读，笔者为班级学生设计了《笨狼的故事——伴读手册》，手册里面内容丰富，除了有故事简介、精美插图，还针对每期故事提出问题，以检查学生的读书效果。根据书中篇目，《笨狼的故事——伴读手册》在每一篇目下设置三大闯关题：一听故事；二读故事；三想一想、填一填、说一说、画一画、连一连。每一个闯关项都有对应的自评分，创新的、有趣的分层阅读作业，让每个学生都获得了阅读成功的体验，更深层次地领会故事的内涵。

（四）课外延伸阅读

人民教育家陶行知提出，教育和生活是同一过程，教育蕴含于生活之中，教育必须和生活结合才能发生作用，他主张把教育与生活完全熔于一炉。语文是一门综合性很强的课程。《义务教育语文课程标准（2022年版）》指出"义务教育语文课程培养的核心素养，是学生在积极的语文实践活动中积累、建构并在真实的语言运用情境中表现出来的，是文化自信和语言运用、思维能力、审美创造的综合体现"。小学阅读教学更不例外，由课内至课外，由一篇至多篇，笔者把课内阅读和课外阅读有机地衔接，找出两者间相对应的语文元素作为课内阅读向课外阅读延伸的联系点。

为了培养学生多方面的语文能力，笔者基于学生的语文核心素养，全面开展各种形式的课外阅读活动，不仅在班级开展了"大手拉小手"读书活动，还定期在班级开展"班级书香家庭评选"，激励更多的父母和孩子一起读书，并印发

《读书倡议书》，分发给班级的每一位家长，鼓励"亲子共读一本书"。同时笔者建立了读书联系卡，让家长记录下自己每天和孩子共读的收获及感悟，既增进了亲子关系，拉近了父母和孩子的距离，又营造出浓厚的家庭阅读氛围。

（五）开展红色主题活动

《义务教育语文课程标准（2022年版）》着重强调了核心素养的内涵，第一个核心概念就是文化自信，学生"通过语文学习，热爱国家通用语言文字，热爱中华文化，继承和弘扬中华优秀传统文化、革命文化、社会主义先进文化……具有比较开阔的文化视野和一定的文化底蕴"。笔者鼓励学生阅读经典国学，阅读红色书籍，阅读时代先锋人物，感受中华文化的博大精深，感悟作品的独特价值，建立属于自己的"中华自信"。

以寻迹"家乡红色信念"主题为例，班本课程设计聚焦黄桥革命老区以及杨根思烈士纪念馆，引导学生进行"红色主题"的阅读体验活动，让学生在感悟语言文字的同时，初步感受中华传统文化的重要价值，懂得幸福生活是革命先烈浴血奋战而来的，从而激发对英雄先烈的崇敬之情。在阅读过程中，学生不仅被激发出浓浓的爱国情怀，还采用了思维导图、绘画、手工等多种表达形式，完成了班级综合阅读展示活动。学生在班级开辟了"家乡红色信念"活动专区，以"小型展览馆"的形式展示了他们在课程中的收获。为了成功开展活动，学生做了大量的准备工作，例如，为展览馆取名字，制作展览馆邀请卡，准备好展览馆的解说词。活动正式展示时，学生分工合作进行展览和解说活动。整个活动过程中，在老师的引领和支持下，学生自主获得了与课程主题相关的阅读体验，更为重要的是，展示了他们在班本阅读活动中所获得的综合能力。

三、"想象读"，启迪阅读智慧

故事的魅力来自它引人入胜的曲折性和情节

性，一篇好的文学作品必定会给人留下无限的想象空间。在阅读教学过程中，笔者抓住故事的转折处，设置悬疑，鼓励学生大胆地进行想象。低年级学生识字量不太多，阅读面不像中高年级的学生那么广，因此教师应当充分利用课文作为阅读和积累的依托，找准读写训练点，巧设情境，引导学生把话说完整，把话说生动。我们不能满足于简单的造句或仿写，更应该让学生展开想象，进行想象型练笔，加深对课文的感悟和理解。

以《坐井观天》为例，通过学习课文，学生懂得了眼界狭小，见识就会有限的道理。为了培养学生的语言文字组织能力、想象能力，笔者借机提问：青蛙跳出井口后，它会看到什么？又会对小鸟说些什么？这个话题引起了学生热烈的讨论，给学生创造了想象的空间。学生将想法写进了作业中，不仅巩固了学生对原有故事的认识，还锻炼了学生的逻辑发散思维，既符合低年级学生的认知能力，同时潜移默化地培养了学生的语言表达能力。

四、"立体阅读"，学科整合渗透

《义务教育语文课程标准（2022年版）》突出了课程内容的时代性和典范性，加强了课程内容整合，体现了学习资源的新变化，注重课程内容与生活、与其他学科的联系，促进知识与能力、过程与方法、情感态度与价值观的整体发展。培养核心素养是一个完整的体系化的工作，加强学科之间的整合渗透是学生提高语文核心素养的有效途径之一。

（一）注重科学实践，有效链接生活

科学实践与阅读教学相结合，让阅读教学走进生活。丰富新奇的科学小知识、记录科学家的小传记或绘本，既具体描述了科学小实验及其背后蕴藏着的科学原理，又介绍了科学家严谨的科学态度、面对失败时永不服输的毅力。笔者在班级开展了"科学大揭秘"班本主题阅读活动，鼓

励学生自主选择科学探究主题，小组合作，用文字、表格记录下科学实验的过程，以发现和丰富科学知识，激发他们学科学、爱科学的兴趣，并提高文字表达能力，从而提升科学素养、语文素养。

（二）融入音乐表达，提高审美品位

审美创造指涵养高雅情趣，具备健康的审美意识和正确的审美观念。音乐作品是音乐家们通过音乐的语言表达自己对生活、生命、自然的感悟，在阅读教学中加入音乐的语言要素，能提高学生的审美能力，也能很好地增进学生的阅读体验。

低年级学生对歌曲的接受度和体验感高于中高年级学生。为此，笔者开展丰富的古诗词朗诵活动和"古诗文"班本化阅读课程，在学生阅读唐诗宋词时，融入古典音乐，加入"手势舞"，让学生在感受文字美的同时感受音律美，引导学生进行体验式学习。创造性、体验式的阅读让学生多角度地进行学习，推动了文化传承，提高了学生审美品位。

（三）引进绘画手法，直观帮助理解

小学生，尤其是低年级的学生对直观具体的画面更易理解接受。因此，结合阅读文本，教会学生绘画手法，能有效帮助学生直观理解故事内容，让原本抽象的文本语言转化为生动的形象，丰富了学生头脑中的表象元素。

比如，笔者开展"我来说说祖国的大好河山"班本化阅读展示活动，引导学生描述自己见过的山河美景，读读有关它们的历史，用简笔画勾勒出回忆里的或是书本里的风景名胜，辅以解读，之后，学生用自己的语言说说画中描述的景象，

充分唤醒学生已有的生活经验，带着这样的感受走进文本，学生身临其境地感受祖国山河的魅力，阅读互动的欲望就增强了。这样的活动既丰富了学生脑海中的表象经验，又让学生的语言能力、绘画能力、运用文字的能力都得到了提升。

五、结语

班本特色阅读课程是班级独立开发的课程，一个班级就是一个浩瀚的宝库，它与校本课程遥相呼应，是校本课程的一部分，却又不完全等同于校本课程。相较于校本课程，班本课程更关注每个学生的发展。它是一门综合性课程，在课程改革的大背景下，不仅涉及学生阅读能力的培养，还涉及学生发展的方方面面。情感、态度、价值观始终是班本阅读课程最终的落脚点，也正基于此，学生的语文素养才真正得到提升。在今后的阅读教学中，笔者将继续立足于班本课程资源的开发与利用，以立德树人为根本任务，以核心素养为导向，教会学生有效的阅读方法，从而养成良好的阅读习惯。

参考文献：

[1] 吴志玉. 小学低年级绘本阅读的有效策略 [J]. 福建教育，2022（44）：52-53.

[2] 雷新鹏. 小学班本课程对学生的教育意义及设计策略 [J]. 文化创新比较研究，2017，1（32）：57-58.

[3] 邵琳琳. 小学语文阅读教学有效性策略研究 [J]. 中国文艺家，2020（08）：119-120.

[4] 章珊珊. 提高小学语文阅读教学有效性策略的研究 [D]. 南昌：江西师范大学，2015.

小学数学单元作业设计策略探究

◎章跃亮

摘　　要 随着新课标的颁布与"双减"政策的深入实施，教育观念得以与时俱进。在此背景下，教育领域正积极推行基于核心素养的深度融合教学模式，旨在通过单元专业设计，实现"提质增效"与"减轻学生学业负担"的双重目标，并着力提升课堂的思维含量。因此，小学数学教师应该积极响应国家号召，聚焦"双减"，提质增效。本文以小学数学单元作业设计为出发点，提出了一些小学数学单元作业设计的策略，希望可以给相关的教师提供借鉴。

关 键 词 "双减"；提质增效；小学数学；单元作业设计

作者简介 章跃亮，江苏省连云港市板桥中心小学教师。

单元作业是对整个单元内容的梳理和总结，也是课堂作业的整体体现，立足整体理念和思维。同时，单元作业立足微课程的教学发展观。单元作业设计把握"大"，从"大处"着眼，挑起受力点。此外，单元作业的设计要深挖单元的概念，寻找任务驱动力，涵盖一个单元的全部重点知识。因此，在"双减"背景下，教师要加强对小学数学单元作业设计的研究，保障作业设计的科学性和合理性。

一、"双减"背景下小学数学单元作业设计的重点

（一）提高作业内容的趣味性

提到小学数学作业，很多学生会将其与复杂的公式、繁多的计算题以及一系列的应用题联系起来，久而久之，学生对作业的兴趣也会明显地降低。而在素质教育下，学生不能成为教学下的刷题工具，而是要更加积极主动地学习。

单元作业作为小学数学作业的主要形式，发挥着"教学—作业—评价"的导向作用，教师通过给学生进行单元作业设计，在单元作业中增加游戏和闯关的环节，可以激发学生的学习兴趣，

也可以让学生在不同的作业形式中掌握知识，符合"双减"政策的基本要求。

（二）提高作业内容的精练度

在小学数学学习阶段，为了帮助学生巩固知识，教师会在每节课后给学生布置小结作业，进行针对性训练。而单元作业是小结作业的重要补充，能够弥补小结作业的不足，对整个单元的重点知识点进行提炼和升华。

对单元作业进行分析，可以发现，单元作业涵盖了一个单元的重点知识，并且不同作业的知识之间具有紧密的联系性和高度的整合性，大大提高了作业内容的精练度。教师要设计高效、高品质的作业近阶段示意图，重构学生作业观。

（三）提高学生的探究能力

探究能力是学生必须具备的数学能力之一，也是小学数学学科的核心素养，在"双减"政策下，教师必须重视培养学生的探究能力。单元作业设计中，教师会给学生布置大量的探究性作业，着眼于作业的层次性，巧构作业内容。作业可以以组合的形式呈现，也可以以单个题型的形式呈现。

在完成单元作业时，学生被探究性作业所吸

引，通过多种方式加强对探究性作业的研究，在这个过程中学生会感受到探究的快乐，也会在探究中促进问题的解决，学生的探究能力也会得到进一步训练和发展。

二、"双减"背景下小学数学单元作业设计原则

（一）适度性原则

小学数学在单元作业设计中应该遵循适度性原则。落实到具体的作业设计环节，教师要加强对学生身心规律的了解，同时掌握不同学生身心方面存在的差异，尽可能给学生设计适度的单元作业，确保学生可以在能接受的范围内高质量完成作业，充分发挥单元作业的作用，加强学生知识的巩固。

（二）整体性原则

为了帮助学生加深对知识的理解，教材会将每一个单元的知识点进行细化，安排到每一个小节，而单元则是对每一个小节知识的提炼和升华。在单元作业设计上，教师也应该遵循整体性原则，立足单元整体教学目标，同时结合学科教学目标，保障单元作业可以覆盖每个部分内容。

（三）多样化原则

小学数学单元作业设计中，教师要紧跟时代发展趋势，尽可能满足不同学生对作业的需求，遵循多样化原则，给学生设计多样化的作业内容，让学生在完成不同类型的作业中掌握知识，锻炼解决问题的能力。

（四）针对性原则

每个学生都是一个独特的个体。在单元作业设计中，教师应该遵循针对性原则，引导学生构建单元作业的思维导图，梳理知识结构，把握单元知识的内在联系，形成知识链和知识树，这有利于强化学生的核心素养。教师要加强对不同学生的分析，给学生设计具有针对性的作业，做好单元作业的分层，让单元作业可以服务于每一个

学生。

三、"双减"背景下小学数学单元作业设计策略

（一）明确主题，整合内容

小学数学教师在单元作业设计中要立足教材内容，确定单元主题，加强单元内容的整合，保障单元作业设计的科学性。同时，在单元内容有效整合下，提炼出"单元的目标—基础夯实—综合提升—核心问题的架构—学习诊断—专题知识结构"的作业知识链。

以苏教版数学教材三年级上册为例，本册第三单元"长方形和正方形"与第六单元"平移、旋转和轴对称"在内容上存在一定的相似性，并且都属于几何部分的知识，为此，教师可以将两个单元的知识进行整合，确定单元主题。在本次单元作业设计中，教师将"几何图形的周长与运动"作为本单元主题，同时给学生设计了单元作业。首先，教师要求学生整理生活中关于正方形和长方形的物品，并且通过不同的方式测量物品的具体尺寸，然后计算其周长，这个作业环节的设计可以让学生巩固正方形和长方形的周长公式，提高学生对知识的应用能力。其次，教师让学生将所收集的正方形和长方形物品进行平移、旋转，画出运动之后的图形。图形的平移、旋转和轴对称是小学阶段的必考内容，教师给学生设计绘制作业，可以让学生在绘制图形中了解图形平移、旋转和轴对称的相关知识。

（二）设计实践性作业

单元作业设计要把握层层递减的原则，不仅仅依照"预习作业—学习过程—反思作业—评价作业—总结作业"的架构进行设计，还要从片面的机械练习过渡到学生高层次核心素养的训练。

以苏教版数学教材五年级下册第二单元"折线统计图"为例，本单元的主要教学目标是让学生可以掌握折线统计图的特点，能够根据已知折

线统计图回答相关问题，并且可以设计制作折线统计图。在明确教学目标后，教师可以给学生设计实践性作业。有两类单元实践性作业可供参考，第一类是让学生对自己喜欢的明星的微博点赞量等相关数据进行统计；第二类是让学生对小学阶段玩某个竞技手游的学生人数进行统计。在第一类作业中，学生通过对自己的偶像的微博点赞量进行调查，制作偶像微博近15天点赞量的折线统计图。通过折线统计图，学生清醒地意识到追星要冷静适度。也有部分学生选择了第二类实践作业，考虑到统计的难度，为顺利地完成作业，学生以小组的形式展开合作学习。在小组合作中，有的学生负责调查，有的学生负责对数据进行整理和统计，有的学生负责绘制折线统计图，还有的学生负责总结折线统计图的信息和内容。通过学生的共同合作，一幅详细的折线统计图呈现在学生面前。

（三）设计生活类作业

数学知识与生活联系十分紧密，教师在给学生设计单元作业时可以从学生的生活实际出发，设计生活类作业，让学生可以在解决生活问题中加深对知识的理解。

以苏教版数学教材三年级下册第五单元"年、月、日"为例，本单元主要的教学目标是让学生能够掌握与年、月、日相关的知识，能够判断平年和闰年，了解大月和小月等。从本单元的内容可以看出，本单元知识与生活联系十分紧密。因此，在单元作业设计中，教师可以结合生活实际，给学生设计生活类单元作业，保障作业内容的有效性。教师可以组织学生设计一份年份日历表。日历表对于学生来说并不陌生，日历表可以给人们的日常生活以指导，也可以帮助人们更好地做出规划，因此，教师要加强对当前教学内容的分析，和学生一起制作年份日历表。一年一定是365天吗？年、月、日是怎样形成的呢？2月为什么有时有28天，有时有29天？大月和小月又是怎么

来的呢？学生在本单元内容中都可以找到答案，之后，学生也可以利用所学知识自己动手制作一张日历表。

（四）强化作业设计反思

反思是教师不断成长和发展的过程，单元作业能够帮助学生更好地巩固知识，也可以提高小学数学教学水平，因此，我国小学数学教师一直十分重视单元作业设计。但是，在实际的单元作业设计中还存在很多问题，如教师在单元作业设计方面缺乏一定的系统性和整体性，单元作业内容之间缺乏联系性等，这都会降低单元作业设计的科学性。为此，教师在给学生设计单元作业时要强化反思，不断总结单元作业设计问题，并对问题提出切实可行的解决方案，提高单元作业设计水平。

首先，小学数学教师可以写反思日记，对每一次的单元作业设计内容进行分析和记录，从中寻找不足，在记录的过程中教师可以总结提升，提高单元作业设计水平。其次，小学数学教师可以加强合作与交流。不同的教师在单元作业设计方面会遇到不同的问题，也会有自己成功的宝贵经验，为此，小学数学教师之间可以加强合作交流，定期分享自己在单元作业设计中存在的问题，并提出自己的想法和看法，在分享的过程中可以丰富自己的视野，对单元作业设计有更加全面的认识。

（五）发挥家庭辅导作用

学生的成长教育不仅是教师的责任，也是每一个家庭、每一位父母的责任，因此，在单元作业设计中，教师可以主动与学生家长进行联系，充分发挥家庭辅导的作用。

以"认位置"一单元为例，生活中关于位置的内容无处不在，尤其是在家庭中，关于位置的话题更多。一般情况下，小学数学课堂教学时间有限，教师在给学生布置单元作业后往往不能够对学生完成作业的情况进行有效的监督和指导，

为此，教师可以加强与家长的合作，共同制订单元作业内容，并且让家长督促学生完成。在这一单元，教师和家长为学生设计的单元作业内容是让学生准确地说出家庭中不同物品的位置。另外，家长和小学数学教师建立了更加密切的联系，家长会借助现代化社交工具，如微信或者QQ等与数学教师联系，及时反馈学生完成单元作业的情况，为小学数学教师提供了更多有价值的参考，也为今后小学数学单元作业设计的发展创造了条件。

（六）设计分层性作业

针对学生在认知等方面存在的差异性，教师可以结合学生的特点设计单元分层性作业，满足不同学生对获得数学知识的需求。

以"小数加法和减法"单元教学为例，该单元侧重对学生的计算能力进行考查，更加强调学生的认真态度。在单元知识学习中存在很多易错知识点，如部分学生没有将小数点进行对位，有的学生在计算中出现错误，还有的学生态度不认真等。总而言之，很多原因导致学生对小数的加法和减法掌握不充分。

基于此，教师可以针对不同的学生设计分层性单元作业内容。针对小数点不对位的学生，教师要深入了解学生计算时小数点不对位产生的原因，造成小数点不对位的主要原因是学生没有理解小数加法和减法的实际内涵，为此，教师可以给学生设计更多关于小数点对位的加法和减法题型，帮助学生巩固知识，树立小数点对齐的思想，降低小数加法和减法的出错率。针对学生态度不认真的问题，教师可以给学生设计惩罚性单元作业内容，在完成单元作业内容时，如果学生因为态度不认真导致计算错误，需要完成教师布置的其他任务，这样能够有效地督促学生在单元作业完成中始终保持认真严谨的态度，提高作业完成的质量。

四、结语

数学作为小学阶段学生的必修科目，是小学教学的重中之重。小学数学教师应该积极响应"双减"政策的内容要求，聚焦"双减"，提质增效，不断优化小学数学单元作业设计，保障单元作业设计的质量，让学生可以在轻松的氛围中完成作业，巩固知识。相信在不久的将来，小学数学单元作业设计将会朝着更加现代化和专业化的方向发展，学生也会转变对作业的看法，提高完成作业的积极性。

参考文献：

［1］曾艺玲.聚焦"双减"，提质增效——小学数学单元作业设计策略探索［C］//成都市陶行知研究会.诗意教育专家指导会论文集.［出版社不详］，2022：241-244.

［2］郝建军.基于核心素养培养的小学数学单元作业设计方法［J］.试题与研究，2021（36）：63-64.

［3］王伟.聚焦"双减"，提质增效——小学数学单元作业设计策略探索［C］//中国管理科学研究院教育科学研究所.2021教育科学网络研讨会论文集（四）.［出版社不详］，2021：257-259.

［4］阮祥燕.小学数学单元作业的设计与实施［J］.基础教育研究，2021（13）：69-70.

［5］陈春芳.小学数学单元作业设计的实践与探索［J］.上海教育，2020（27）：92.

［6］戚海蓉.适度、适时、适宜的小学数学单元作业设计探索［J］.现代教学，2020（S1）：50-51.

［7］李国娟，徐国海.小学数学单元作业设计的思考与实践［J］.小学数学教育，2018（05）：67-69.

小学数学分层作业的实践与思考

◎钱露萍

摘　要　分层作业是针对学生的个性特点、学习基础、学习能力、学习习惯、学习目标、知识水平、兴趣喜好及思维方式,将作业分为不同的难度、层次、内容及类型,让学生自主选择适合自己的作业,以此激发学生的学习动机和思维活力。教师可以从五个方面进行实践与思考:一是基于学生基础潜能,科学划分作业层次;二是尊重学生思维方式,设计趣味化和多样性的作业;三是针对学生的反馈情况,及时调整分层作业的实施;四是策应学生学习需要,给予必要的作业指导;五是及时评估作业数据,实施动态作业管理机制。

关 键 词　分层作业;反馈调整;策略支持;动态管理

作者简介　钱露萍,江苏省泰州市姜堰区实验小学教育集团教师,一级教师。

传统的作业设计往往是一刀切的,不顾学生的切身感受,忽视学生的个性化需求和差异化成长,信度和效度低下。面对这样的作业,"学优生"因作业枯燥单一而失去学习积极性,"学困生"因题量大、作业难而丧失学习热情。实践表明,解决此问题,教师不妨尝试分层教学,设计梯度分明、作业类型多样的分层作业,即教师根据学生的个性特点、学习基础、学习能力、学习习惯、学习目标、知识水平、兴趣喜好及思维方式,将作业分为不同的难度、层次、内容及类型,让学生自主选择适合自己的作业,以此激发学生的学习动机和思维活力。这样可以避免让一些学生感到压力过大或者无聊,也可以培养学生的创造力和思维能力。下面结合小学数学课堂,谈谈对分层作业的实践与思考。

一、作业层次:基于学生基础和潜能,科学划分层次

分层作业应该考虑学生的基础水平和潜能,让每个学生都能找到适合自己的难度和挑战,这样才能实现"人人都能获得良好的数学教育,不同的人在数学上得到不同的发展"的教学目标。这里"不同的人"指的是学习基础和潜能发展有差异的学生。教学中,对具有发展差异性的学生可以分为三个不同的层次,即优等生、良好生、潜能生。优等生主要是指学习基础和习惯好,自主学习能力强,思维活跃,乐于探究分享,善于接受挑战,接受效果好的学生;良好生是指智力水平较高,但缺乏学习自主性,自控力不强,成绩不太稳定的学生;潜能生是指智力相对较弱,学习积极性不高,接受能力不强的学生。这样,不同层次的学生与不同层次的作业彼此对应。现以《义务教育教科书 数学五年级上册》"小数乘法和除法"单元为例,针对学生对小数乘法和除法计算的先验知识和能力,将作业相对合理地分为基础层次、中等层次和拓展层次。

基础层次:主要是针对那些对小数运算还不太熟悉或有困惑的学生(即潜能生),可以让他们熟练掌握小数乘法和除法的计算方法及技能,如积和商的小数点的处理方法及注意点等,让学生能掌握适合于未来生存和发展所需要的基本知识、基本技能、基本思想、基本活动经验。这个

层次的作业能够帮助学生巩固和强化小数乘法和除法的计算方法，提高计算技能和速度，确保正确率。

中等层次：主要是针对那些对小数运算有一定掌握但还不够深入的学生（即良好生），可以让他们理解小数乘法和除法的含义和性质，小数乘除法与整数乘除法的关系；用小数乘法或除法解决一些实际问题，如解答关于面积、速度的问题等，让学生能体会数学知识之间、数学与其他学科之间、数学与日常生活之间的密切联系；在探究现实情景所蕴含的关系中，发现问题并提出问题，利用数学和其他学科的知识与方法剖析和解决问题。这种层次的作业能够帮助学生深化对小数乘法和除法的理解与应用，也可以提高他们的逻辑思维能力和问题解决能力。

拓展层次：主要是针对那些对小数运算已经很熟练并且有兴趣探索更多问题的学生（即优等生），可以适当延展小数乘法和除法运算的应用广度和深度，如小数乘法或除法运算的规律探索等，让学生能对数学产生兴趣和求知欲，认识数学的价值，欣赏数学的美，培养学习数学的积极性，建立学习数学的自信心，形成良好的学习习惯，形成质疑问难、自我反思和勇于探索的科学能力。这个阶段的作业可以帮助学生挑战和突破自己对小数乘法和除法的认知与能力，拓展思维广度，提升思维深度，培养学生的创造力和独立探索精神。

根据学生的实际情况，设置难度各不相同的基础层次、中等层次、拓展层次的数学练习题，使各个数学水平和阶段的学生的计算能力、解决问题的能力和数学思维能力都得到了不同程度的发展及提高。

二、作业类型：尊重学生思维方式，体现趣味化和多样性

分层作业应该包含不同类型和形式的数学

问题，让学生能够运用不同的思维方式和解决策略，以充分体现课程目标中对课程学习内容趣味化和多样性的要求，培养学生使用数学思维思考现实世界的能力与素质。再以"小数乘法和除法"单元为例，教师根据学生的特点、兴趣喜好及思维方式，灵活提供形式丰富、类型多样的作业内容。

一是口述作业，包括听算（口算）、口头复述自己在课堂上学习的内容及感悟等题型。

二是书面作业，包括计算类、推理类等题型。其中，计算类包括一些与计算相关的纯计算题、填空题、选择题或连线题等。这类作业适合那些需要提高计算速度和正确率的学生；推理类则包括融通算理与算法的解释题、规律题、生活情境题（包括数学故事、数学童话等）、计算变式题等。

三是实践作业，包括游戏类、动手实践类、主题项目类等题型。游戏类作业可以组织学生找朋友、你说我猜、创编数学游戏等一些数学益智游戏，在"玩数学"中"学好数学"。动手实践类作业可以让学生根据作业任务要求，通过观察、调查、测量等方法采集数据，并对数据加以分析和研究，从而得出结论。主题项目类作业可以让学生围绕一个研究主题确定研究项目，根据项目特点自由组合成若干小组进行实践探究，完成研究报告。这样的作业既接地气，又贴近学生生活，很有趣味，既培养了学生的协作意识、交往能力和合作精神，又增强了学习的主动性和积极性，切实感受学习的愉悦和成就感。无论游戏类作业、动手实践类作业，还是主题项目类作业，都很适合研究能力、协作精神和竞争意识比较强的孩子。

三、作业实施：针对学生反馈情况，及时调整层次和内容

设计分层作业使学生在学习时可以有自己

选择的权利，可以针对自身情况，选定适合的作业层次、作业类型、作业难度及内容，并适时根据作业完成状况反馈作业设计质量，评价作业效果。在此基础上，教师需要及时调整和优化分层作业，让作业更有针对性和目的性，不断提升分层作业的信度、效度及价值。学生完成相应的作业后，教师应及时指导学生进行自我评价与反思，通过"能正确地计算小数乘法或除法，并自觉验算，发现错误能及时纠正；能联系已有知识主动探索小数乘法、除法的基本计算方法以及具体的运算原理；能灵活地应用小数乘法或除法知识解决一些实际问题，并根据具体情况合理选择答案"等几个方面进行判断。结合评价与反思，学生应在教师的指导和帮助下自主调整作业层次或内容。如果学生觉得这个层次或内容太容易了，可以尝试更高一级或更有挑战性的作业，如选择从基础层次的题目跃升到中等层次的题目，或选择从中等层次的题目跃升到拓展层次的题目。如果学生觉得这个层次或内容太难了，可以换一个更适合自己的作业等，如选择从拓展层次的题目降为中等层次的题目，或者从中等层次的题目降为基础层次的题目。这样能进一步激发学生对数学学习的兴趣和动机，提高学习热情，发展学习潜力。作业结束后，学生及时通过"这次分层作业，对小数乘法和除法有了更深入的理解和掌握，并发现了一些新的问题和规律""这次分层作业，进一步提高了有关小数乘法与除法的计算、推理、应用能力"等几个方面，进行总结性评价。结合过程性评价和终结性评价，学生还要进一步制订学习计划，优化和提升学习目标，让今后的学习和作业选择更有方向。

四、作业指导：策应学生学习需要，给予必要的策略支持

在分层作业实施过程中，学生会遇到各种问题和困难，为策应学生学习需要，我们应给予学

生适当的策略支持、精准的指导，帮助他们解决作业中的问题，克服作业中的困难，表扬他们的努力和进步。这种策略支持，一是来自教师，二是来自学习同伴。教师的策略支持主要是在分层作业的设计、实施和评价过程中，给予学生必要的指导、鼓励和评价。比如，在分层作业开始前，教师应向学生介绍分层作业的目的、意义和方法，让学生明白分层作业的好处和注意事项；在分层作业进行中，教师应根据不同层次和内容的作业，给予学生不同程度和方式的提示、示范与解答，让学生能够顺利完成作业；在分层任务完成后，教师应针对各个学生的完成状况，给予学生及时、具体、公正的评价，让学生知道自己的优点和不足。同伴的策略支持主要是让学生在完成分层作业的过程中，与同伴进行合作、交流和互助。比如，在分层作业开始前，学生应与同伴讨论自己选择的作业层次和内容，听取同伴的意见和建议；在分层作业进行中，学生应与同伴一起完成作业，相互帮助、监督和检查；在分层作业结束后，学生应与同伴分享自己的作业成果，相互评价、赞美和鼓励等。这样的策略可以增强学生的学习效果和满足感，也可以促进学生的合作和交流，体验学习的成功和乐趣。当然来自家长的策略支持的作用也不可小觑，当学生在完成家庭作业的过程中遇到实际问题和困难时，就需要家长主动介入，提供及时和必要的帮助。这种来自教师、学习同伴、家长等各方适时适度的支持、指导和帮助，可以增添学生完成作业的安全感和自信心。

五、作业管理：及时评估作业数据，实施动态管理机制

为了更加充分地调动学生学习的好奇心和潜力，激发学习积极性，维护学生的自尊和自信，确保"学生层次"和"作业层次"的划分更加合理与精当，除了引导和启发学生主动进行

自我评价与反思，适时调整作业的内容和层次外，教师还应根据学生课堂上的学习状态、学习表现及其作业完成情况及时调整"学生层次"和"作业层次"，对两者进行动态评估和管理，让不同阶段、不同层次的学生达到相应的作业目标，真正实现教学是为了全体学生、面向全体学生。为此，学生的学习状态、学业表现及功课完成情况等数据信息就需要教师及时收集、掌握和把控。

关于学习状态，教师须及时观察不同层次学生的面部表情、学习专注力等；关于学习表现，教师须及时观察不同层次的学生是否积极举手发言，是否与同学或老师积极互动，是否主动参与小组讨论交流等；关于功课完成情况，教师须及时观察不同层次的学生完成与否、书写是否工整、正确率的高低等。通过观察获得以上数据后，教师需要分类汇总，科学分析，为调整"学生层次"和"作业层次"提供第一手资料。

最后，不管什么时间段布置什么内容的作业，都需要注重分层设计。从作业完成的时间长短来说，不妨设计有"短时间段"需要完成的分层作业，如预习作业、随堂作业、课后作业、家庭作业；还可设计"长时间段"需要完成的分层作业，如节假日作业。从作业内容来说，可以设计相同的单一领域内的作业，如"数与代数"领域内的分层作业；也可设计不同领域内相融合的作业，如"数与代数""图形与几何""统计与概率""综合与实践"领域彼此融通的分层作业。从作业是否有趣的角度来说，不妨设计三个层次的趣味性作业，即"数学＋故事"的趣味性作业、"数学＋生活"的趣味性作业、"数学＋探究"的趣味性作业。总之，无论从哪个角度思考作业设计，都需要有差异性思维和分层意识，这样才能以学生为本，彰显因人而异、因材施教、因类施策的教学思想，力求所有学生在分层作业的教学管理中得到进步和成长。

在"双减"背景下，实施分层作业，是一种教学管理策略，也是一种教学艺术，体现了教学的创新。在课堂教学中，要以学生为主体，充分发挥教师的主导作用，在作业层次的合理性、作业类型的丰富性、作业难度的适切性、作业实施的针对性、作业指导的精确性、作业管理的灵活性等方面多发力，以期实现高质量的作业管理。

参考文献：

[1] 黄跃芬.小学数学分层次布置家庭作业的研究 [J].读与写(上,下旬),2020,17(35):175.

[2] 宋桂静.核心素养下的小学数学作业分层设计探讨[J].文渊(小学版),2019(10):197-198.

[3] 中华人民共和国教育部.义务教育数学课程标准(2022年版)[S].北京:北京师范大学出版社,2022.

[4] 杨小梅.小学数学家庭作业设计的认识与思考[J].互动软件,2021(5):1.

有效追问在小学数学课堂中的应用案例和策略

◎马 晔

摘　　要 随着新课程改革的深入推进，数学教学要求加强师生之间的有效互动。追问作为创新性教学模式，是课堂有效互动的关键，有利于学生数学思维的提升。因此，在小学数学教学中，为了提升师生互动的水平，教师要重视追问环节，注重问题的设计，提升问题的深度，做到有效追问，从而培养学生的问题思维，推动学生主动探究问题的本质，让课堂变得更加精彩。

关 键 词 有效追问；小学数学；教学策略

作者简介 马晔，江苏省南京市金陵汇淳学校，二级教师。

小学数学课堂教学中，学生经常在没有真正理解问题的情况下，简单地附和教师或同学的观点，或者给出一些表面的答案，没有主动思考探究的意识。这时候，教师可以通过有效的追问，来引导学生进行真正的思考，让学生真正理解问题的本质和解决方法。追问是教师与学生之间重要的对话形式，教师在提出问题、学生回答的基础之上再次进行发问，对问题进行有效补充与深化。合理追问能有效激发学生深度思考，激活学生的数学思维，拓展学生的思维深度与广度。

一、小学数学课堂"追问"案例分析

（一）案例1

师：（展示月饼配方、照片比例和足球比分）这些"比"是否等同于数学中的"比"？

生：月饼配方和照片比例符合数学"比"的定义，因为它们有固定的倍数关系。

师：足球赛中的比分是我们今天学习的比吗？

生：是。（全班学生随声附和）

师：说说看你们的理由。

生：比可以表示两个数之间的相除关系，3：2可以表示红队得分是黄队的1.5倍。

师：这样的关系一直存在吗？

生：不是的。假如黄队下一场再得一分，他们比分就相同了，不存在1.5倍的关系了；假如黄队再得两分，黄队就比红队多一分。

师：那这个比还是我们数学意义上的比吗？

生：不是，比分没有规律，只比多少，不是倍数关系，因此不是数学上的比。足球赛的比分也可能是3：0，但0不可以作为比的后项，所以足球赛的比分不是数学上的比。

师：是的，足球赛的比分仅仅是一种计分方式。

案例分析：课堂教学中，学生对于新的概念可能出现认知模糊的现象，此时教师如果视而不见，仅仅用告知的方式一带而过，不引导学生辨析深层的原因，那将错失让学生理解概念背后本质的最佳良机。在上面的案例中，当学生不经思考附和他人，思维出现停滞时，教师以一系列追问推动学生继续思考，为学生指明思考的方向，让探究越来越聚焦于新知本质的理解上。学生在回答一个又一个问题的过程中，使得数学思维逐步走向成熟。

（二）案例2

课件出示：哥哥和弟弟共有54颗糖果，哥哥比弟弟多12颗，两人各有多少颗糖果？

生1：可以将54颗糖直接除以2，平均每人27颗，哥哥多12颗就加上12，弟弟少12颗就减去12。

师：这个算法的答案并不正确，你们认为他的算法有什么问题？

生2：我认为他不能把54直接除以2，哥哥和弟弟糖果颗数不同，不能平均分，而且哥哥加12颗，弟弟减12颗，两人就相差24颗糖果了。

生3：我还有个想法，我觉得54是可以直接除以2的，只不过除以2之后，哥哥不应该加12，而是加6，弟弟也应该减6。哥哥比弟弟多了12颗，如果哥哥把12颗的一半给弟弟，那他们两个的糖果颗数就一样多了，所以可以先假设他们颗数一样多，每人就有27颗，那么哥哥原本就有27+6=33（颗），弟弟原本有27-6=21（颗）。

师：真好！错了没关系，错后想明白了同样值得祝贺！

案例分析：课堂是允许学生出错的，在课堂上面对学生的错误，教师应该宽容和理解，不能简单地将问题放过。在上面的案例中，教师把学生的错误作为一个可生成性的资源，以追问引发学生的自我分析、比较、剖析和反思，让学生在深度思考中找寻出错的根源，从而在寻错、辨错、纠错的过程中理清思路，发现错误的答案也有可取之处，提升了学生的辨析能力，拓展了解题的新思路。这种自主探索的过程打破了学生因盲目附和带来的思维停滞，让思维水到渠成地回归正轨，最终有效练就灵活而缜密的思维。

（三）案例3

师：请大家独立思考，尝试用不同的方法简便计算"25×24"，并交流你的做法。

生1：$25 \times 24 = 25 \times 4 + 25 \times 6 = 100 + 150 = 250$。

师：这种解法正确吗？我们该如何检验他的结果是否正确呢？

生2：$25 \times 20 < 25 \times 24 < 25 \times 30$，$25 \times 20 = 500$，$25 \times 30 = 750$，所以250不可能是正确答案。

师：那刚才的做法错在哪里呢？刚刚这位同学你自己想明白了吗？请你说一说。

生1：在计算本题时，我错误地应用了运算律，我想把算式转化成$25 \times (4 \times 6)$，再运用乘法结合律先算25×4，结果我错误地写成了$25 \times (4+6)$，然后运用了乘法分配律。

师：这位同学的反思非常到位，所以按照正确做法应该是$25 \times (4 \times 6) = 25 \times 4 \times 6 = 100 \times 6 = 600$。其他同学还有不同的想法吗？

生3：我认为本题也是可以运用乘法分配律的，$25 \times 24 = 25 \times (20+4) = 25 \times 20 + 25 \times 4 = 500 + 100 = 600$。

生4：用乘法结合律还可以这样解，$25 \times 24 = 25 \times 8 \times 3 = 200 \times 3 = 600$。

师：再换一换思路，除去根据运算律，还可以用什么来简算呢？

生5：我可以将25看成$100 \div 4$，$25 \times 24 = 100 \div 4 \times 24 = 100 \times 24 \div 4 = 600$。

案例分析：在上面的案例中，学生由于粗心写错符号，从而导致运算律运用不正确，但教师并没有直接指出他的错误，而是追问如何检验结果是否正确，并让该生通过重新审题自主辨错和纠错。同时，教师拾级而上，以拓展式追问来激发学生热烈讨论，探究出更多种不同解法，在学生被固有思维困住时，教师及时提醒学生转换思维,另辟蹊径,促使学生从不同角度出发解决问题,实现知识的内化与灵活运用,促进了学生思维的拔节生长,让学生的思维更具灵活性、广阔性和深刻性。

（四）案例 4

师:同学们,你们知道如何探究多边形的内角和吗?

生 1:我们可以量一量它们每个内角分别是多少,再加起来算内角和。

师:你真有办法,那大家一起试试看吧。

生 1:四边形和六边形我都能量出来,但是五边形的内角不是一个整数,不好测量。

师:那有其他的解决办法吗?

生 2:我们可以分一分,把五边形分成我们知道的图形,比如三角形。

师:不错,是个好方法,那就动手试试看吧。

生 2:五边形可以分成 3 个三角形,这样五边形的内角和就是三个三角形的内角和,就是 $180° × 3=540°$。

师:说得真好,看来这真是一个好的办法,那么所有图形我们都可以通过这个方法计算内角和吗?那 100 边形怎么办?

生 2:能分成的三角形的个数会不会和多边形的边数有什么联系?

师:是个好思路,同学们能不能再举几个例子观察它们之间有联系吗?有什么样的联系?

生 3:我发现六边形能分成 4 个三角形,七边形能分成 5 个三角形,八边形能分成 6 个三角形,能分成三角形的个数比多边形的边数少 2。

师:分析得真好。那有没有同学能够用一个算式概括一下这个规律呢?

生 4:如果是 n 边形,那么三角形的个数就是 n-2 个,内角和就是 $(n-2) × 180°$。

案例分析:小学生有一定的理解能力,能够对知识之间的联系有所体会,但是由于缺乏足够的语言表达能力,很难用完善的逻辑性语言通顺

地表达自己的真实想法。这个时候,教师可以适时追问,积极引导,在学生表达困难的地方通过追问搭建"扶梯",帮助学生去除阻碍,突破思维瓶颈,方便学生发掘知识的本质,提升学生对知识的认识。

二、小学数学课堂"追问"具体策略

问题是引发学生思考的不竭动力,有效的追问是促使学生真实思考的重要途径。教师的追问意识和问题设计是促进学生形成问题意识的基础。在学生出现错误的地方展开追问,可以有效纠正学生的误区;在质疑处展开追问,可以有效激发学生学习的兴趣;在重点内容处展开追问,可以加深学生对难点的理解程度;在精彩内容处展开追问,可以激活学生的数学思维。教师通过不断追问促进学生深度思考,引领学生逐步从低阶思维走向高阶思维,将原本枯燥乏味的数学教学课堂变得更加生动有趣,从而构建更深层次的教学课堂,进一步启发学生发现问题并解决问题。

（一）引导式追问

在实际课堂教学中,尤其是重难点教学时,往往会出现一些与预设不符的课堂。有些课堂生成体现了学生新的思考,有利于问题研究的深入,教师应当及时把握、有效利用,通过追问,把学生的思考引向更深、更广的领域;有些课堂生成是学生出现的认知错误,教师要保持足够的耐心,用层层递进的问题帮助学生找出错误的原因,并继续寻找解决问题的方法。因此,面对课堂中的意外生成,教师可以通过一个又一个问题追根究底,推动、启发学生主动调动思维,深度探究问题本质,促进学生的思维进一步朝着更深处发展,从而有效突破重难点,深化自身的认知,提升思维的高度和灵活性。

（二）质疑式追问

学生在课堂中难免会犯一些错误,错误不仅

体现了学生对于问题理解的困难之处，也可以成为有效的教学资源。教师可以通过错误，分析学生理解问题的思维方式，找到学生思维中的漏洞，逐个击破，充分发挥"错误"的价值。然后通过质疑式追问进行引导，为学生提供重新思考的机会，给学生充足的时间自主分析错误的原因，自我纠正，在保护学生的好奇心和想象力的同时，拨乱反正，进一步加深学生对问题的理解。通过教师智慧的追问，带领学生突破难点、解决疑难，使其数学思维更具逻辑性。

有的时候教师认为学生列出的一些算式是正确的，运算结果也无误差，学生就真正掌握了题目的知识本质。但其实不然。教师还需依照已知条件与问题存在的逻辑关系提出问题，展开质疑式追问，了解学生的思考过程。或者也可以从问题和运算结论入手，反向提出问题，引导学生思考求解过程，并验证所得答案是否正确。通过如此追问，能提高学生的表达能力和思维条理性，也有助于锻炼学生的反思能力，提升学生的数学素养。

（三）拓展式追问

新课标指出，小学数学教育要注重创新意识的培养，应体现在数学教与学的过程之中。而适时展开拓展式追问也是培养学生创新意识的有效途径。面对同一道数学题，往往可以从不同角度去思考解决，不同的学生也有着自己的思考方向和想法见解。数学学习的创新思维培养以学生自主发现问题、提出问题为基础，以独立思考、解决问题为核心，通过自主探究验证猜想，并归纳概括得到规律。因此在日常课堂教学中，教师要善于发挥教学机制，在主体问题提出之后，注重知识的延伸，继续展开拓展式追问，通过精心设计追问清单，实施深度拓展追问教学策略，鼓励学生跳出固有的思维框架，进行发散思维，一题多解，训练思维的灵活性、广阔性与深刻性，加

深对知识之间联系的深入理解，逐步培养学生高阶思维的发展。为了能更多地触发学生的高阶思维，深度追问的类型要多以理解、应用、分析、综合、评价性问题为主，以满足不同水平的学生创新性思维的发展。这样睿智的追问能激活学生的思维，拓展学生的想象空间，让数学课堂教学呈现更多的可能与精彩。

三、结语

综上所述，我们的教学要时刻关注学生的发展需求，课堂问题设计不能浮于表面，要深入问题的本质与核心，有思考的深度与价值，才能更好地激发和引领学生的学习，提高学生发现问题、解决问题的能力，推动学生不断思考、深化认知，让学生跳出思维的停滞与局限，自主探索领悟数学知识的本质，培养缜密的逻辑思维，从而推动数学课堂的高效开展。因此，在教学时当学生停下了自己思考的步伐，教师要通过及时有效的追问来帮助学生实现思维的突破，引领学生向着更深、更广处思考，让数学课堂妙趣横生，"追"出数学课堂的精彩。

参考文献：

[1] 孙灵彩，曹艳萍.小学数学课堂深度追问的教学策略探究——基于培养高阶思维的有意义学习[J].现代教育，2020（06）：47-49.

[2] 金洁.小学数学课堂教学中"有效追问"的策略探讨[J].读写算，2019（16）：145.

[3] 杜灵秀.小学数学课堂追问环节的研究[J].基础教育研究，2022（08）：48-50.

[4] 夏金.小学数学教学中的追问须适宜[J].教学与管理（小学版），2018（02）：33-34.

[5] 沈开峰.核心素养视域下的"追问"策略——小学数学课堂的有效追问方法与途径[J].小学教学研究（教研版），2020（06）：44-46.

初中地理课堂借助"一例到底"培育家国情怀的探索与思考

——以"青藏地区自然特征与农业"为例

◎王心宇

摘　要 地理课堂是家国情怀培育的重要渠道，探索合适途径对落实家国情怀教育有重要意义。文章概述了初中地理课堂教学中培育家国情怀的现状，以"青藏地区自然特征与农业"一节为例，解析课标要求，选择合适案例，尝试借助"一例到底"的方法，在地理课堂中培育家国情怀。

关键词 地理课堂；家国情怀；一例到底

作者简介 王心宇，江苏省南京市竹山中学教师，中学二级教师。

习近平总书记在 2023 年新年贺词中提到"青年兴则国家兴，中国发展要靠广大青年挺膺担当"，强调要厚植家国情怀，涵养进取精神。

《义务教育地理课程标准（2022 年版）》要求不仅要引领学生认识人类生活的家园，还要注重培育学生的家国情怀。地理学科的知识体系有助于学生了解国情，并以地理知识为基础，感知中国复兴之路的艰难过程，激发学生情感，习得必备品格，达成知、情、意、行的有机统一，为解决发展问题、维护生态环境、建设美丽中国出谋划策。

家国情怀是指主体对所处共同体的依存感、认同感，进而生成促成共同体发展的责任感，将对共同体的情感内化于心，外化于行，为建设集体付诸行动。当下，初中地理课堂愈发重视家国情怀与地理课程的融合，合适的案例成为落实家国情怀教育的重要载体，本文以"青藏地区自然特征与农业"为例，尝试在教学中"一例到底"，以期达成潜移默化的教育效果，希望能够为实际教学提供参考。

一、家国情怀与课程融合现状

（一）脱轨生活，学生难沉浸

《义务教育地理课程标准（2022 年版）》在课程理念上，着重提出教学素材的选择应与学生生活、社会发展密切相关，从而促使学生探究真实问题，在做中学。初中地理课堂的家国情怀也应该与学生的认知水平、生活经验相接近，才有利于达成更快、更深的共鸣。

结合笔者在日常课堂中的尝试和初中地理课堂实例来看，教师为了凸显家国情怀，达到与课程融合的目的，在创设情境时，易出现站位过高的问题，例如生硬地借助热点新闻、重大成果、伟人事迹等。这些案例虽然符合家国情怀的典型性，但是有的案例脱离学生生活，或超出了学生的认知水平，仅能浅显地呈现国家建设成就，致使学生难以产生情感共鸣，学习兴趣低下，从而提高了问题探究的难度。

（二）维度单一，视野难拓宽

从不同空间尺度来看，家国情怀具有不同的内涵，主要分为个体视野、家乡视野、国家视野以及全球视野，它们协同促进学生发展，进而激发学生内在情感，并愿意付诸行动。

在日常初中地理课堂中，教师们展现的维度以国家视野为主，其他几个维度的占比则较少，使得家国情怀的培育不够全面。这几个维度是相互关联的。一方面，全球、国家的发展为家乡、个体发展提供良好环境；另一方面，个体、家乡的改变也见证了全球、国家的发展。

教学时如果只借助单一维度，忽视了个人和家乡视野，容易导致学生难以感同身受，局限了视野，使家国情怀不够宏观。

（三）流于形式，情怀难孕育

为了让家国情怀与地理课程更好地融合，教师们会精心创设情境，挑选素材作为典型案例，但是在实践过程中容易出现流于形式的问题，即在导入和小结环节会贴合家国情怀案例，但在授课过程中，仍然侧重于知识讲授，与创设的情境分家，更与树立家国情怀的学习目标相悖。例如"青藏地区自然特征与农业"一节，选择"青藏铁路"为案例，但学习过程中，如果仅以青藏铁路引出青藏地区，只侧重于引导学生认识青藏地区的自然特征与人文风貌，没能建立区域特征与青藏铁路之间的关联，那么情境创设便成了空壳，宣扬家国情怀也变成了空喊口号。如此一来，情境开发不彻底，为创设情境而创设情境，且家国情怀的宣扬过于生硬、突兀，学生会感觉教师是在生硬地讲道理，强行升华主题，体验感不佳。

要在初中地理课堂上创设情境，深挖案例，潜移默化地开展家国情怀教育，"一例到底"是合适的方式。

二、"一例到底"概述

"一例到底"是指整节课基于一个案例展开，以一个典型案例作为逻辑主线，该案例需贯穿课堂始终，并从案例的不同方面引导学生深入探究，达成学习目标。"一例到底"以小见大，可以使得情境贴近学生生活，又囊括了不同视野下的家国情怀，且用一个典型案例串联整节课，连贯性强，学生体验感更佳。

"一例到底"并不意味着一节课只能使用一则素材，而是化零为整，只借助一个实例，可以是一个人、一件事、一个物等多方面铺展情境。如此一来，课堂切入口小，在开展地理教学过程中，再深度挖掘该案例的相关素材，多角度展现案例。引导学生横向、纵向探究案例的不同方面、不同发展阶段，全面深入地了解案例，解决地理问题，学习地理知识，熏陶家国情怀。

例如，"青藏地区自然特征与农业"一节以"青藏铁路"仅此一个实例创设情境，但从铁路建设的困难与措施、为藏族同胞带来幸福生活、坚持生态保护等多方面充实情境。紧密围绕"青藏铁路"这一例子，让学生在课堂学习的全程中，不仅可以认识青藏地区的环境特征，更能具象化感受国家建设的宏大理念，中华民族百折不挠的奋斗精神，从而获得不同层面的家国情怀的熏陶。

三、"一例到底"培育家国情怀的教学设计

（一）课标解读及家国情怀挖掘

"青藏地区自然特征与农业"一节对应的课标内容有"运用地图和相关资料，说出某区域的地理位置和自然地理特征，说明自然条件对该区域经济社会发展的影响，认识因地制宜的重要性"，以及"举例说明家乡环境及生产发展给当地居民生活带来的影响和变化，并尝试用绿色发展理念，对家乡的发展规划提出合理建议，增强热爱家乡、建设家乡的意识"。以下是对本节课的课标解读和家国情怀的挖掘。

1. "青藏地区自然特征"处于"知、情、意、

行"中"知"的层面，而学生家国情怀的衍生必须基于对区域的了解，该层面可以通过地形、气候等资料，突出青藏地区"高寒"特点，用修建青藏铁路的艰难，反衬建设者们"挑战极限，勇创一流"的青藏铁路精神。

2. "因地制宜理念"，这不仅体现在当地农牧民们适应高寒环境，智慧地开展农牧业活动，还在青藏铁路精神中充分体现。建设者们战高寒、斗冻土、护生态，结合青藏地区独特的自然环境，改进技术、适时调整、勇创一流。

3. "生产发展给当地居民生活带来的影响和变化""绿色发展理念""热爱家乡、建设家乡"等课标要求，充分体现在青藏铁路修建中立足生态保护，修建后让人民走上致富之路，带动区域发展。以小见大，这是个人与集体、小家与大家相互依存的家国情怀。

综上所述，依据课标要求，本节课的家国情怀教育应重点放在青藏铁路精神与区域发展上，而知识性较强的自然环境特征起到了侧面烘托的作用。

（二）学习目标确定

结合课标挖掘家国情怀内涵，本节课的学习目标如下：

1. 运用地形图、气候资料，归纳青藏地区独特的自然环境特征，感受青藏铁路修建之艰难。

2. 结合资料，了解青藏铁路为克服困难采取的措施，感悟建设者的智慧，领会青藏铁路精神。

3. 结合实例，对比青藏地区人们的生活变化，分析因地制宜发展农牧业的条件，体会青藏铁路对地区发展的重要性。

（三）教学过程及家国情怀融合

本节课以"青藏铁路的修建"为案例，一例到底，在情境实施过程中从"奇迹之路""幸福之路""保护之路"三个方面展开。整节课围绕一个案例——青藏铁路，多角度挖掘案例素材，如青藏铁路修建过程中面临的困难、采取的创新之

举、生态保护措施、美丽的自然风光、居民们的生活改善等。教学过程中引导学生以认识青藏地区高寒的环境特征为基础，领略青藏地区的壮美，体会建设青藏铁路的不易，感受修建前后居民生活的变化以及党和国家一切为民的建设理念，感叹并赞扬青藏铁路精神。

首先，在"奇迹之路"这一环节，学生通过学习活动，能明确认知青藏地区的自然特征，并了解到青藏铁路的修建难度。教师再通过补充材料，例如，修建的措施、13万建设者、半世纪坚守等，使学生感受到修建者不畏艰险、突破创新、勇创一流的勇气与毅力，强化学生课前的情感体验。

接着，在"幸福之路"环节，教师以藏民的生活变化为切入点，紧密围绕青藏铁路主线，创设活动，贯彻"一例到底"。学生通过探究活动领悟藏民们因地制宜发展农牧业的智慧，体会青藏铁路开通前后人民生活的变化，落实家国情怀中的家乡层面和个人层面，感受国家发展一切为民，绝不落下任何一个地区，生发民族自豪感。在趣味活动中，学生领略壮美青藏，感受藏式风情，为生于多民族、多元文化的中国而骄傲，这远比教师一味地说教、空洞地升华更有效。此外，本环节最后用思维导图进行小结，凸显"因地制宜"的重要理念，帮助学生搭建地理要素间的联系，促进综合思维的养成。

最后，在"保护之路"环节，学生通过观看材料视频，了解青藏铁路在生态保护方面采取的措施符合绿色发展理念，从而明晰青藏铁路的修建强调人地协调观，这是一项负责任、环境友好的工程。

课堂最后，再以撰写小诗的形式，强化、抒发学生对于青藏铁路的真挚感情，让青藏铁路这一例子真正做到"一例到底"。

本节课的三个主要环节围绕"青藏铁路"唯一案例，再结合修建青藏铁路的发展，分不同阶

段围绕主题选择素材展开教学。从初步认识青藏铁路的建设过程，到深入了解该铁路对人民生活、生产的意义，再到内心感情抒发，让家国情怀的培育自然融入其中，并最终落实在学生心中、笔尖。

四、"一例到底"培育家国情怀的教学反思

（一）精选案例，无死角传递

要想实现一例到底，选择具有延续性、综合性的案例很关键。

具有延续性的案例，可以以时间的发展变化为根据，划分不同阶段进行教学，将每一个阶段作为一个环节，延长案例使用寿命，便于达到一以贯之的效果。而综合性的案例，可以利用其广度、深度，从不同的方面挖掘素材，由中心向外发散，发散出来的每一个角度都可以作为一个环节进行教学。例如，本节课选择的案例以"青藏铁路"为中心，通过三个环节体现了铁路修建前的重重困难，修建中的精神彰显，以及修建后区域发展的变化，在时间发展上具有延续性，同时综合展现青藏铁路对环境限制的突破，对区域发展的带动，对绿色生态的保护。

借用连续性、综合性的案例，可以持续、全面地进行家国情怀的渲染，潜移默化地培育学生的家国情怀。

（二）设计语言，有感情地讲故事

在选择合适的案例后，教师的语言就是让案例与家国情怀融合的有力媒介。

我们选择案例的目的是传递家国情怀，而不是仅停留在地理知识层面，要避免形式主义的借用，否则会比较生硬，似说教一般。家国情怀的培育重在无形中渗透，因此教师要设计好自己陈述案例时的语言，以及每个环节的过渡语，将知识层面的理论注入感性体验，引导学生体会案例中渗透的家国情怀，避免出现情感断层，打破"使用了案例就可以传递家国情怀"的误区。

语言表达也并不是刻意说理，而是助推情境发展的一个手段，将家国情怀的故事娓娓道来，引人入胜。

（三）寻找共鸣，小故事更动人

想要传达较高层面的家国情怀，难免会选择大格局的案例，但是学生可能难以从中找到共鸣。可以考虑以小见大，以个人发展体现家乡的变化，以家乡的变化体现国家壮大，以国家壮大展现全球发展，尽力讲好小故事，贴合学生的前期经验、认知水平，让学生也能参与其中。例如，"青藏地区自然特征与农业"一课借藏民的生活变化，从更贴近学生生活的视角，生动展现青藏铁路对该地区发展的重要作用，令学生更易接受。

生活是案例的来源，通过案例的变化发展创设情境，促使学生渴望参与，深度感受，埋下家国情怀的种子。

地理学科凭借其特有的课程性质，在家国情怀教育方面具有较大的优势。本文以"青藏地区自然特征与农业"为例，尝试"一例到底"，选择承载家国情怀的合适案例，将案例与地理教学融合，并通过有效的手段向学生传递家国情怀，弘扬青藏铁路精神，感受小家与国家的紧密联系。希望"一例到底"能成为地理教学中促进家国情怀与课程融合的有效方式。

参考文献：

［1］杨会婷，张雪松．探析高中地理课程标准中家国情怀的培育——以实验版和 2017 版普通高中地理课程标准为例［J］.中学地理教学参考，2021（15）：3.

［2］张萃萃，王向东，梁秀华．地理学科核心素养视角下家国情怀的水平划分与育成策略［J］.中学地理教学参考，2021（21）：26-30.

［3］申大魁，岳大鹏，毛广雄．一例到底的地理情境设计［J］.中学地理教学参考，2021（21）：46-48.

"适合教育"思想下的初中物理跨学科模式构建探析

◎卢 凌

摘 要 随着教育理念的不断发展，教育工作者越来越重视学生能力和思想的培养，这一点在初中物理教学中体现得十分明显。在初中物理课堂中，物理教师会采用"适合教育"思想，通过跨学科模式建构物理课堂，引导学生完成学习，这样就能改变学生的思维模式，有效促进学生的物理学习。本文以初中物理跨学科模式为中心，对"适合教育"思想下的初中物理跨学科模式构建进行探析。

关 键 词 适合教育思想；初中物理；跨学科模式

作者简介 卢凌，江苏省常州市勤业中学党总支书记、校长，中小学高级教师。

"适合教育"思想是一种以学生为本的教育理念，其本质是以学生需求为中心，追求人文关怀，促进学生发展个性化，以学生实际学习需求和发展需求为重点的教育策略。在初中物理跨学科模式构建中，教师可以从"适合教育"思想的角度入手，根据学生的实际情况，引导学生拆解物理知识，助力学生的物理学习。

一、"适合教育"思想下初中物理跨学科模式构建的重要性

（一）建构高效物理课堂

高效课堂是以提升学生学习效率和学习质量为核心的课堂模式，建构高效课堂对于初中物理教师而言十分重要，然而手段的缺乏，给高效物理课堂的构建带来了阻碍。"适合教育"思想下跨学科模式的构建为解决这个问题提供了方向，初中物理教师可以借助跨学科模式引导学生从多元角度思考物理问题，提升学生学习物理知识的效率，从而有效实现高效物理课堂的构建。

（二）实现生本课堂教学

以生为本的教学模式是现代化教育发展的趋势，然而部分教师受到传统教育观念的影响，采用的策略较为传统，导致物理课堂不能满足以生为本的要求。"适合教育"思想下跨学科模式的构建则能有效解决这个问题，使得物理教师从学生的实际需求出发，构建"适合教育"课堂，全面落实生本课堂教学模式。

（三）培养学生物理素养

核心素养是学生应当具备的优秀品质，新课标明确提出了培养学生的核心素养。想要培养学生的物理核心素养，物理教师就需要从物理观念、科学思维、科学探究、科学态度与责任的角度构建课堂。然而盲目开展以核心素养为主题的物理课堂，很容易导致课堂主次不分，因此物理教师可以从"适合教育"思想角度出发，通过跨学科模式引导学生学习与物理核心素养相关的知识内容，有效培养学生的物理核心素养。

（四）促进学生全面发展

全面发展是现代化教育对学生的要求，可是在实际的初中物理课堂中，部分物理教师忽视全面发展的重要性，在课堂教学中只偏重学生的物理成绩。"适合教育"思想下跨学科模式的开展为解决这个问题创造了条件，初中物理教师可以将德、智、体、美、劳五育并举相关内容与"适合教育"结合起来，根据学生的学习需求融入跨学科知识，从而呈现多元化的物理课堂，有效促进学生的全面发展。

（五）改变学生物理思维

物理思维是学生深入物理知识的基础。然而在初中阶段，部分学生对物理思维不够重视，学习物理知识也只是以死记硬背为主，无法进一步掌握物理知识。"适合教育"思想下跨学科模式的开展就可以改变学生的物理思维，教师可以以"适合教育"思想为主导，采用适合学生的学习策略为学生拆解物理知识，帮助学生构建正确的物理思维体系。

（六）丰富物理课堂内容

受到传统教学观念的影响，部分物理教师在教学的过程中过度依赖课本内容，这样就会导致物理课堂的教学内容单一。"适合教育"思想下跨学科模式的课程对接就可以改变这种情况，初中物理教师可以灵活采用现代化教学策略，引入不同学科且与物理知识融合度较强的内容，对物理课堂进行延展，丰富物理课堂内容。

二、初中物理跨学科模式面临的问题

（一）学生缺乏跨学科学习基础

想要发挥跨学科的优势，那么就需要具备一定的跨学科学习基础，然而部分学生由于知识面较窄，在跨学科学习过程中无法对物理知识进行深入联想，这样就会导致学生难以进行跨学科学习。短时间内，这对物理学习的影响不大，可是长期处于这种情况就会影响学生的物理学习体验，甚至还会导致学生逐渐成为"学困生"。

（二）物理课堂多样性存在不足

物理课堂的多样性对于初中学生的物理学习十分重要，可是在实际的初中物理课堂中，很容易出现构建方式重复的问题。在这样的课堂中，教师尽管可以利用跨学科组织学生学习，可是具体教学内容并不完全适合学生的学习需求，这样就会导致学生的学习方向单一，阻碍课堂的有效构建。

（三）学生缺乏自主探究的意识

自主探究意识是学生需要具备的基础学习能力之一，然而部分学生在初中物理学习的过程中缺乏自主探究意识。这部分学生死板地学习课本中的物理知识，对原理了解程度不足，也限制了跨学科教学模式的有效开展。

（四）部分学生忽视跨学科思维

跨学科教学是现代化教学的重要方向，教师可以通过跨学科思维培养，从整体上帮助学生构建知识体系，提升学生的综合学习能力。可是在实际的课堂中，部分学生忽视跨学科思维的重要性，无法将不同学科的知识联合起来，甚至排斥联合不同学科对问题进行思考，这种情况就会限制学生进一步学习物理知识。

（五）初中生课堂学习较为被动

"适合教育"虽然是以学生为本的教育模式，可是在实际课堂构建过程中，部分学生的学习较为被动，无法自由选择喜欢的内容与知识。在这样的情况影响下，教师很难充分落实"适合教育"，这给初中物理课堂的高效构建带来了负面影响。

（六）初中生物理基础参差不齐

学生之间具有差异性，不同学生由于学习习惯、学习策略、学习方法的不同，在物理学习中表现出不同的状态，物理基础也不尽相同。在实际的物理课堂中，很容易出现忽视学生差异的状况，导致跨学科模式的运用无法满足部分学生的需求，从而给学生的物理学习造成阻碍。

三、"适合教育"思想下初中物理跨学科模式的构建策略

（一）问题导入，培养学生跨学科思维基础

学生的跨学科基础对于跨学科模式的运用有着重大影响，如果学生的知识面不足，会出现无法理解跨学科知识的状况。因此，初中教师可以采用问题导入的方式构建课堂教学，让学生以问题为线索，主动进行探究，从而培养学生的跨学科思维基础。问题导入是一种以问题为导向的教育策略，在使用这种教育策略的时候，教师需要对学生提出问题，让学生带着问题对所学知识进行深入探究，这可以很好地培养学生的跨学科思维基础。

通过问题导入这样的教学方式引导，学生能形成跨学科思维，为初中物理跨学科模式的构建打下良好基础。此外，在运用问题导入构建课堂教学的时候，教师可以发散思维，不要拘泥于理科问题，而可从多元化的角度，利用美术、历史等学科的知识提问，有效促进学生跨学科思维的形成。

（二）生活课堂，生活化元素构建多元课堂

单一课堂形式不利于物理跨学科课堂模式的构建，学生的思维很容易在死板的物理课堂中受到限制，甚至还会导致思维僵化。因此，物理教师可以从生活课堂的角度引入，将生活中的现象与物理知识结合在一起，构建多元化的物理课堂，这样就能在物理课堂中有效渗透跨学科知识。生活教育是陶行知的主要教育理念之一，陶行知认为生活即教育、社会即学校，提倡教学做合一。在物理课堂中运用生活教育理念可以丰富课堂内容，为跨学科模式的构建提供路径。

以"适合教育"思想下初中物理跨学科模式的构建为例，在学习"摩擦力"的时候，物理教师可以在课堂中运用生活中的一些现象引导学生对物理知识进行思考。如，教师可以引入生活中刷牙时的场景，让学生思考刷牙时牙刷和牙齿之间的摩擦力产生的原因，以及牙膏在这一过程中发

挥的作用。通过思考，学生能将物理知识与化学知识联系在一起，了解牙膏中摩擦剂的存在，实现物理课堂的多元化，为"适合教育"下初中物理跨学科模式教学的开展提供助力。需要注意的是，物理教师在运用生活元素时，需要尽可能选择学生经历过的场景，这样学生才能有效完成分析，实现跨学科学习。

（三）阶段教学，项目化课堂培养探究意识

想要落实跨学科教学，仅仅依靠物理课堂远远不够，学生还需要具备自主探究意识，这样学生才能针对物理知识进行联想，从而在多个角度、不同学科中学习知识。因此，在跨学科教学中，物理教师需要根据教学内容设计学习项目，通过项目化教学的方式引导学生探究，培养学生的探究意识。项目化教学是一种以学生行为为导向的教育策略，在使用项目化探究的时候，教师需要为学生设计不同的项目，然后引导学生收集资料、分析问题、总结梳理，在这一过程中有效强化学生的行为，培养学生的探究意识。

以"适合教育"思想下初中物理跨学科模式的构建为例，在学习"物态变化"的时候，教师可以通过设计学习项目"探究液冷和风冷两种散热系统之间的差异"，指导学生从物理知识出发，联想水循环现象、液冷材料和风冷材料等知识，从而对物理课堂进行拓展与延伸。学生在这样的探究过程中不仅可以跨学科思考，还能形成探究意识，养成主动探究物理知识的习惯。

（四）小组合作，共同探究养成跨学科习惯

跨学科教学是教育现代化发展的主要方向之一，然而在初中物理课堂中，仍旧有部分教师对它重视程度不够，这种情况会限制学生思维的发展，对物理课堂的优化造成阻碍。因此，初中物理教师可以采用小组合作的方式构建物理课堂，让学生共同探究不同的物理知识，培养学生跨学科思考的习惯。小组合作是一种以共同学习为核心的教育策略，学生以小组为单位，对某一问题进行探

讨与分析，形成统一的观点，提升学习效率。

以小组合作在初中物理跨学科模式中的应用为例，在学习"信息与信息传播"的时候，物理教师可以将学生分成不同的小组，然后指定其中具备跨学科思维习惯的学生担任小组长。之后，物理教师可以鼓励学生将"信息与信息传播"中的物理知识与信息技术学科知识联系起来，帮助学生理解现代通信技术与物理学之间的关系，学习小组以此为基础展开探讨与研究，明白物理知识在科技信息发展中的重要地位。通过这样的物理教学，物理教师不仅可以帮助学生了解跨学科思维的重要性，还可以改变学生对待物理学习的态度，让学生形成正确的物理学习观念。

（五）翻转课堂，初中生主导落实"适合教育"

物理是一门涵盖范围十分广泛的学科，如果只是死板地讲授课本知识，对学生个性化发展不利。因此，初中物理教师就可以采用翻转课堂的方式，引导学生在"适合教育"的过程中自由选择自己感兴趣的物理知识，让学生成为物理课堂的主人。翻转课堂是一种以学生为本的教育策略，在使用翻转课堂的时候，教师需要为学生布置学习任务，然后与学生互换身份，最后由学生主动探究学习任务，掌握核心知识，这有利于"适合教育"的落实。

以翻转课堂在初中物理教学中的运用为例，物理教师总结不同单元的主题内容并分类，据此展开翻转课堂，鼓励学生自由选择自己喜欢的知识内容进行拓展研究。若学生喜欢机械类的知识内容，那么教师就可以在设计学习任务的时候引导学生探究机械与第一次工业革命的关系；倘若学生喜欢电路类的知识，那么教师就可以在翻转课堂中引导学生探究电路和第二次工业革命的联系。在翻转课堂中，学生选择适合自己的内容完成学习，还可以将物理与历史结合起来，实现跨学科学习。

（六）分层设计，综合性培养学生物理素养

为充分利用跨学科模式构建物理课堂，需要学生具备一定的物理核心素养，这样才能以物理知识为基础联想不同学科的知识。教师可以运用分层教学的方式，从综合性的角度提升班级整体的物理核心素养。

以分层设计的运用为例，在学习"压强和浮力"的时候，物理教师就可以将学生分成两层：物理学习基础较好的学生和物理学习基础较差的学生。之后，教师可以鼓励物理学习基础较好的学生自主进行跨学科学习，通过浮力探究与船只航行相关的知识；针对物理基础较差的学生，教师则可以提供相关的跨学科资料，如深海鱼类生活环境等。在这样的教学过程中，教师可以为不同的学生提供最为合适的学习资源，这对"适合教育"下跨学科模式的构建有着很好的促进作用。

"适合教育"下初中物理跨学科模式的构建对初中生的物理学习有着很好的帮助，因此初中物理教师应当有针对性地利用跨学科模式，帮助学生完成物理学习，促进学生物理核心素养的提升。

参考文献：

［1］夏志东.优化初中物理实验探究教学研究［J］.文理导航（中旬），2023（03）：91-93.

［2］庄少海.分层作业在初中物理教学中的应用［J］.文理导航（中旬），2023（03）：10-12.

［3］吴锋.信息化背景下中学物理智慧课堂教学［J］.文理导航（中旬），2023（03）：34-36.

［4］冯春雷.优化实验教学，建构高品质物理课堂［J］.文理导航（中旬），2023（03）：58-60.

［5］巩贵喜.合作中成长——关于初中物理教学中合作学习的探讨［J］.学周刊，2023（09）：46-48.

［6］张玲.核心素养视域下的初中物理"第一课"教学设计——以"科学之旅"教学为例［J］.物理教学，2023，45（02）：38-41，7.

［7］吴社卫.探索初中物理课堂中学生操作能力的培养途径［J］.数理天地（初中版），2023（04）：26-28.

小说教学中次要人物的价值探析

——以《变色龙》为例

◎ 陈以军

摘　　要　《变色龙》成功地塑造了虚伪逢迎、见风使舵的主角巡警奥楚蔑洛夫这一"变色龙"的形象。通过校本教研，师生意识到小说中的诸多配角同样有着不可忽略的价值。笔者在文中结合教学实践，主要从次要人物对主要人物形象的烘托、对小说主旨的深化、对故事情节的发展三个方面的价值做出探索，形成文字，以供与之相关的研究者参考借鉴。

关 键 词　小说；语文教学；次要人物；情节设置

作者简介　陈以军，江苏省盐城市新洋第二实验学校副校长，中小学高级教师。

在小说《变色龙》的校本教研中，教者将这篇文章的教学目标设置如下：

（1）模拟法庭，按要素梳理小说主要情节，复述文章故事内容。

（2）通过抓住人物言行举止，揣摩人物心理活动，分析人物形象。

（3）品析小说讽刺等手法的艺术效果，从而理解小说塑造人物形象的社会意义。

看到目标，我对教学中的情景设置颇为认同。引导学生在情境中感知人物，体悟情感，触摸心灵。目标的揭示，激起我对课中人物的欣赏与期待。毕竟，小说是以刻画人物形象为中心的，通过人物形象的刻画反映当时的社会风俗画卷。

课堂上，第一步，教者先单刀直入地说："我们将在这节课模拟法庭，来审理一桩由著名俄国作家契诃夫发起的跟变色龙奥楚蔑洛夫有关的案件。"

第二步，翻开卷宗，梳理案情。教者请同学们查看案件资料，分别指出案件中相关人物的身份和名字，并选择其中一个角色（原告、被告、旁观者独眼鬼），站在他的角度简要叙述案情。

第三步，抽丝剥茧，弄清真相。教者设置了四个问题来完成这一环节：（1）审判长奥楚蔑洛夫是如何断案的呢？请完成课后思考探究第一题，梳理奥楚蔑洛夫审案时的态度和裁断的变化。（2）奥楚蔑洛夫处理"狗咬人"案件时，他的态度是随着什么变化的？文章是围绕哪一个字来展开叙述的？（3）你认为奥楚蔑洛夫是一个怎样的人？（4）是什么原因导致奥楚蔑洛夫"变色"的？教者适时切入小说背景：《变色龙》写于1884年，当时马克思主义与俄国工人阶级革命运动刚刚兴起，革命浪潮冲击着沙皇的专制统治。为了强化反动统治，他们豢养了一批凌弱畏强、见风使舵的走狗，为其镇压革命运动服务。《变色龙》中的警官奥楚蔑洛夫就是沙皇专制统治的化身。

第四步，分角色朗读，重演案情。教者让学生模仿主人公奥楚蔑洛夫，进行角色朗读，选出未来的"奥斯卡之星"。4人一小组，分角色朗读第6—10段，体会其中人物的善变。

第五步，案情再变，巧应主题。假如狗送到

将军家，将军的哥哥说这条狗不是他的，只是跟他的狗长得比较像，又会发生什么情况呢？教者让学生发挥想象，续写一段不少于200字的情节。

最后，教者发表结束语："一个变色的社会孕育了一个个变色的人物，一个个变色的人物制造了一出出不公的闹剧。今天在这里，大家都是公正的法官，撕破了沙皇及其走狗丑陋的嘴脸，还我们一个公正的法庭。今天的审理到此结束。我宣布，闭庭！"

课堂上设置的环节科学合理，从导入到结语，从开庭到闭庭，从阅读到练笔等，形成了完美的闭环。营造的情景贯穿始终，模拟法庭是实践活动的载体，师生快速带入，对话交流顺畅，笑点频频，成功地再现了当时社会的生活风貌。我对本课情景设置、任务驱动很是赞赏。但又觉得在人物品析上有点遗憾，课堂上弱化甚至忽略了对小说中次要人物的赏析。小说教学中，我们常常对文中主要人物的赏析厚爱有加，这无可厚非。但社会更多的是由平凡而普通的人组成的，他们大部分属于社会底层的小人物，他们的喜怒哀乐、苦辣辛酸，更能反映社会的冷暖、凉薄，更能窥见人性的美丑、优劣。我们不妨在授课中引导学生对次要人物适当加以关注，小说人物教学定能呈现别样的洞天。

一、次要人物的烘托可以让主要人物"立"起来

《变色龙》中主要人物奥楚蔑洛夫共有六次判定、五次变色。"变色龙"的性格特征在不断地转换中得到淋漓尽致的展现。如果对人物形象分析仅止于此，小说中的人物形象难免单薄、扁平。我们不妨引导学生从赫留金和叶尔德林这两个次要人物着手，体会次要人物在丰满人物形象方面的价值。

对于受害人赫留金，从"穿着浆硬的花布衬衫和敞着怀的坎肩""做工的人"等文字，引导学生认识到这是一个生活在社会底层的人物形象。赫留金被狗咬，是案件中的受害者，应该是令人同情的人物。但当他举起像一面胜利的旗帜的受伤的指头，想对狗的主人进行讹诈时，学生可以想象出一个一副胜券在握、得意忘形的小市民形象，从而感受到他身上令人憎恶的一面。当他搬出法律，不忘和奥楚蔑洛夫套近乎说"我的兄弟就在当宪兵"时，师生自然会对一个厚颜无耻、唯权唯上的奴化灵魂生发出鄙视之情。至此，师生能透过这样一个不起眼的但又丰满而鲜活的次要人物发现：一些底层人物的骨子里也有着敬权畏贵、唯权是瞻的本性。何况是沙皇统治秩序的维护者奥楚蔑洛夫呢？师生对他身上存在的欺上瞒下、前倨后恭的两面性也就见怪不怪了。

再看巡警叶尔德林。他跟在奥楚蔑洛夫的后面，似乎所有的光环都被奥楚蔑洛夫夺走了，似乎他的存在可有可无。然而，站在统治者的末梢，叶尔德林注定是一个帮凶。小说中描写叶尔德林的笔墨不多，集中刻画了他配合奥楚蔑洛夫的画面：一个搜刮百姓，一个端筛子；一个判案，一个帮腔；一个脱、穿大衣，一个耐心伺候。两人一唱一和，配合默契。他的行为，就是在为好戏的开场吆喝，在为奥楚蔑洛夫的披挂上阵鸣锣开道。因他的存在，我们可以了解当时没落的沙皇统治者为加强自身统治，实施严厉的军警制度；因他的存在，我们可以理解当时沙皇统治者和劳动人民的阶级矛盾已到了不可调和的地步；因他的存在，我们可以体会当时统治者的盛气凌人、不可一世的外表下色厉内荏、外强中干的一面。

学生在对次要人物的赏析中意识到，这两个次要人物与主要人物的形象相互映衬，相互支撑。次要人物的塑造，看似无意，其实别具匠心。它对主要人物的塑造起着烘云托月的作用，使主要人物形象更典型，更丰满，更立体，从而更好

地反映当时的社会生活。

二、次要人物的塑造可以使文章主旨"深"起来

我们不妨先切入将军和将军的哥哥，这两个人物根本没有出场，可以说是次要人物中的次要人物，引导学生思考他们的存在对小说主旨表达有何作用。学生透过"狗咬人"的闹剧，明白奥楚蔑洛夫的判定一变再变的原因：狗的主人是不是将军或将军的哥哥？将军和将军的哥哥是权贵，是统治者，是全社会巴结、讨好的对象。这样的情节让人啼笑皆非，又引人深思。文中的将军和将军的哥哥虽未出场，但通过叶尔德林说的"将军家里没有这样的狗。他家的狗，全是大猎狗"这句话，结合奥楚蔑洛夫这类沙皇统治者豢养的走狗的表现，可以看出未出场的将军的权势之显赫、性情之凶残，平时骄横、跋扈的奥楚蔑洛夫与将军相比之卑微。学生终于清楚，作者其实借这个小故事讽刺当时腐朽没落的沙皇专制制度。

再切入案件的原告赫留金。受到"独眼鬼"攻击时，他说："他老人家是明白人，看得出来到底谁胡说，谁是凭良心说话；要是我说了谎，那就让调解法官审问我好了。他的法律上说得明白，现在大家都平等啦。"引导学生好好玩味句中的两个关键词：一是"他老人家"，通过反复朗读，注意重音、语气、语调，称呼中满含巴结、讨好的意味就会自然流露，赫留金说这话时满脸堆笑、献媚无耻的神态，学生可以想见；二是"他的法律"，引导学生体味沙皇法律的虚伪性。沙皇的法律就是当时统治阶级的法律，对普通劳动者来说是奴役他们的工具，法律的天平永远倾斜向统治者。另外，在"独眼龙"道出赫留金被狗咬的真实原因后，赫留金气急败坏："胡说，独眼鬼！你什么也没看见，你为什么胡说？他老人家是明白人，看得出来到底谁胡说，谁是凭良心说

话。"一个"独眼鬼"的称呼，让人惊诧："独眼鬼"和"赫留金"同是底层被压迫被奴役的劳动者，但他们身处被压迫、被欺凌的地位而不自知，骨子里竟有着欺侮不如自己人的流毒。引导学生思考当时社会的悲哀、绝望之处——在沙皇的专制统治下，平民逐渐变得麻木、乖戾，了无觉悟。

学生抓住次要人物的塑造，就会发现文章的主旨由单一的对奥楚蔑洛夫式的沙皇警察的批判和嘲讽，自然地过渡到孕育这些人物的社会环境和政治制度，进而将斗争的矛头指向了整个沙皇专制统治。

三、次要人物的出现可以使小说情节"迁"起来

小说中次要人物的一颦一笑、一举一动对故事情节的发展有推波助澜的作用。引导学生回忆《义务教育教科书　语文九年级上册》中的《刘姥姥进大观园》里面"丫鬟"等人的"笑"，推动这出"笑剧"的发展；《三顾茅庐》中"张飞"鲁莽的言行举止，使礼贤下士、求贤若渴的"三顾"层层推进；《智取生辰纲》中"老都管""军健"等人的言行，使杨志一步步陷入吴用等人的圈套，致使生辰纲的丢失。因此，很多小说中的次要人物的设置对故事情节的发展都有推动的价值。同样，《变色龙》中有一群容易被忽略的次要人物——围观群众。被告赫留金出场后，门可罗雀的广场一下热闹起来，有人叫喊，店里面有人探出头来，尤其是木材厂四周，很快就聚了一群人，仿佛一下子从地底下钻出来。一个"钻"字，极其传神地写出了一群人出现的快速和出人意料。这群人的素质怎样？明辨是非的能力如何？能否助力案件的评判朝公平、正义、法治的方向发展？引导学生阅读他们在文中的三处表现，答案就不说自明了。

第一处："这好像是席加洛夫将军家的狗。"人群里有人说。这是奥楚蔑洛夫第二次判定、第

一次变色的依据。本已定案：赫留金是受害者，要弄死狗，教训、惩罚狗的主人。但一听围观群众中有人这样说，奥楚蔑洛夫立马感到天气闷热，要叶尔德林帮他脱下军大衣，掩饰自己变色的窘态。于是案件反转：狗是受害者，赫留金自己弄破手，是敲诈犯。文章情节顿生波澜。第二处："没错儿，将军家的！"人群里有人说。这是奥楚蔑洛夫第四次判定、第三次变色的原因。已经确定狗是下贱胚子，是肇事者，再次要弄死它，教训狗的主人；赫留金再次成为受害者，要为他"伸张正义"，义正词严，满腔慷慨。可一听人群里的这句话，奥楚蔑洛夫为自己的判定倒吸一口凉气，好险，要是传到将军耳朵里，岂不小命不保？骤然间，脊背冒冷汗，让叶尔德林为他穿上军大衣，案件也在瞬间逆转：赫留金是肇事者，浑蛋，自讨苦吃；狗是受害者，名贵的狗，娇贵的动物，要将狗送到将军府，并说是他找着并派人送来的。情节陡转，妙趣横生。第三处，"那群人就对着赫留金哈哈大笑。"随着狗的主人——将军的哥哥浮出水面，案件再次发生了变化：小狗变得还不赖，怪伶俐的，好一条小狗，带走它；赫留金变成"这家伙"，早晚要收拾他。

这个人群，就如同鲁迅笔下的"看客"，话是谁说的不重要，人群里都有谁也不重要。但来自人群的话，直接左右着奥楚蔑洛夫对案件的判定和案件双方截然不同的态度，不断推动着故事情节曲折有致、意外又合乎情理的发展，读者的心弦随着情节发展而律动，自己仿佛随着作者的笔进入19世纪后半期沙皇专制统治的那个黑暗的时代。如果说奥楚蔑洛夫这个中心人物是个"大月亮"，人群便是"一群很小的星星"。然而正是这一群撒在背景上的"很小的星星"，对这篇小说情节结构一波三折有着推动作用。

四、结语

小说教学中，对于主要人物的评析固然重要，但对次要人物也要加以关注。只有关注他们，我们才能够揣摩出作者塑造这些人物的初衷，才能发掘这些人物身上所蕴含的独特的艺术价值。

参考文献：

[1] 许锦荣.小说中次要人物的作用——《猫》课堂教学窥思[C]//教师教育论坛（第五辑）.江西省赣州市石城县丰山初中，2019：3.

[2] 张超.小说中次要人物的作用分析[J].中学语文，2023（14）：41-42.

[3] 冯学文.小说教学中次要人物作用浅析[J].四川教育学院学报，2005（S1）：205.

[4] 黄金玉.金粉是正　珠玉在侧——小说次要人物形象作用分析[J].中学语文教学参考，2020（27）：27-28，2.

"生长教育"理念下小学数学推理意识的培育路径

◎房 芸

摘 要 "生长教育"理念作为一种全新的教育理念,备受关注。在这种理念下,教育的目的不再仅仅是传授知识,更加注重学生的全面发展和个性培养。在数学教育领域,数学推理意识的培养十分重要。数学学科具有高度的抽象性和严密的逻辑性的特点,对学生逻辑推理能力的形成有着其他学科无法比拟和替代的作用。本文将探讨在"生长教育"理念下,小学数学推理意识的培育路径。

关 键 词 生长教育;核心素养;推理意识;小学数学

作者简介 房芸,江苏省溧阳市埭头中心小学教师,中小学一级教师。

《义务教育数学课程标准(2022年版)》指出,"逻辑推理意识有助于学生养成讲道理、有条理的思维习惯,增强交流能力"。小学生逻辑推理能力的发展是一个不断递进、连续建构的过程。小学四、五年级是逻辑思维发展的黄金时期,但是数学逻辑推理具有抽象、严谨和复杂的特点。所以关于如何培育学生的逻辑推理意识,一线教师觉得有些茫然。下面笔者结合自己的课堂实践,尝试对小学生逻辑意识的培育进行一些探索。

一、厘清概念,丰富逻辑推理内涵

波利亚曾说过:"数学有两面,一方面它是欧几里得式的严谨科学,从这个方面看,数学像是一门系统的演绎科学;但另一方面,创造过程中的数学,看起来却像是一门试验性的归纳科学。"由此可见,数学的逻辑推理可以分为演绎推理和合情推理两种形式。

(一)演绎推理

演绎推理是人们根据已知的一般原理、原则,推断出尚未认识的特殊事实,从而获得关于特殊事实的新认识。演绎推理是一种一般到特殊的推理,演绎推理前提是真,其结果必定是真的,所以比较可靠,能更好地培养学生的抽象思维能力和逻辑思维能力。在小学阶段也应当适当渗透演绎证明,有助于培养学生思考问题的严谨性。

演绎推理和合情推理并不矛盾,它们反而是相互补充的。演绎推理绝不是把概念、定理直接传授给学生,也不是让学生会做某道题,而是能让学生通过理性思考"悟"出其中的规律、思想方法。六年级上册"长方体和正方体的认识"这一课中,笔者在学生量一量、比一比等操作活动之后,及时将学生的思维引向抽象思考,提出了这样的问题:"如果没有实物或者动画演示让你量一量、比一比,仅仅根据你已经学过的知识,你怎么说明长方体相对的棱长度相等、相对的面完全相等呢?"学生通过交流讨论之后,发现长方体的六个面是长方形,根据长方形对边相等的特征,推导出相对的棱长度相等,进而证明了长方体相对的面完全相等。通过演绎论证,学生再一次验证了自己的猜想。这样推理更具有严谨性，拓宽了学生的思维，发展了学生的推理意识。

（二）合情推理

所谓合情推理，是指人们在原有的认知基础上，通过观察、猜想、实验、分析、归纳、类比等思维形式做出的合乎情理、好似为真的一种推理。合情推理是一种特殊到一般的推理，这种推理是激发学生"再创造"的基本途径，几乎所有的合情推理都能发现新命题或新事物，虽然推理出来的结果不一定是真的，但是每一片科学领域的开疆拓土都是从合情推理的猜想和验证中得来的。"长方体和正方体的认识"是小学阶段学生第一次深入学习立体图形，立体图形相对平面图形的学习更加抽象，它需要学生具有良好的空间想象能力，学生学起来有一定的困难。

学生在三年级时已经有了探索长方形和正方形特征的经验，所以笔者在设计探索长方体特征的环节中，先让学生提出了猜想，然后组织学生开展动手操作活动，引导学生运用以前学过的方法知识验证自己的猜想。比如有的学生用直尺量一量每一条棱的长度，看看哪些棱的长度是相等的；也有的学生带来的长方体是可以拆开的，可以通过折一折或者剪一剪的方式，将不同的棱和面进行对比，发现它们之间的关系。于是，我们得出结论：长方体相对的棱长度相等，相对的面完全相同。这样的推理过程属于数学中的合情推理，合情推理在观察、比较、归纳、概括中培养了学生的创新能力，发展了学生的逻辑思维。

演绎推理和合情推理好比数学思维的一对翅膀。如果想让学生拥有数学思维的严谨性，演绎推理不可或缺；如果想发展学生的创新思维，合情推理又必不可少。所以，在教学中，要把合情推理和演绎推理融合起来，平衡好学生思维的严谨性和灵活性的关系，形成完善的数学推理能力。

二、"生长教育"理念下小学数学推理意识的培养策略

（一）创设情境，激活学生推理兴趣

生长教育强调培养学生的综合素质和能力，注重培养学生的创造力、思维能力和推理能力。为了激活学生的推理兴趣，创设情境是非常重要的。在小学数学教学中，由于学生的年龄特征和认知发展规律，学生以直观思维为主。在准备阶段，创设情境是激发学生学习兴趣和推理能力的重要手段。通过设计具有挑战性和趣味性的情境，可以引导学生主动思考和探索，从而提高他们的学习效率和动力。创设情境可以是一个故事情节、一个问题场景，甚至是一个实际生活中的案例。通过引入新奇的元素和复杂的情境激发学生的好奇心和求知欲，促使他们运用所学知识进行推理和解决问题。

在培养学生推理能力的过程中，教师可以采用情境创设的方式，利用真实、生动的情境内容激发学生的学习动力，帮助他们在直观情境的引导下合理对线索进行整理，通过推理的方式获得知识，为后续学习活动奠定基础。

（二）问题导向，激活逻辑推理意识

在"生长教育"理念下，教育的目标不再是简单地灌输知识，而是要培养学生的自主学习能力和创造力。因此，在数学教育中，教师应该引导学生通过实际问题来进行数学推理，而不是仅仅依靠死记硬背。数学学习推理意识的形成都源于问题的发现。

1. 设问于知识的链接处

数学知识与知识之间都存在一定的逻辑关系，大多数的新知识都是在原有知识的基础上延伸和发展的。教师要引导学生发现新旧知识之间的关联点，在新知的探索过程中，发现和提出问题，激活学生的逻辑推理意识。

例如，教学"分数的四则混合运算"一课时，学生已经学习了整数和小数的四则混合运算，笔者引导学生提出猜想："分数的四则混合运算的运算法则和整数、小数的四则混合运算的运算法则是否是一样的呢？"这样看似简单的问题，其实就是学生进行逻辑推理思维展开的过程。学生巧妙地抓住了新旧知识之间的联系，利用已经掌握的旧知推导出新知，然后通过验证，形成思维的闭环。这样恰如其分的问题导向，在无痕中为学生提供了学习新知的契机，发展了学生的逻辑思维。

2. 设问于知识的疑难处

学生逻辑推理意识的培养源于学生的认知困惑，教师在学生知识的疑难处提出启发性的问题能更好地帮助学生领会知识的思想和方法，感受数学问题的价值。例如在"解决问题的策略——转化"一课的练习中，有这样一道题：用分数表示图中的涂色部分。这道题的关键点是得到涂色部分的面积，但是涂色部分正方形的边长不是整格数，不能直接算出正方形的面积，有的同学误认为涂色部分的边长就是 3，所以导致答题错误。在学生产生困惑之时，笔者抛出一个问题："如果知道空白部分的面积能推算出涂色部分的面积吗？"学生豁然开朗："只要把大正方形的面积减去空白部分的面积就能得到涂色部分的面积。"虽然一开始学生在解题时遇到了困难，但是笔者从学生理解题意的疑难处寻找突破点，不仅及时纠正了学生的错误，同时也开启了学生的心智，激活了学生的推理意识。

3. 设问于知识的混淆处

知识的混淆处是指在学习过程中，信息或概念之间出现混淆或模糊的情况。这种现象在数学教学中很常见，但却可以成为发展学生推理能力的重要机会。当学生面对知识的混淆处时，他们需要运用自己的知识储备和思维能力，找出混淆处背后的逻辑关系和规律，通过思考、比较和分析来理清思绪，加深对知识的理解和掌握。

教育者应该重视知识的混淆处，将其视为学生学习和成长的机会。通过引导学生面对混淆处，帮助他们培养批判性思维和推理能力，可以有效提升他们的学习效果和综合素质。知识的混淆处不仅是一个挑战，更是一个促进学生发展的契机。

（三）实践操作，增强逻辑推理素养

"生长教育"理念强调学生的自主学习和实践能力，教师通过设计丰富多彩的数学实践活动，引导学生动手操作，培养他们的观察、分析和推理能力。根据皮亚杰的儿童认知发展理论，小学阶段的大部分学生处于具体运算阶段，学生已经可以进行表象的逻辑思维，但还是以形象思维为主，具体到各个学生，差异比较明显。因此，在小学阶段的推理活动中，以合情推理为主。

例如在教学"三角形的内角和"一课时，关于"三角形的内角和是 180 度"这一结论，部分学生在课前就已经知道，但是问其理由却不知所以然。所以笔者设计了探索活动："你能想办法验证三角形的三个角的内角和是 180 度吗？"大部分学生选择用量角器量出三个角的度数再加起来，但是在量的过程中发现可能存在误差，笔者再次引导学生思考其他方法进行验证。学生通过动手操作探索出了两种验证的方法：一种是将三角形的三个角剪下来再拼到一起，发现正好拼成一个平角，也就是 180 度；还有一种方法是将三角形的三个角折拼在一起，也能得到一个平角。

我们在教学时，要在探索和操作的过程中为学生创造推理的环境和机会，使外在的操作和内在的思维协同发挥作用，并突出思考的过程，这是培养学生逻辑推理意识的极佳手段。

（四）有序表达，强化逻辑推理思维

在"生长教育"理念下，培养学生的表达能力变得尤为重要。表达能力不仅是一种技能，更是一种综合素养的体现。通过培养学生的表达能力，可以帮助他们更好地理解和应用所学知识，提高沟通交流的效率，增强自信心和自我认知能力。

1. 课堂中重视说理训练

有人说：学生学说话，那是语文课上的事情，数学课上只要学会如何解决问题就行了。其实不然，数学课堂中学生不仅要学说话，还要学会有根有据地说话。数学的逻辑表达渗透在数学教学的方方面面，比如在统计与概念领域，五年级的"复式统计表"一课中，笔者在统计完本班同学喜欢哪种乐器后，提出一个问题："如果下学期在我们学校五年级开设这四个乐器兴趣小组，总务主任应该怎样合理分配资金购买乐器器材呢？"

学生根据统计的结果纷纷表达了自己的看法，他们认为根据调查结果，喜欢古筝的人最多，几乎没有人喜欢葫芦丝，推测出下学期参加古筝兴趣小组的人数会比较多，参加葫芦丝兴趣小组的人很少，所以要多准备几架古筝，葫芦丝可以少买一些。学生通过有理有据地表达，将内在思维外显化，把知识的获取与发展数学语言有机结合起来，提高了思维的逻辑性、灵活性和准确性，从而培养了语言表达能力和思维能力。

2. 练习中注重说清步骤

在练习中往往出现这样的情况，学生的答案是正确的，但询问他们为什么这样做就说不清楚了。所以教师在批改或是讲解题目时，不能只关注学生最后的结果，还要多引导学生用数学的语言说清每一步是怎么来的，为什么这样做，久而久之，学生的解题思路会越来越清晰。这样做不仅发展了学生的逻辑推理思维，同时也锻炼了学生的语言表达能力。

无论是在课堂中还是在练习中，教师要注重训练学生语言表达的逻辑性，让学生学会有根有据地先说理再推理。长期坚持这样的训练，学生的数学语言表达就会变得清晰、有序、简洁，逻辑推理意识也得到了发展。

培养学生的逻辑推理意识是小学阶段数学核心素养中的重要内容，教师在教学过程中要将合情推理和演绎推理相结合，同时又要引导学生有意识地对相关问题展开猜想，通过实验、归纳等方式进行验证，最后通过数学语言有序地表达。当然，培养学生逻辑推理能力的方法不是一成不变的，教师要不断创新，改进教学方法，根据学生的实际情况进行合理的培养。

参考文献：

[1]《中国学生发展核心素养》发布[J].上海教育科研, 2016（10）: 85.

[2] 中华人民共和国教育部. 义务教育数学课程标准（2022 年版）[S].北京: 北京师范大学出版社, 2022.

[3] 史宁中. 数学思想概论 第 4 辑 数学中的归纳推理[M].长春: 东北师范大学出版社, 2015.

[4] 张德勤. 合情推理与论证推理的培养不可偏废[J].江西教育, 2010（26）: 30-31.

[5] 梁容芳. 核心素养下小学生数学逻辑推理能力的培养[J].新课程（上）, 2017（09）: 166.

[6] 姜燕燕. 小学高年级学生推理能力培养的实践探索[J].上海课程教学研究, 2020（Z1）: 35-38, 65.

高中数学"建模与探究"主线教学策略研究 *

——以"一类图形应用题"教学为例

◎杜志国

摘　要 "数学建模与探究"是高中数学新课程的四条主线之一,"数学建模"是构造刻画客观事物原型的数学模型,并用以分析、研究和解决实际问题的一种科学方法。本文以数学应用题的教学为例,总结了建模的四个步骤:审题、建模、解模和还原。通过"创设问题情境,探究建模规律;丰富问题内涵,培养建模能力"的教学策略,培养学生的建模能力和探究精神,为高中数学新课程"建模与探究"主线教学提供实践经验。

关 键 词 高中数学;新课程;建模与探究;教学研究

作者简介 杜志国,江苏省昆山经济技术开发区高级中学校长,中学高级教师。

《普通高中数学课程标准(2017 年版)》将数学探究与数学建模列为与必修、选修课并置的部分,着重强调教学活动之外的数学探究与数学建模思想培养,并提出数学建模活动与数学探究活动是高中数学的重要内容,承载着提升学生学科能力和素养的重要使命。本文围绕以图形为载体的应用题建模的教学,探究高中数学"建模与探究"主线的教学策略。

一、课堂情境再现

本章通过详细解析高中数学应用题的教学实例,深入阐述了"建模与探究"主线的具体教学策略。

(一)创设问题情境,探究建模规律

探究 1:将一根长度为 20 cm 的铁丝围成一个圆形(不计接头的损耗),则所围成的圆面积是多少?

师:请同学们自主解答探究 1。

生 1:设圆的半径为 r,因为圆的周长为 20 cm,故建立方程 $2\pi r=20$,求解 $\frac{10}{\pi}$,计算出圆的面积为 $\frac{100}{\pi}$ cm^2。

师:你能描述解决这个问题步骤吗?

生 1:第一步是分析题目;第二步是设半径,列方程;第三步是解方程,算出圆的面积;第四步是总结答案。

教师引导同学们概括本题的解题步骤,从中归纳出解应用题的一般思路:(1)认真审题,梳理题目中的数量关系(圆的周长等于铁丝长);(2)引入与面积和周长有关的基本量 r,建立方程

---

* 本文为江苏省"十三五"规划重点自筹课题"高中数学新课程'建模与探究'主线教学研究"研究成果,课题编号:B-b/2020/02/102。

模型；（3）求解 r，求解圆的面积；（4）回归实际问题，写出答案。

设计意图：在进行教学设计时，教师必须站在学生的角度思考问题，在学生已有知识体系中寻找问题解决的依据，引导学生在探究活动中积累经验、提炼方法、发展能力。探究1中，教师引导学生回顾并描述解题的过程，通过步骤的概括，进而引导他们发现解应用题的一般规律，归纳出解题策略：审题—建模—解模—还原。

为进一步探究函数型应用题的建模方法，设计了探究2，并在学生独立思考完成题目的解答后，和学生交流解题的过程。

（二）丰富问题内涵，培养建模能力

探究2：将一根长度为 20 cm 的铁丝围成直角三角形（不计接头的损耗），则所围成的直角三角形面积最大值是多少？

师：你认为探究2与探究1最大的不同点是什么？

生2：探究1的圆半径大小是确定的，而探究2中虽然围成直角三角形，但是直角三角形的形状是不确定的。

师：很好。探究1中的已知量和未知量是确定关系，设未知量 r，解方程，求出未知量。而探究2里包含了更多的不确定元素，你发现了哪些不确定元素？

生2：直角三角形的两个锐角、三边长和面积都是变化的，不确定的！

师：锐角、三边长和面积等这些变化的量，称为变量。你认为这些变量之间有关系吗？可以用什么样的数学知识来描述变量间的变化关系？

生2：变量间是有关系的！比如，当三角形其中一个角的角度变化时，三边长和面积都会随之改变。我觉得可以用函数来表示它们之间的关系，所研究的面积是函数，可以设两个直角边的边长是 a、b，然后建立函数关系。

师：函数关系怎样建立？

生2：函数关系是利用直角三角形的面积公式 $S = \dfrac{1}{2}ab$ 建立起来的。

师：无论怎样折叠，函数关系式都成立吗？

生2：是的，因为围成直角三角形是确定不变的。

师：好的，请说说你的解题过程。

生2：（解法一）设两个直角边边长分别为 a、b（$0<a<10$，$0<b<10$），则利用面积 $S = \dfrac{1}{2}ab$ 建立二元函数模型。

由基本不等式：

$a + b + \sqrt{a^2 + b^2} = 20 \Rightarrow 2\sqrt{ab} + \sqrt{2ab} \leq 20$.（当 $a = b$ 时取等号）

$$S = \frac{1}{2}ab \leq \left(\frac{20}{2 + \sqrt{2}} \right)^2 = 50\left(6 - 4\sqrt{2} \right),$$

当且仅当 $a = b = 20-10\sqrt{2}$ 时取等号。

生3：我注意到铁丝的长度是定值，所以 a、b 两个变量也具有函数关系，进而可以将二元函数转换为一元函数求解。

（解法二）$a + b + \sqrt{a^2 + b^2} = 20 \Rightarrow b = \dfrac{200 - 20a}{20 - a}$.

$S = \dfrac{1}{2}ab = \dfrac{100a - 10a^2}{20 - a}$（$0 < a < 10$）.

令 $t = 20 - a \in (10, 20)$，

则 $S = 10 \times \dfrac{10(20-t) - (20-t)^2}{t} = 10 \times \dfrac{-t^2 + 30t - 200}{t} = 10\left(-t - \dfrac{200}{t} + 30 \right) \leq 10\left(-20\sqrt{2} \right) + 300$

当且仅当 $t = 10\sqrt{2}$，$a = b = 20 - 10\sqrt{2}$ 时取等号。

生4：我的想法是引入一个锐角和斜边作为变量，利用铁丝周长为 20 cm，找出二元的关系，然后把面积表示成关于锐角的三角函数进行

求解。

（解法三）设 $\angle B = \alpha$，$\alpha \in \left(0, \dfrac{\pi}{2}\right)$，设斜边为 l，则直角边边长分别为 $l\sin\alpha$、$l\cos\alpha$，所以，$l\sin\alpha + l\cos\alpha + l = 20$，

$$l = \frac{20}{\sin\alpha + \cos\alpha + 1},$$

$$S = \frac{1}{2}l\sin\alpha \cdot l\cos\alpha = \frac{200\sin\alpha \cdot \cos\alpha}{(\sin\alpha + \cos\alpha + 1)^2}.$$

令 $\sin\alpha + \cos\alpha = t \in (1, \sqrt{2})$，

则 $S = \dfrac{100(t^2-1)}{(t+1)^2} = \dfrac{100(t-1)}{t+1} = 100\left(1 - \dfrac{2}{t+1}\right)$，$t = \sqrt{2}$ 时，$S = 50(6 - 4\sqrt{2})$.

生5：我是想到了建系的方法，设出 B、C 坐标，将面积表示为关于 B、C 坐标的函数，函数模型和生2的方法类似……

师：通过探究二，说说函数型应用题是怎样确立函数模型的？

生6：我认为关键是梳理题目中的数量关系，尤其注意确定函数和自变量，根据题目中的图形、文字等信息建立函数关系，然后求解。

设计意图：探究2将命题的情境由圆变为直角三角形，在这个问题中，边长、内角和面积等都是变量，而且变量之间存在函数关系。函数是刻画现实世界中变化关系的重要数学模型，通过探究2使学生进一步理解函数的本质，从而培养学生的数学建模意识和能力。同时，通过自主探究，学生认识到函数型应用题要注意变量之间的关系，要关注题目中的"变"与"不变"，选择不同的自变量，会使解题指向不同的路径。因此，建模的关键点是选取合适的变量，描述确定的、不变的关系，进而建立函数关系。

本节课的教学设计遵循由特殊到一般，由简单到复杂的认知规律，围绕以图形为载体的应用题建模环节，通过学生自主探究，引导学生深刻理解函数是刻画变量关系的重要模型，进而发展学生的数学建模能力。

二、教学策略建构

基于上述教学实例和实践经验的总结，在高中数学课堂教学实践中，应注重以下教学策略在培养学生数学建模和探究能力中的作用。

（一）联系实际问题，培养建模意识

培养学生运用数学建模解决实际问题的能力的关键，是把实际问题抽象为数学问题。首先通过观察分析，提炼出实际问题的数学模型。然后再把数学模型纳入某知识系统去处理。这不但要求学生有一定的抽象能力，而且要有相当的观察、分析、类比能力。数学教师需要把数学建模意识贯穿于教学的始终，也就是要不断地引导学生用数学思维去观察、分析和表示各种事物关系、空间关系和数学信息，从纷繁复杂的具体问题中抽象出我们熟悉的数学模型，从而用数学模型来解决实际问题，使数学建模意识成为学生思考问题的方法和习惯。

（二）挖掘教材资源，开发建模课程

数学建模教学还应与教材使用结合起来研究。教师应研究在各个教学章节中可引入哪些模型问题，如，讲导数时可通过物理学中的速度问题引入，其余的相关问题都可以放入这个模型中来解决；而质量问题、河流的流量问题则可结合在积分教学中。通过教师的潜移默化，学生可以从大量各类建模问题中逐步领悟到数学建模的广泛应用，从而激发学生研究数学建模的兴趣，自主开发课程资源，提高他们运用数学知识进行建模的能力。

（三）注重学科融合，发展综合素养

由于数学是学习其他自然科学以至社会科学的工具，而且其他学科与数学的联系也是相当密切的，因此我们在教学中应注意数学与其他学科的呼应，这不但可以帮助学生加深对其他学科的理解，也是培养学生建模意识的一个不可忽视的途径。例如，教了正弦函数后，可引导学生用模型

函数写出物理中振动图像或交流图像的数学表达式。这样的模型意识不仅仅是抽象的数学知识，更是对他们学习其他学科的知识以及将来用数学建模知识探讨各种边缘学科产生深远的影响。

（四）加强专题研究，提升建模能力

教学中可以选择适当的建模专题，如"代数法建模""图解法建模""直（曲）线拟合法建模"，通过讨论、分析和研究，使学生能够熟悉并理解数学建模的一些重要思想，掌握建模的基本方法。也可以引导学生通过对日常生活的观察，自主选择实际问题进行建模练习。

（五）构建交流环境，组建建模小组

建模活动一般包括以下环节：（1）组建合作团队——选题、开题；（2）开展研究活动——做题；（3）撰写研究报告——结题；（4）交流展示——完善、评价。

组建研究小组并确定选题后，学生需要撰写开题报告，教师要组织"开题"交流活动。开题报告应包括选题意义、文献综述、解决问题思路、研究计划、预期结果等内容。关于研究报告样例，教科书给出了数学建模研究报告的参考格式，学生应根据选题的内容和研究过程如实填写。研究报告应先在小组内进行交流讨论，再选定代表制作演示文稿，在全班展示和交流，最后由同学和教师进行现场评价，并把评价结果存入学生的个人学习档案。

（六）转变教学理念，提倡建模探究

尽管数学建模活动越来越受到数学教育界的重视，但是通过课题组的调查分析，目前在一线教师心中存在对数学建模的误区：一是数学建模就是应用题，就是在数学题上添加一个应用场景；二是数学建模超出中学生的学习水平，占用课时耽误时间；三是数学建模需要学习大学的知识；四是数学建模中需要用到计算机，冲淡了数学学习的味道。

面对这些误区，一线教师需要更新观念，更加注重对学生探究能力和探究意识的培养。建模教学只有在学生拥有良好的数学学习能力和解决问题的能力之后，才能完全融入数学的学习和探究中去，使学生形成数学意识和数学思维。因此，教师可以通过有效的引导让学生自主探究建模过程，以此形成建模思维，提升探究能力。

三、结语

"建模和探究"是高中数学课程中引入的新的学习方式，它将数学建模和数学探究有机地结合，同时培养学生在实际的问题情境中发现问题、提出问题、分析问题和解决问题的能力，培养学生学会用数学的眼光观察世界，用数学的思维思考世界，用数学的语言表达世界，从而成为具有数学素养的人。

参考文献：

[1]范选文.2019版新教材中数学建模的模型探究及其在教学中的作用[J].中学数学研究（华南师范大学版），2022（10）：10-12.

[2]徐阿根.新课程背景下高中数学教学探究活动实践研究[J].数理化解题研究，2021（30）：52-53.

[3]张紫薇.高中数学新教材必修一中数学建模内容的研究[D].湘潭：湖南科技大学，2021.

幼儿园劳动启蒙教育课程园本化的实践探索

◎赵小华　王黛晢

摘　要　尊重儿童身心发展特点，满足儿童成长需要的劳动启蒙教育，是幼儿园课程中必不可少的内容。它不仅培养幼儿的生活自理能力和良好的生活习惯，更能让幼儿从小就建立正确的劳动观以及对劳动者的尊重。本文在课题研究的基础上，从幼儿园教育实践出发，详细阐述幼儿园劳动教育的内涵和价值，以及劳动教育课程园本化的实践策略和效果。本文强调以幼儿的身心发展状态及发展需求为主线，选择以培养幼儿自我服务意识和能力的生活活动及劳动活动为主的劳动教育活动内容，并把劳动教育思想贯穿于幼儿的一日生活，建构完善的劳动教育园本课程体系。

关 键 词　幼儿劳动教育；课程园本化；实践策略

作者简介　赵小华，辽宁省沈阳市艺术幼儿师范学校幼儿园，高级讲师；王黛晢，辽宁省沈阳市艺术幼儿师范学校幼儿园，助理讲师。

劳动教育是中国特色社会主义教育制度的重要内容，对于培养社会主义建设者和接班人具有重要的战略意义。党的十八大以来，以习近平同志为核心的党中央高度重视劳动教育。2020 年 3 月，中共中央、国务院印发《关于全面加强新时代大中小学劳动教育的意见》，强调劳动教育是中国特色社会主义教育制度的重要内容，要把劳动教育纳入人才培养全过程，并对劳动教育工作进行了整体部署。各省、区、市也在国家政策基础上相继出台了幼儿园劳动教育指导意见，指导和规范幼儿园在日常劳动教育活动中的实施策略。

对于个体而言，无论是面向儿童的现实生活还是未来生活，劳动都具有现实和长远意义。幼儿时期的劳动教育，不仅可以培养幼儿良好的劳动意识、生活习惯以及一定的生活自理能力，更为幼儿以后的小学学习生活，乃至社会适应奠定着十分坚实的基础。

然而，在"劳动教育园本课程的开发与实践研究"课题中，我们通过访谈、调查、查阅资料，发现现阶段幼儿园劳动教育课程呈现劳动内容单一化、劳动行为碎片化、劳动状态浅表化等问题，导致劳动效果呈现割裂状态，具体表现为浅层劳动多，而系统性的课程设计少。为解决这些问题，我们借鉴前人经验，在明晰"幼儿劳动教育"这一概念后，探索幼儿劳动教育园本课程的实践策略，并检验了其效果。

一、幼儿劳动教育的内涵和价值

（一）幼儿劳动教育的内涵

幼儿劳动教育是指导幼儿在实践和动手操作的过程中有目的、有意识地运用体力和智力改造外部世界，从而使其获得劳动知识、劳动技能、劳动习惯、劳动意识和劳动情感等方面发展的一种教育活动。幼儿劳动教育具有启蒙的特点，既有别于中小学的劳动教育，更区别于财富创造的社会劳动，其基本特征是自主参与、生活体验、拓展社会性认知。幼儿劳动教育的目的在于帮助幼儿养成基础的社会行为，以自然知识、社会知识促进幼儿全面发展，即以培养他们潜在的未来劳动能力为目标。

（二）幼儿劳动教育的价值

劳动教育是幼儿生活经验积累的最短路径。通过劳动教育和指导，可以推动幼儿从自然人走向社会人的经验生成，让幼儿回归生活世界，在自然成长中积累生活所需的经验和技能，从而促进幼儿的成长和成熟。尤其是在劳动过程中，幼儿累积的经验具有多元性和综合性的特点，可以促进幼儿的全面发展和整体提升。

劳动教育能有效提升幼儿的社会适应能力及劳动品质。幼儿通过劳动，从独自成长到融入社会群体劳动中，日渐形成有利于全面发展的劳动品质。幼儿如果从小没有养成良好的劳动习惯，长大后一般不会成长为勤俭持家、体谅父母、珍惜他人及社会劳动成果的成年人。

劳动教育有效促进幼儿的身心健康和谐发展。通过日常的劳动活动，孩子在体力上得到了发展，运动技能有所提升，四肢协调性及手眼配合度得到了有效锻炼；同时，幼儿的劳动体验获得了提升，从而增强了自我价值感和自信心，促进了良好情绪和自我满足感的保持。

综上所述，幼儿劳动教育能有效引导幼儿在生活中丰富劳动经验，在游戏中养成良好的劳动态度，在活动中体验劳动价值，从而促进幼儿的全面发展和健康成长。

二、劳动启蒙教育课程园本化的实践策略

（一）明确价值观，制定园本课程实施方案

课题组在社会主义核心价值观的基础上，结合本园幼儿发展的实际需要及所具备的人力、物力、文化资源，凝结出"爱劳动、自主、积极、和谐、创新"等与劳动教育相关的价值观。为了将价值观渗透到自主游戏、集中教育活动、劳动活动和一日生活的各个环节中，我们创设了能够增强幼儿自我服务意识和能力的自我服务劳动、集体服务劳动、照顾种植园区、饲养小动物、值日生、环境创设、集体采摘、手工劳动等活动内容，并运用行动研究法、观察法，制订观察记录表，在活动中观察幼儿的活动兴趣、成长变化、课程适宜性，及时调整不适宜幼儿发展的活动，最终形成完善的劳动教育园本课程。

（二）丰富劳动教育内容，成就幼儿的劳动体验

本研究根据园本课程内容、一日生活流程、核心价值观主题，通过制订教学计划、设计教学活动、环境创设、投放相关游戏材料和玩教具，达到将劳动教育渗透到园本课程的各个环节中的目的。

1. 自我服务劳动

在一日生活活动中，依据幼儿不同年龄段的发展水平，实行不同层级水平的自理、自主、互动的劳动任务，促进幼儿劳动意识、自我服务意识以及劳动能力的培养发展。例如，小班幼儿自主取放个人物品、穿脱衣物、整理游戏材料等；而中、大班幼儿在此基础上可额外增加自主整理床铺、晨间入园天气预报、活动前准备、间点餐桌布置、班级环境创设以及餐前准备等劳动任务。为幼儿提供自我服务的机会，能让幼儿感受到自我服务的满足感，建立自信心，产生服务意识，促进其品质的发展。

2. 集体服务劳动

大自然是劳动教育天然的场所。在园区拥有丰富的环境资源的情况下，利用环境优势，设置种植区、动物乐园区以开展幼儿集体服务劳动。

（1）种植活动

实行幼儿分区、分班负责制，幼儿负责和参与各种农作物和果树的"播种—养护/观察—采

摘—售卖／烹饪"等一系列完整活动。在种植的过程中，幼儿将通过观察、探究、劳动体验，进一步引发对农作物和劳作工具的认识以及思考，积累劳动经验，增加劳动技能，从而提升劳动能力。在采摘、售卖、烹饪的过程中，幼儿也能感受到劳动是具有实际意义的，劳动是具有实际效果的。幼儿劳有所获，感受收获的喜悦，劳动价值得到彰显，以情感价值的实现激发幼儿对劳动活动的浓厚兴趣。

（2）动物饲养

动物乐园区引进多品种的动物，例如，青山羊、香猪、松鼠、柯尔鸭、鸽子、兔子、非洲雁、孔雀、貂等。各班级幼儿对一种动物进行认养，负责动物的起名、饲养等工作。在此过程中，幼儿通过观察、亲自照料、查阅资料等多种方式了解物种的多样性、每种生物的习性等。同时，也培养了责任心和爱心。

（3）班级自然角

在园所不具备充足的户外环境资源的情况下，也可设置班级自然角，补充幼儿关于动植物的劳动体验。具体来说，每个班级设置自然角，放置包括盆栽和适合室内生存的动植物，要求幼儿对自然角进行环境布置，并且负责养护工作。同时，也要求幼儿对动植物的生长过程进行观察、记录，以便于他们了解多种动植物的特性及生长周期。幼儿可以根据自身能力、特点，选择自己的劳动职责。做到分工明确，让幼儿的劳动更具有针对性，培养幼儿的责任意识。

（4）园区服务型劳动

教师通过创设与劳动教育相关的区域，将劳动意识渗透到各区域中，投放相应的劳动工具，让幼儿通过角色扮演、生活体验、手工制作等方式，增加劳动体验，了解不同职业的劳动性质，增加劳动带来的乐趣。例如，室内的烹饪区、木工坊、陶艺坊、建筑城堡、美工坊；户外的生活体验区、花艺坊、快递站等。根据幼儿的年龄特点，

大班可设置值日生，对园区进行管理，晨间接送小班幼儿入园。

3. 劳动教育主题活动

充分利用幼儿园、家庭和社会资源，结合节日、节气等特殊时间节点，以世间万物作为教材，引入课堂，为幼儿创造多元、特色、丰富的劳动教育主题活动，例如，可结合五一劳动节主题设计职业体验活动、以大卖场为主题设计售卖采购活动、以园艺场为主题研学种植采摘活动等。以多样化方式让幼儿接触不同的劳动群体，了解相关劳动知识和技能，参与劳动的过程，丰富幼儿劳动学习内容，带领幼儿进行实践体验，让他们更多地了解社会中各种职业的特点，理解劳动的社会价值，树立劳动平等、劳动光荣的理念，培养良好的劳动素养。

（三）教师专业支持，保障课程开展

1. 环境创设与材料保障

在具体的劳动教育实践过程中，教师需要有意识地创设劳动场景，重视环境在教育中的作用，保证物质环境的教育性以及安全性，为幼儿提供自主参与的充足的时间和空间，并且及时投放、更换适宜的活动材料。例如：在班级主题墙上设置劳动教育板块（天气预报、今天我来了等），让幼儿通过与环境的互动，增加劳动的趣味性；增加桌面布置环节，增加生活活动的情趣性，培养幼儿热爱生活的乐观态度。

2. 观察记录与评价指导

在劳动教育园本化实施过程中，教师也需要通过观察记录、案例分析等方式，对幼儿的发展水平进行跟进，全方位了解每个幼儿，为他们制订个性化方案。建立评价机制，基于劳动教育核心价值观的培养目标，我们通过多元评价、多维评价、过程性评价、发展性评价、总结性评价等方式，从劳动教育课程开发水平、劳动教育实施质量、幼儿在劳动教育活动中的表现、教师在劳动教育中的指导水平、幼儿能力提升等多个角度

进行评价,从而有力保障幼儿园阶段劳动教育的有效实施。

（四）家园共同合作,推进课程实施

为达到劳动教育的理想效果,我们重视家庭劳动教育,确保幼儿园和家庭统一思想和路径,实现协同共育。具体而言,明确家长的劳动教育责任,利用"线上＋线下"的传播方式,如家长会、家长开放日、家长培训、微信公众号、家园联系栏、家长座谈会等途径引导家长树立正确的劳动观念,使得家长在家庭中培养幼儿劳动习惯,帮助幼儿建立主动劳动意识。此外,还可以通过打卡、研学活动等方式让家长共同参与幼儿劳动教育活动,调动幼儿主动性,发挥最大教育价值。

三、劳动启蒙教育课程园本化的实施效果

首先,劳动教育园本化方案落地并顺利实施,劳动教育与园本课程的有机融合,使得幼儿园劳动教育中的薄弱点得以有效改善。具体而言,我们梳理出劳动教育园本化中核心价值观的培养目标,并将劳动教育贯穿在一日流程的各个环节当中,根据园本课程做出系统化安排,解决劳动教育碎片化的问题。教师引导幼儿在一系列真实、有趣的实践活动中"真听、真看、真感受;真学、真做、真体验"。多元、丰富、多层级的劳动教育活动设计让幼儿的劳动行为由浅入深,使幼儿的劳动状态不再流于表面,劳动效果得以整合,使劳动教育的效果最大化,为幼儿今后的发展奠定了良好的基础。

其次,在幼儿劳动教育园本化过程中,幼儿沉浸式参与其中,他们的劳动认知、劳动情感、劳动行为、劳动习惯等方面得到大幅提升。过去的劳动教育中,幼儿主要通过教师讲解和简单的劳动行为接触劳动知识,这种学习方式较为表面,缺乏深层理解。在我园推进幼儿劳动教育园本化的过程中,我们采用了多样化的教学手段,让幼儿通过实际观察、记录、探究、体验和实践,丰富和深化了劳动知识的学习。幼儿不仅掌握了劳动的基本常识、动植物相关知识、劳动工具的种类及其使用方法,还深入了解了职业特质,从而拓宽了劳动认知的广度,同时也极大地丰富了园本课程内容。此外,多元化的劳动体验还帮助幼儿获得了积极的情感体验,激发了他们的劳动兴趣,初步培养了核心价值观和社会责任感。随着劳动经验的积累,幼儿的劳动素质显著提升,思维能力在劳动过程中也得到了有效的锻炼。

综上所述,新时代幼儿园的劳动启蒙教育不是简单的劳动技能教育,而是一种培养幼儿劳动情感、劳动态度以及劳动价值观的教育。幼儿园要做到设计丰富的劳动教育形式,创设适宜的劳动环境,提供多样化的劳动可能,从而构建完善的劳动教育园本课程体系,为幼儿铺就劳动启蒙教育的创新之路。

参考文献:

[1] 中共中央,国务院.中共中央 国务院关于全面加强新时代大中小学劳动教育的意见[N].人民日报,2020-03-27(001).

[2] 施冬梅.新时代幼儿园劳动教育实施路径[J].教育界,2023(31):98-100.

[3] 王海英.新时代幼儿劳动教育的价值意蕴及实践路径[J].宁波教育学院学报,2023,25(05):30-34.

[4] 彭天娇.探析新时代幼儿园劳动教育系统的建构策略及实施路径[J].求知导刊,2023(28):122-124.

论信息技术在学生自主学习中的应用优势和策略

◎王景年

摘　　要 随着课程改革的深化，现有的教育观念和教学方式需要转变，自主学习等新的学习模式得到了大力提倡，而信息技术在培养学生自主学习能力中发挥着重要的作用。本文在阐明自主学习内涵的基础上，分析了信息技术在自主学习模式中的应用优势，即有助于加强自主预习效果、创设课堂教学情境、优化自主学习模式、巩固自主学习成果、提高实践创新能力。本研究同时总结了在自主学习中应用信息技术的策略：转变教学观念，创设自主学习的情境，建立健全校园网络自主学习体系。

关键词 信息技术；自主学习；技术应用策略

作者简介 王景年，江苏省滨海县八滩第二中学校长，中学高级教师。

随着课程改革的不断深入，现代教育必须全面贯彻实施素质教育，各学科教学也必须转变现有的教育教学思想观念，改变教学方式、教学手段以适应新形势下的教学理念。信息技术与学科的整合是教育信息化的必然归宿，信息技术作为一种极富特色的信息传递工具，具有多感官刺激效果，有利于学习者主体地位的确立，有利于支持自主学习的互动与交流。

近几年来，我校领导及全体教师开拓创新、勇于实践、艰苦探索，大胆进行"生·活"课堂教学改革的实践与研究，在"课前学—课中学—课中练"中充分体现"疑、探、展、导、练"五字方法，注重运用信息技术培养学生自主学习的能力，形成具有八滩二中教学特色的"两学一练"课堂教学模式。我们把课堂变成学堂，把课堂还给学生，把教案变为学案。课堂上，教师倡导学生自主学习、合作探究，培养学生主动获取新知识的能力、分析解决问题的能力、交流与合作的能力，让学生学会学习，乐于学习，主动学习。

2021 年，我校荣获江苏省初中课堂教学改革优秀成果奖。

一、自主学习的含义

所谓自主学习就是自己主导自己的学习，是一种与传统的被动学习、填鸭式学习相对的学习模式。作为新的学习模式，其基本内涵是学习者自己主动地、有创造性地学习。现代教育理论提倡自主学习，即以学生为中心，强调学生"学"的主动性，学生是信息加工的主体，教师则负责组织、指导、帮助和促进学生的学习，充分发挥学生的主动性、积极性和创造性，从而使学生有效地进行学习，达到良好的教学效果。

自主学习在学习的各个环节中都充分体现了学习者的主动性：（1）学生的学习动机源自内心。（2）学生会根据自身学习的实际情况来制订学习计划和学习方法，并且能够在学习过程中根据情况主动并及时地调整。（3）在学习过程中，学生会根据自己的学习情况合理安排时间，学会管理和有效利用时间；学生会主动去发现问题、解决问题，学会独立思考和培养创新意识；学生能够主动克服遇到的困难，积极去探索思考，自我监控，自我评价，自觉努力完成学习任务。

总之，自主学习充分体现了学生的学习主体性。在自主学习过程中，学生内心愉悦、态度积极、思维独立。自主学习的过程更多的是对学生学习方法和学习能力的培养。

二、在学生自主学习中运用信息技术的优势

在传统的教学模式中，教师利用一本书、一块黑板、一支粉笔对学生进行"满堂灌"，学生在教师的指挥下被动地记、机械地学，压制了学生的创造力，学生缺少独立思考的空间和时间，缺乏主体性，不能进行自主学习。如今，信息技术开始在教学中得到广泛的应用，为学生的自主学习提供了有利的条件和平台，展现了它独特的优势。

（一）运用信息技术工具，加强自主预习效果

预习是自主学习模式中的首要环节，是求知过程的一个良好的开端，是自觉运用所学知识和能力，对一个新的认识对象预先进行了解、求疑和思考的主动求知过程。在课前的预习中应用信息技术，可以帮助学习者建构知识背景，激发学生的学习动机和学习兴趣，从心理上做好进一步学习的准备。

在组织安排预习的过程中，教师要为学生提供学习所需要的各种资源，把精力放在简化利用资源所经历的实际步骤上。一方面，利用互联网资源，为学生提供大量有用信息、解决问题的方法，同时培养学生判断、获取、分析信息的能力，培养他们主动探索和学习的能力。另一方面，利用教学资源媒体提供形式生动、内容丰富、具有交互功能的学习资源。把学习资源作为学生进行分析、思考、探究、发现的对象，以帮助学习者理解原理，并掌握分析和解决问题的步骤，培养学

生自主学习能力。

（二）创设课堂教学情境，激发自主学习兴趣

创设情境的主要作用是使学生了解学习任务的必要性和与学习任务相关的学习信息，唤醒学生的认知系统，激发学生的学习兴趣，拓展思维，产生学习动机，实现积极的意义建构。从建构主义学习理论的观点来看，学习总是与一定的情境相联系，在情境的媒介作用下，那些生动直观的形象才能有效地激发学生的联想，唤起学生原有的认知经验，吸引学生的注意力。因此，教师要根据教学内容和学生的年龄特征以及认识规律，充分发挥信息技术工具的多媒体功能，从文字、声音、动画等方面创设学习情境，增强信息的真实感和表现力，让学生身临其境，主动参与到学习活动中。利用多媒体创设现实情境，实现对教学内容直观化、形象化呈现，不仅能给学生真实自然、生动感人的美感，还会激发学生对所学学科的兴趣，调动学习积极性。

传统教学多是通过语言、文字呈现教学内容和信息，这种教学方式有它的优点，如概括性强、思考余地大、简洁精练等，但也有弊端，即呈现信息的方式是线性的、抽象的、枯燥的，有时不符合中小学生的思维习惯，使中小学生不容易理解。如果利用信息技术的形象演示，就能把问题化难为易、化抽象为形象，加深学生的理解，把学生的注意力吸引到教学中来，从而提高学生的课堂参与性。因此，运用信息技术更有利于学生自主性学习能力的培养，更有利于学生的自主学习环境的实现。

（三）运用信息技术手段，优化自主学习模式

信息技术作为交流协作工具，能促进师生之间的情感交流协作。在信息技术辅助的自主学习情境中，多个学生共同完成学习任务，每个学生发挥各自的认知特点、相互讨论、相互帮助、相互提示、分工合作，可以平等地共有、共享学习资源，可以按照自己的学习基础、学习兴趣来选

择学习内容、方法、策略和目标。学生从而有了主动参与学习的可能，有了自主学习的天地。此外，信息技术也可以进一步应用于学科间的整合。由于信息技术的介入，学生的自主学习模式得到了优化，学习的主动权完全交给了学生，教师成为学习活动的引导者和组织者，使学生真正成为学习的主人。

（四）利用信息技术资源，巩固自主学习成果

信息技术与学科课程的整合，是把信息技术作为学生自主学习的认知工具、情感激励的工具、教学环境的创设工具、课程整合的调控工具等。同时，将这些"工具"运用到教学中去，使各种教学资源、教学要素、教学环节及其各成分经过重新构建、互相融合，在整体优化的基础上产生凝聚效益，对学生自主学习的效果有着深远意义。

在课后复习和课外实践活动的过程中让学习者通过信息技术工具来完成作业，或者与教师、同学进行交流。例如，教师在教完一个单元之后，设计作业活动，学习者通过计算机去完成，并实时与同伴交流学习结果，及时获得教师的反馈，从而巩固学习成果。此外，信息技术也是补充学习内容、提高学习成效的重要途径。用信息技术提供资源环境，能够突破书本是知识主要来源的限制，用各种相关资源来丰富封闭的、孤立的课堂教学，极大地扩充教学知识量，使学生不仅仅学习课本上的内容，还能开阔思路，看到百家思想，在已有的学习成果上获得更多延伸。

（五）挖掘信息技术优势，提高实践创新能力

实践能力是"坚持学习书本知识与投身社会实践的统一"的具体体现，突出强调加强课程的实践性，以生活中应用为主，培养学生实际操作能力。运用信息技术的自主学习模式将学生置身于动态的学习环境中，强调学生自主参与、自主探究，重视自我发现、自我体验的过程，为学生提供了充分实践的条件和施展才华的舞台，是培养学生实践能力的有效方法。

自主性和创新性密不可分，创新是自主性的最高体现。没有积极主动的学习，就不能有效地培养学生的创新精神和创新能力。因此，我们要创设各种机会，利用信息技术，鼓励学生去主动参与学习，把他们智慧的火花尽量激发出来。

信息技术对学校教育的影响越来越深入，为学校培养学生的创新精神和创新能力提供了新思路、新途径。为全面深化素质教育，为学生将来发展成为创新型人才奠定坚实的基础，我们还要继续探索信息技术运用的有效性，营造一个数字化校园，有助于学生在学习中养成大胆实践、勇于探索的好习惯，以提高自主创新的能力。

（六）运用应用信息技术，培养自主学习能力

信息技术从以下三个方面促进学生自主学习能力的培养：

1. 信息技术在激发学生的学习动机上提供了技术支持

随着信息技术的发展，录音、拍照等技术变得越来越容易，在教学中可以很轻易地采用多媒体技术把声音、图像、视频等信息形象、直观地展现在学生面前，激起他们的好奇心和学习兴趣。在强烈的学习动机下，学生的学习主动性得到大大提高，积极去探索知识。

2. 网络为学生的自主学习提供了丰富的学习资源和学习交流平台

学生可根据自己学习的需要在互联网中搜集信息，可以利用网络答疑，与教师、同学、专业人员进行交流，分享自己的心得，实现资源共享。同时，信息技术的发展开阔了学生的眼界，拓展了学生的思维空间。"人机互动""模拟实验"等技术则打破了从书本获取知识的传统途径，为学生提供了富有个性化和创造性的"活教材"，更加有利于学生主动参与其中，培养其自主学习能力。

3. 信息技术的应用打破了学生学习地点和学习时间的限制

与传统教学方式相比，信息技术的应用打破了学生学习地点和学习时间的限制，实现随时随地都可进行学习，学习内容和学习时间可自由选择，为自主学习提供了方便。

三、在学生自主学习中运用信息技术的策略

教育的目的是教学生会学习，获得终身学习的能力。利用现代信息技术作为媒介，引导学生自己去发现问题、分析问题，学会自己去解决问题，培养他们的创造力，高效进行自主学习。为促进学生的自主学习，本文总结了如下的信息技术运用策略：

一是转变教学观念，把学习的主动权还给学生。为利用信息技术引导学生自主学习，教师需要为学生做好技术支持服务，需要指导学生正确利用网络查找、收集、整理自己所需的资料和信息，并为学生提供有效利用各种学习软件进行学习的方法。

二是创设自主学习的情境。利用信息技术提供图文并茂的教学场景，并围绕教学计划精心设计教学情境，为学生下达学习任务，营造和谐、宽松的学习环境，启发激励学生积极探索，主动利用信息技术去完成学习任务。此外，教师需要把握学习的内容和进度，避免学生盲目使用技术，沉迷网络世界。

三是建立健全校园网络自主学习体系。要提高学生自主学习能力，还需建立和完善学习功能齐全的开放的校园网络学习平台，如校园数字图书馆、模拟实验操作平台、网络交流平台等。丰富网络中的学习内容，让学生可以自主选择学习内容和方法，在学习中遇到的困难能借助各种网络交流平台得到帮助。此外，还可以利用网络对学生自主学习进行自评、互评，找出差距，提高学习效率。

现代信息技术在教学中的应用，为学生的自主学习提供了很好的条件，教师和学生都要充分利用好信息技术支持的丰富网络资源和个性化学习方式来提高学生的自主学习能力。现代教育技术强调对学习过程和学习资源进行设计、开发、使用、管理和评价，为培养学生的创新精神和创新能力提供了新思路、新途径。在教育教学中，我们应充分运用现代教育技术，培养学生的自主学习能力和实践创新能力，为全面深化素质教育，为学生将来发展成为创新型人才奠定坚实的基础。

参考文献：

[1] 陈晓慧，李馨. 基于信息技术的自主学习环境创设[J]. 中国电化教育，2003（04）：13-16.

[2] 李艺. 信息技术课程：设计与建设[M]. 北京：高等教育出版社，2003.

[3] 高金岭. 现代教育技术与现代教育[M]. 桂林：广西师范大学出版社，1999.

[4] 艾修永. 信息化教学模式与学生自主化学习[J]. 山东电大学报，2002（01）：17-19.

[5] 祝智庭. 信息教育展望[M]. 上海：华东师范大学出版社，2002.

[6] 唐剑岚，胡建兵. 自主学习模式下的网络环境设计[J]. 现代教育技术，2003（06）：32-35.

[7] 庞维国. 自主学习：学与教的原理和策略[M]. 上海：华东师范大学出版社，2003.

核心素养视域下信息技术在学校体育教学中的应用 *

◎张震义　王　萌

摘　要 随着《义务教育体育与健康课程标准（2022 年版）》的颁布，如何在体育教学中给学生输入体育核心素养相关的知识体系成为当下应该探索的问题。本文通过文献资料法、问卷调查法、实验法、数理统计法等研究方法，解读新课标的相关概念，在体育核心素养的框架下，从学校层面、教师教学层面及学生学习层面预设利用信息技术的教学策略，旨在推动义务教育阶段体育与健康课程教学的改革。

关键词 核心素养；信息技术；体育教学

作者简介 张震义，江苏省泰州市凤凰初级中学校长，中学高级教师；王萌，江苏省泰州市凤凰初级中学教师，中学一级。

一、核心素养视域下运用信息技术的体育教学概念解读及案例介绍

（一）核心素养视域下的体育教学概念解读

《义务教育体育与健康课程标准（2022 年版）》提到要聚焦中国学生发展核心素养，并在"坚持创新导向"中，提到通过继承与借鉴进一步深化改革，着力发展学生核心素养。在"课程性质"中提到以发展学生核心素养和增进学生身心健康为主要目的，在"课程理念"中提到以中国学生发展核心素养为引领。

（二）信息技术在体育教学中的运用

信息技术在体育教学中的运用，是指在以学校为基础的学生活动环境中，运用信息技术辅助体育教学的手段。新一代科学技术为教育改革和创新带来了发展的机遇，基于云计算、大数据、物联网、虚拟现实、人工智能等技术手段，一系列教学辅助设备得以出现并成功应用于学校教育教学领域。学校体育教学作为学校教育的重要环节，在体育教育改革和创新的驱动下，顺应时代发展的潮流，积极探索智慧教育和智慧体育相结合的智慧体育教学发展路径。

（三）信息技术在体育教学中的案例介绍

2021 年 5 月，天津师范大学附属小学曹健虎教师在"少年拳第一套"的体育教学中，利用信息技术辅助教学。在教学中，曹老师让学生佩戴运动手表，借助运动手表采集学生的运动心率、平均心率、平均运动强度、班级平均运动量、运动密度、卡路里的消耗、学生的平均运动步数、某一阶段心率、阶段平均运动步数等运动数据，再对收集到的数据进行数据分析，对学生的运动状况进行指导。

*　本文为江苏省泰州市"十四五"教育科学规划 2021 年信息化专项重点课题"利用信息技术培养初中学生体育核心素养的研究"阶段性成果，课题编号：2021jksxxh001。

借助信息技术构建属于体育教学的创新实践的新章程，是信息技术融合体育教学的一种有效依据。教师及时发现本节课出现的问题，有针对性地干预，让学生能够利用信息技术带来的自我数据，在了解自我的前提下促进自身发展，探索出以学生发展为中心的体育课。

（四）在体育教学中运用信息技术培养核心素养的研究

运用信息技术等多样化手段将知识传授给学生。经济合作与发展组织（OECD）于 1997 年秋启动了关于核心素养的定义和选择项目（即 DeSeCo）。西班牙以 DeSeCo 制定的核心素养为依据，结合自身的特点，形成了跨学科互助的各子核心素养。比如，在立定跳远的教学中，关于起跳角度的分解教学就很难讲解，可是运用信息技术将动作变成慢动作分解或者暂停处理，以配合教学，就能让学生对动作要领的掌握更直观。

使用多媒体技术搜索、记录运动信息的数字化运动素养，将信息技术运用于体育学科教学中。体育核心素养是核心素养目标下的学科分支，核心素养中有些运动能力、健康行为、体育品德可以在室外体育课的教学中形成。许强在《基于核心素养下的初中体育教学探究》一文中，将核心素养作为前提，立足于体育课的教学，提出教师应注重教学手段的创新，通过层次性、游戏化、信息技术、小组合作等方式，用多元化的教学方式，提高教学效率，渗透体育核心素养的传导，还是很有见地的。

二、核心素养视域下不同层面运用信息技术的体育教学策略

（一）学校层面

核心素养能力培养的重要目的是提高体育教学，要从学校入手，有针对性地在体育课的教学中对学生的运动能力、健康行为和体育品德进行培养，制定有设计、有规划、有系统的教育模式，

建立体育教学培养核心素养的观念，提高学生对体育核心素养的认知能力和水平。将体育教学与信息技术相融合，在学校体育教学中加强学生对体育核心素养的认识，体育教师在教学中勇于创新，合理运用信息技术，将运动能力、体育品德和健康行为有效有机结合，既预防理论学习的单一，也防止技能学习的乏味，同时促进体育品德的形成。

在信息技术飞速发展的时代，学校应该合理打破传统，实时借助新时代的产物，致力于体育教学水平的提升，贯彻学生体育核心素养的培养。学校要拓宽体育核心素养的普及渠道，创造多元化的核心素养培养体系。比如，利用家长群、学校公众号等途径，建立家校联动体系，让家长和学生可以共同参与其中，增加体育运动的亲子模块。在健康行为方面，可以推送相关知识，开阔家长与孩子对体育的认识。

（二）教师教学层面

体育教师在体育课的教学中以多种身份参与其中，既是教学的组织者、参与者、管理者，又是教学的学习者。在新课标的指引下，教师要不断提高自身的信息技术能力，在掌握教学技能和专业知识的前提下，还要具备利用信息技术助力日常体育教学的能力，学会不断创新，将信息技术教学贯穿于体育教学的每个过程，在体育教学中合理运用信息技术，致力于学生体育核心素养的综合发展。

（三）学生学习层面

学生对体育的涉及不应仅出现在体育课中，要将体育与健康落实到日常的生活习惯中，建立终身体育的理念。在信息技术发展迅猛的今天，各大平台的健身直播、体育技能教学、体育比赛的直播、体育赛事的发布等都在不断变化。学生通过网络各种交流平台都能获取到自己感兴趣的体育数字资源，学习网络资源的同时，可以利用在线软件与他人沟通，迅速解决在体育学习中遇

到的困难，也可以跟体育教师提出自己对体育学习的感悟。教师要培养学生学会利用信息技术的自主学习能力，让学生能及时找到自己想要的体育教学资源。

（四）社会层面

加强社会层面对体育核心素养的认知，政府部门要加强对网络锻炼风气的监管，让学生有一个正确健康的锻炼环境；政府及教育部门要将学生的体育核心素养纳入学校的评优管理中，扩建社区体育场地及器材；社区加强宣传及引导；最终形成学校、家庭、社会各方面联动的锻炼机制。

三、核心素养视域下运用信息技术的体育教学评价

（一）利用信息技术课的效果

随机选取我校初二、初三年级各一个班，以立定跳远学习前与结束后学生的测试成绩为对比组，用 excel 表格进行数据整合并对比分析。

表 1 利用信息技术学习立定跳远前后测试成绩对比分析结果

测试年级	测试项目	学习前 男生水平	学习后 男生水平	学习前 女生水平	学习后 女生水平	P
初二年级	立定跳远	157.63 ± 25.50（cm） n=24	189.83 ± 33.13（cm） n=24	140.20 ± 19.06（cm） n=20	155.65 ± 20.96（cm） n=20	0.015
初三年级	立定跳远	187.35 ± 22.31（cm） n=26	205.81 ± 25.44（cm） n=26	164.00 ± 15.91（cm） n=23	170.22 ± 16.47（cm） n=23	0.034

选取立定跳远的测试成绩作为测量指标，在学习立定跳远技术前，初二男生的平均成绩为 157.63 ± 25.50（cm），经过一学期的反复学习后，初二男生的平均成绩为 189.83 ± 33.13（cm），前后对比 P 值小于 0.05，呈显著差异；在学习立定跳远技术前，初三女生的平均成绩为 164.00 ± 15.91（cm），经过一学期的反复学习后，初三女生的平均成绩为 170.22 ± 16.47（cm），前后对比 P 值小于 0.05，呈显著差异。根据数据的对比可以看出，信息技术干预体育课立定跳远后，学生的立定跳远成绩提升效果显著，男生的成绩提高更为突出。

表 2 学生对利用信息技术促进体育教学的感受性评价统计结果

维度	题目	M±SD	满分比
利用信息技术方面	1—6	4.12±0.13	89.8%
促进体育教学方面	7—12	4.33±0.16	92.3%
总体	1—12	4.23±0.15	91.1%

（二）核心素养视域下利用信息技术促进体育教学的评价

依据表 2 的数据可以看出，学生对于在体育课中利用信息技术方面的感受性评价平均得分为 4.12 分，数值介于符合与非常符合之间，标准差为 0.13，说明评价基本趋于一致。在促进体育教学方面，评价的平均分值在 4.33 ± 0.16 之间，在非常符合与符合之间。从综合总体维度的均分与标准差来看，学生对于利用技术促进体育教学发展的总体评价较高。

（三）不同角度视野下对信息技术的分析与讨论

从学生的角度出发，将信息技术与体育教学结合，可以在保证知识准确性的前提下完善学生获取知识的渠道，激发学生对体育学习的兴趣，提高学生体育课的参与度。通过信息技术的介入，培养学生终身体育的理念。从教师的角度出发，教师需要转变身份，强调学生的主体性，自身变成教学的辅助者，不断学习最新的知识技能，成为终身体育的学习者，最终致力于体育与健康课程的发展。

利用信息技术辅助体育教学对于传统的体育教学是有冲击的，所以体育教师要掌握好度，在合理运用信息技术的基础上，以提高学生的运动能力、健康行为、体育品德三个大方向作为依据，构建学生的体育知识结构、自主学习能力等。学校及教育主管部门可以加大学校的硬件资金投入，建立可移动式电子投屏、与大屏系统相连的跳远感应器、跳绳感应器等，与大屏相联系的打分系统、排名系统等，同时积极构建体育课程的网络资源库，便于教师教学的长远发展。

在日常教学过程中，要借助信息技术提高自身的创新能力，结合教学的实践与反思，最终提高自身的教学能力。教师借助大屏进行动作的快慢摄像，精准捕获学生的练习动作，及时纠错，尤其用于行进间瞬时动作的教学，比如在跳高、跳远的空中教学方面。运动手表、手环的佩戴可以及时了解学生的情况，让教师更好地进行分组教学，让学生更直观地了解自身的状态，以最饱满的状态投入到体育运动中。

在体育核心素养三个维度的大方向下，将信息技术深度应用到体育教学中，仍然有一段很长的路要走。在这个漫长的过程中，我们要有长远的规划，主动尝试，让信息技术与体育教学不断融合，在优化信息技术中进行体育课堂教学。

参考文献：

[1] 中华人民共和国教育部.教育部关于印发义务教育课程方案和课程标准（2022年版）的通知[EB/OL].（2022-04-08）[2024-08-18].http://www.moe.gov.cn/srcsite/A26/s8001/202204/t20220420_619921.html.

[2] 高志同，陈家起，高奎亭.学校智慧体育教学的优势、困境及发展路径[J].湖北体育科技，2021，40（03）：273-278.

[3] 徐天强.信息技术在体育教学中的应用策略[J].初中生世界：初中教学研究，2021（04）：66-67.

[4] 肖紫仪，熊文，王辉.辨误与厘正：体育素养、体育学科核心素养在我国学校体育的引入与应用审视[J].武汉体育学院学报，2022，56（06）：93-100.

[5] 许强.基于核心素养下的初中体育教学探究[J].中学课程辅导，2022（27）：114-116.

[6] 王鹏程.体育学科核心素养下初中生健康素养的培养策略研究[D].大连：辽宁师范大学，2022.

基于虚拟现实技术沉浸式创新实验服务教学的研究 *

◎戚正华 朱石明

摘 要 随着虚拟现实技术的出现和日趋成熟，沉浸式创新实验可解决学生实验体验不足的问题，有效提升学生身心发展并促进核心素养的培养。文章系统论述了使用 VR 课件进行沉浸式交互实验教学的意义，如丰富知识情境、改进教学方法，提高课堂知识传授效率，增加学生的学习兴趣，让抽象复杂的学科知识更易于掌握等。

关 键 词 虚拟现实技术；沉浸式实验；VR 课堂

作者简介 戚正华，江苏省兴化中学师训办主任，高级教师；朱石明，江苏省兴化中学教研组长，高级教师。

VR 课堂是现代教育发展的产物，通过融合多终端、云平台和人工智能，将抽象概念情境化、可视化，达到高度集成、高度参与、高度互动的教学效果，颠覆了传统教学。江苏省兴化中学在建设适合 VR 教学整班授课的基础上，配备了"VR 虚拟实验创新设计"备课系统，为制作沉浸式创新实验课件提供了硬件保障和软件支持。

一、沉浸式创新实验的概述

（一）虚拟现实技术

VR 虚拟现实（Virtual Reality），是一种通过计算机模拟真实感的图像、声音和其他感觉，从而复制出一个真实或者假想的场景，让人感觉身处这个场景之中，并能与场景发生交互。虚拟现实技术是指通过计算机设备产生的类似于真实环境的三维虚拟环境，通过模拟体验者的感官知觉来产生情感体验。虚拟现实技术主要包括实时变化的逼真环境、人体的行为动作、真实感知和三维交互设备。体验者在模拟环境中通过头部转动、眼睛定位或者手部操作控制场景变化，通过刺激人体的多种感官，获得真实的体验。

（二）沉浸式实验教学

沉浸式虚拟现实是指利用计算机技术模拟出三维仿真场景，体验者通过头戴式显示器、数据手套、定位追踪器等硬件设备，在软件系统的支持下，通过交互高度模拟体验者的多种感官，从而提供完全沉浸式的体验。沉浸式虚拟现实技术具有高"沉浸感"、高"交互性"和高"构想性"这三大特征。而沉浸式实验教学，指在虚拟现实硬件设施的条件下，让学习者可以身临其境地体验所学的知识在现实中的应用场景，多视角、多维度地反映客观世界的知识体系，呈现出真实的知

* 本文为江苏省教育科学"十四五"规划课题"基于虚拟现实技术沉浸式实验教学创新的研究"（项目编号 D/2021/02/477）的研究成果。本文为江苏省基础教育前瞻性教学改革实验项目"高中拔尖创新后备人才的选拔与贯通培育的研究"（项目编号 2023JSQZ0151）的研究成果。

识场景和规律，启发和引导学生提高经验能力，鼓励学生通过知识大胆设计、敢于创新，轻松便捷、低成本地在虚拟系统中不断完善自己的创意和发明。跨越时间和空间，突破有形和无形的限制，彻底激发学生的创造力，释放学生的各种潜能。

二、沉浸式创新实验的必要性

（一）沉浸式创新实验是推进未来信息化教学的重要手段

2019 年，《教育部关于职业院校专业人才培养方案制订与实施工作的指导意见》提出要推进信息技术与教学有机融合，从而全面提升人工智能、虚拟现实等现代信息技术在教育教学中的广泛应用。《中共中央　国务院关于深化教育教学改革全面提高义务教育质量的意见》要求积极探索未来学校建设，构建基于物联网、大数据、虚拟现实、人工智能的未来学习场景，推进教学精准分析和反馈改进体系建设，推动个性化学习的开展。由此可见，VR 实验教学是未来信息化教育的趋势，VR 虚拟现实智能教室越是变得简单易用，越是能够很快地推广信息化教学。

（二）沉浸式创新实验是新时代的教师现代化教学的需要

在实验教学过程中，虚拟现实智能教室使用频率是相当高的，新时代的教师更应善于挖掘其性能的优越性，掌握相关教学方法。对于抽象的知识点或者学习内容，学生很难仅仅通过想象就在脑海中构建出知识的模型，而借助于 VR 技术，就可以解决该问题。另外，在物理、生物、化学等理科学科中，存在许多具有危险性，或是时间跨度比较长的、难以在中学实验室中开展的实验，而借助 VR 技术，用沉浸式创新实验可以安全地还原真实的实验效果，帮助学生掌握相关知识。

（三）沉浸式创新实验是学生快速实现生涯体验的需要

VR 虚拟体验可覆盖多重教育生命周期，可用于模拟课堂情境，让学生在线扮演角色，在课堂中开展沉浸式体验。也便于学生多种视角体验实践过程，并记录相关实验数据。比如，航空、航天、航海三航国防教育，将国防教育需要学习的知识用 VR 技术实现，使学习者能准确地学习"三航"相关的知识，同时利用多人 VR 交互体验硬件平台，将三航模型立体化，让学生进行沉浸式虚拟教学互动体验。此外，沉浸式创新实验可以让学生找出学习中的问题并加以改正。

三、沉浸式实验教学的独特优势

在虚拟现实技术支持的实验教学中，沉浸式的感官刺激让学生身临其境，可激起学生探索新知的欲望。

虚拟现实技术可以将学习内容生动形象地展示给学习者，帮助学习者直观地进行认知体验，掌握学习的重难点。

在交互环节中，教师可通过虚拟体验完成学习任务，增强学习者的实践能力。

对于有风险的实验，可让学生处于绝对安全的模拟环境中完成实验的操作体验。

四、沉浸式实验教学的建设过程

（一）沉浸式虚拟实验的适切性调查

为了实现虚拟现实技术与实验教学的有效融合，我们开展了高中 VR 实验创新教学需求调查研究，对教师和学生进行了访谈，梳理他们对 VR 虚拟创新实验的教学和学习需求。在此基础上，根据课程标准，研究哪些传统实验应用沉浸式虚拟实验技术更有利于提升教学效果，并筛选出适合实施沉浸式实验教学的内容清单。最后，通过多个学科的教学实践理性分析虚拟现实技术在实验教学中的优势和不足。

（二）沉浸式虚拟实验的资源建设

对标各学科的课程标准，罗列出适合用虚拟现实技术进行沉浸式交互实验的有关实验目录清单。针对这些实验目录清单，开发基于虚拟现实技术的沉浸式交互式创新设计的 VR 课件，针对不同的学科教学内容，整理出对应学科的系列化的 VR 课件资源，并对相关的虚拟现实课件，按照物理科学、工程与设计、生命科学、地球与太空科学、数学、社会科学、地理等学科，进行有序有条理性的分类，以便于进行快速的资源检索。

（三）沉浸式虚拟实验的案例研讨交流

为落实沉浸式虚拟实验课堂教学的实践性研究，需要推进沉浸式虚拟实验活动教学模式设计的研究。因此，我们组建了沉浸式交互式实验教学 VR 课件的制作团队，对教师普遍认为的疑难知识点进行教学研讨与分析，对学生难学的知识点进行相关 VR 课件的创新设计，并不断优化与改进，尝试将 VR 课件的创新设计过程"流程化"。同时，整理 VR 课件设计的方法要点，以便更多的教师掌握 VR 课件的制作过程，让更多的教师参与到沉浸式虚拟实验的教学模式的研究与建构中去。

（四）沉浸式虚拟实验的效果评价研究

通过平行班级开展沉浸式实验教学的对比性的实验研究，以评价沉浸式虚拟实验的教学效果。我们挑选两个学生水平相当的平行班级，分别进行传统课堂实验教学与沉浸式虚拟实验教学，通过对比实验，来分析基于虚拟现实技术沉浸式实验教学在课堂效率上的突出优势。利用 VR 教学课件设计及相关沉浸式教学模式的实施，来验证沉浸式实验教学对高中理科学生课堂深度学习的促进效果。此外，研究相关学生学科素养及知识技能掌握程度的量表，并对学生的学习效果进行有深度的测量与评价。

五、沉浸式实验教学创新的实践应用

学校建成 zSpace Studio 课件制作平台以及 CLASS VR 电子备课系统，以便教师根据实际课件素材设计安排课件场景及课件内容。这些工具可以将外部的 3D 资料导入到备课软件平台上，让教师根据自己的设计思路制作 VR 课件。打造 zSpace Studio 课件设计平台和 CLASS VR 电子备课系统，使得教师可以根据实际的课程需要，设计沉浸式课堂交互的场景及内容，通过 3D 追踪眼镜和手写笔自行操作，可以直接在软件平台的三维空间中设计复杂的模型。借助这些工具，我们也能验证沉浸式实验教学对学生深度学习的促进作用，探索沉浸式实验教学资源建设的成功做法。

对于沉浸式实验教学的合理应用，我们觉得需要注意做好如下几个方面的研究：

（1）确定不同实验在课堂教学中的适切性。针对不同实验内容，采用沉浸式虚拟实验代替传统实验来实施教学，通常会有利于提高课堂效率。但有些传统实验如采用虚拟实验，反而是"化简为繁"，在这种情形下，沉浸式虚拟实验并不一定会有明显的优势。

（2）对照学科课程标准，对更适合采用沉浸式实验教学的实验，进行 VR 虚拟演示课件的设计，制订优化学生沉浸式虚拟分组实验实施方案，实现沉浸式 VR 虚拟实验教学与传统实验的系统化、资源化并高度融合。

（3）根据当前虚拟现实技术在课堂教学中的使用现状，结合高中科学教学的实际需求，针对一些效果不佳的传统实验进行沉浸式 VR 虚拟实验的创新设计，找到行之有效并经实践验证的适合实际的沉浸式实验教学模式。

鉴于目前实验教学中，一些传统的演示实验实际教学效果不佳，学生对实验原理及相关知识掌握程度不够，实验教学没有达到教师预期的效果，以至于学生对实验原理及相关知识了解不够。为此，我们需要遴选一批典型的虚拟仿真创新课堂实验项目案例，探寻利用现代 VR 技术促进高中理科沉浸式深度学习的教学模式，并不断优化改进以达到最优的实验教学效果。特别是针对一些难度较大、耗时较长、现象不明显、有危险性的实验或很难完成的实验，需要梳理出系列化的高中课堂中适合使用沉浸式 VR 教学的实验目录清单。同时，组织力量进行系统化的沉浸式虚拟实验课件资源的建设，依据学科不同特点建构系列化可检索的沉浸式虚拟实验课件资源，最终满足学生对实施沉浸式深度学习的期待，以及教师对教育技术与时俱进的需求。此外，我们基于实际教学需要，创新设计沉浸式 VR 教学课件，优化课堂教学中的沉浸式实验交互的活动方式，探索基于虚拟现实技术沉浸式实验的教学模式和规律，探寻高中沉浸式深度学习的最佳教学模式以及教学资源开发的评价标准、技术规范。

综上所述，虚拟现实技术的出现和日趋成熟，不仅促进了虚拟现实技术的完善与普及，也给课堂教学，尤其是实验教学带来了新的教学方法和技术手段。将虚拟现实引入课堂，可以生动呈现教学场景、教学实验、技能训练等。利用沉浸式实验独特的交互性、沉浸性、多感知性、易操作等优势来展示教学内容，凸显教学重难点与旧知的融合组网，能有效激发学生学习的主动性和创造性，最终促进学生新旧知识的主动建构。基于本项虚拟现实技术沉浸式实验教学创新的研究，积极探索未来学校建设，建构基于物联网、大数据、虚拟现实、人工智能的未来学习场景，推进教学精准分析反馈，解决学生实验体验不足的问题，促成身心发展核心素养的有效提升。

参考文献：

[1] 韦淑敏. 基于 zSpace3D 虚拟现实技术在初中物理教学中的实践举例[J]. 物理通报，2020（S2）：111–113.

[2] 李小燕.VR 技术为"探究种子萌发条件"实验锦上添花[J]. 教育与装备研究，2020，36（07）：81–84.

[3] 宋殿义，张炜，龚佑兴，等. 基于虚拟现实技术的实践教学初探[J]. 高教学刊，2020（20）：114–116.

[4] 唐欢. 虚拟现实技术助力高中生物教学初探[J]. 知识窗（教师版），2020（03）：32.

[5] 张强. 浅谈 VR 技术在高中信息技术教学中的应用[J]. 中学教学参考，2019（18）：19–20.

[6] 陈伟. 基于虚拟现实技术的高中地理教学应用研究[D]. 武汉：湖北大学，2019.

[7] 殷琦. 虚拟现实技术在实验教学中的运用[J]. 新课程（下），2019（03）：114.

[8] 刘瑞淇，刘赟宇，王宝金. 利用 VR 技术开发高中化学实验的教学实践研究[J]. 中国教育信息化，2019（06）：94–96.

[9] 冯博. 高中生物教学中虚拟现实技术的应用分析[J]. 科普童话，2019（07）：96.

[10] 刁玮. 虚拟现实技术在高中生物教学中的应用[J]. 高师理科学刊，2018，38（04）：104–106.

数字资源体系贯通的策略与路径研究

——以四川省智慧教育平台建设为例

◎屈 亮

摘 要 推进教育数字化是当前我国教育发展的战略选择，国家智慧教育公共服务平台是建构我国数字教育生态的重要基座。该文梳理了四川省智慧教育平台建设现状及成效，总结了数字资源体系建构存在的问题，进而提出具有四川特色的解决策略与路径：建立四川省数字教育资源共享库，加强数字教育资源建设统筹，加强智慧教育平台常态化应用，建立平台账号双向认证机制，持续完善智慧教育平台功能。

关 键 词 数字资源；体系贯通；策略路径；智慧教育平台建设

作者简介 屈亮，四川省教育信息化与大数据中心教学资源研究所所长，中级教师。

近年来，党中央围绕教育现代化、数字中国、数字化转型做了一系列重要的战略部署。《"十四五"数字经济发展规划》提出，加快推动文化教育等领域公共服务资源数字化供给和网络化服务，促进优质资源共享复用。在党的二十大报告中，习近平总书记强调要推进教育数字化，建设全民终身学习的学习型社会、学习型大国。习近平总书记在中共中央政治局第五次集体学习时也指出教育数字化是我国开辟教育发展新赛道和塑造教育发展新优势的重要突破口。进一步推进数字教育，为个性化学习、终身学习、扩大优质教育资源覆盖面和教育现代化提供有效支撑。这标志着推进教育数字化已经成为全党全社会高度共识和重要的战略任务，为新时代教育数字化工作指明了前进方向。

2022年4月，教育部办公厅印发《关于开展国家智慧教育平台地方和学校试点工作的通知》，启动了国家智慧教育平台的建设、应用、推广等工作。国家智慧教育平台是实现教育数字化转型的重要基座。国家智慧教育平台以教育需求为主，结合长远发展，为教育教学提供优质的资源服务以及对应的公共服务。国家智慧教育平台作为推进教育数字化战略行动的重要抓手和标志性工程，是教育数字化转型战略部署的"国家队"。本研究聚焦教育数字化转型的现实困境，以四川省智慧教育平台资源建设为例，对数字资源体系贯通的策略与路径进行讨论。

一、四川省智慧教育平台建设现状

因川中丘陵、盆周山区和川西地区的办学条件及教育质量参差不齐，四川省构建优质均衡的基本公共教育服务体系仍面临巨大挑战，区域、城乡、校际教育发展不均衡的问题突出，乡村师资薄弱，能力欠缺，难以为满足"消除薄弱需求、优质资源需求、个性发展需求"提供核心支撑。四川省作为国家智慧教育平台9个整省试点之一，在原"四川省教育资源公共服务平台"基础上，升级建设四川省智慧教育平台，完成与国家平台对接，实现了用户融通；建成基础教育、职业教育、高等教育、大学生就业服务四个平台，建构起"三横三纵"的资源供给格局（以基础教育、职业教育、高等教育三大平台为"三横"，体现全面覆盖；有机融入德育、智育、体美劳育资源为"三纵"，体现五育并举）；汇聚基础教育优质资源 2.1 万余节，高等教育线上虚拟仿真实验教学等一流课程资源 1425 门，职业教育在线精品课资源 212 门；建成川渝资源共享、名校长治校案例、周五选学、川剧文化、非物质文化遗产等四川特色资源；向国家平台提供课程教学、教师研修资源 4200 余节。

四川持续推进以"四川云教"为代表的"三个课堂"建设与应用，已汇聚 44 所优质主播学校，惠及偏远地区 1600 余所薄弱学校。3 万余名教师跟随省内优秀教师同步研修学习，43 万余名学生享受到省内优质教育资源。绵阳、宜宾翠屏区等建成"四川云教"地方特色频道，汇聚地方特色资源 2000 余节。全省成立国家级应用推广专家团队 3 个、省级包片指导专家团队 7 个，开展各类应用培训 30 余场次，大力推广智慧教育平台在全省各级各类学校应用。四川省师生访问国家平台达到 2.3 亿人次，访问 2150 万人次；四川智慧教育平台访问总量 2000 万人次。

二、四川省各地智慧教育平台应用现状

四川各市、州通过基础建设、政策引导、资源汇聚等，推进国家智慧教育平台的建设应用，取得显著成效。

绵阳市通过引进、自建和共享三种方式，不断更新和汇聚优质学科数字教学资源，因地制宜建构专题教育资源体系，拓展本地特色资源，开发多种学生课程、家长课程、教师课程和特色课程。

自贡市按照"三横三纵"架构升级自贡市中小学智慧教育平台，建设课后服务、教师研修、家庭教育、名师工作室、教研协助、继续教育等本地特色应用，汇聚市级校园影视、中小学精品课、课堂教学大比武、思政微课，购买第三方学科资源服务，基本覆盖本市小初高主要学科及版本。

泸州市以建设国家智慧城市为契机，将教育信息化有效融入"互联网+"和"智慧城市"整体发展战略中，结合泸州市教育信息化本地建设情况，依托国家、省级教育公共信息服务平台，市级"酒城e通"等平台能力，利用大数据着力打造"1+1+1+N"的多端一体化智慧教育服务体系。

宜宾市制订学科资源开发建设实施方案，开展信息化平台分享自创教育教学资源的认定工作，以本市现行使用教材版本为依据，梳理各年级、各学科的知识点体系，开发建设各年级各学科双册资源。全市有 4 个区县也先后部署了县级教育资源平台，主要集成了数字教育资源、专递课堂互动、教学空间等功能及应用。

南充市 2022 年上线试运行南充市智慧教育平台，编写南充市智慧教育平台应用服务接入接口、管理流程和资源审核管理办法，组织优质教育教学资源征集活动，开展市级教学资源建设，现有网络研修、精品课、心理健康、教材教法等市级资源。

眉山市尚未建设市级智慧教育平台，利用国家、省级平台开展教育教学应用服务，印发了《眉山市开展国家和省级智慧教育平台常态化应用的实施方案》，在全市每个区县遴选基础环境和应用推广效果好的小学、初中、高中学校各 1 所，示范引领并开展应用指导。

达州 2016 年建设了达州市教育资源公共服务平台，主要包括资源中心、数据中心、课程资源、专题资源、名师工作室、名校网络课堂、校本资源库等应用服务。近 3 年印发了激励和规范分享自创教育教学资源的政策文件，建设本地资源 2 万余节，基本覆盖本市小初高主要学科。

甘孜藏族自治州现已建成集资源应用、教育教学管理、教学活动开展、远程网络教学等 9 大

模块的中小学智慧教育平台，开通师生网络学习空间 9 万余个，开通校级网络学习空间 605 个，建设名师名校长工作室 81 个。甘孜平台自建本地初中直播课堂教学资源 840 节，自建三语课堂和五省藏区统编课程等特色资源 5501 节。

三、数字资源体系建构问题分析

（一）资源建设经费投入不足

根据省、市、县调研数据分析，省级平台无资源建设经费，主要通过竞赛活动和专项工作方式汇聚。市、县两级平台资源分别有 61.54%、85.71% 为教师自建，30%、14.29% 由财政经费支持教师建设。市级平台目前只有泸州、达州、甘孜藏族自治州有专项经费购买企业资源服务，数字资源建设速度和更新速度较低。同时各级平台资源主要为微课、课堂实录、课件等，缺少教学设计、习题作业、数字教材等资源；功能主要以资源浏览下载为主，缺乏备授课、测评、评价等工具，不能很好地满足教学需求。

（二）课程资源覆盖率不足

省平台数字资源 21040 个，课程知识点覆盖率为 40.99%，主要集中在统编版的语、数、英学科，缺乏物、化、音、体、美、德育等学科和北师大、地方课程等教程的配套资源。市、县平台由于统计分析功能不足，无法准确提供资源覆盖课时情况。绵阳平台同一章节资源重复建设的情况大量存在。

（三）资源推送缺乏准确性

当前，仅省平台课程资源完整标识了学段、学科、版本、年级、章、节、课时、资源数量等信息，其他平台均需要完善资源标识数据信息，这对资源推送的准确性造成了负面影响。从市级平台调研数据分析，绵阳平台资源标识无课时信息，泸州平台、宜宾平台只提供了资源的学段、学科、版本、资源总数等信息，达州平台、甘孜藏族自治州平台只提供了资源的学科、总数等信息，自贡平台、南充平台提供的是专题资源，无课时信息。

（四）资源共享机制不健全

目前全省各级资源平台均独立建设，没有建立平台间资源共享机制，统筹开展资源建设的模式尚未形成。市级平台只有绵阳、泸州、南充、达州、甘孜藏族自治州平台具备接入第三方应用的接口和管理流程。市、县平台只具备基础的资源使用和用户行为数据统计功能，并且除甘孜藏族自治州平台外的其他平台均无数据交换接口。

（五）服务队伍不足

应用推广专家团队数量不足，目前 3 个国家级团队、7 个省级团队组织各类培训 30 余次，无法常态化并有计划地开展指导工作；部分市、县未建立本区域应用推广团队。平台管理员队伍不稳定，部分区、县和学校无固定的平台管理员，且管理员对平台使用不熟悉，无法有效解决教师的日常问题。平台也未建立应用评价激励机制，目前主要对资源建设教师进行了行政奖励，只有绵阳市出台了对资源应用的激励政策。

四、数字资源体系构建的策略路径

（一）建立四川省数字教育资源共享库

依据《智慧教育平台数字教育资源技术要求》《数字教育资源基础分类代码》等标准，按照学段、学科、版本、年级、章节、课时、资源对共享资源进行编目，汇聚教学设计、教学教案、教学课件、教学素材、电子教材等。四川省教育信息化与大数据中心发布《四川智慧教育平台数字教育资源内容审核实施办法（试行）》，制定了数字资源审核标准，形成初审、复审、上线审核三级审核流程，对各级平台提供的共享资源进行审核，并按流程进行上线。《四川智慧教育平台数字教育应用软件审核管理办法（试行）》规定对社会和企业提供的应用进行内容安全审核，根据各地实际需求上线后为区域内学校师生提供服务。

（二）加强数字教育资源统筹建设

根据"四川省数字教育资源共享库"的资源建设和应用情况，组织有条件和意愿的地区，分区域有计划开发数字教育资源，提高学科资源和地方教材配套资源的数量。加强各级平台数字资源经费保障，激励学校、教师参与优质数字资源建设，支持购买、使用符合条件的社会化、市场化优质在线课程资源。组织开展"教师假期研修活动""课后服务试点""作业设计大赛"等活动，上线精品课等学科资源，汇聚中小学班主任和思政课教师教学基本功展示交流等专题资源。

（三）加强智慧教育平台常态化应用

在国家级、省级专家团队基础上，建立平台管理员、资源审核员、应用推广讲师三支智慧教育平台服务体系队伍。鼓励各地分级建立平台服务体系队伍，加强智慧平台应用服务保障能力。开展全省数字资源体系贯通路径调研，有针对性地开展培训。完善制度平台资源应用评价机制，将资源应用情况纳入教师培训学分登记范围，推动各地将平台应用纳入教师继续教育管理体系，激活教师应用平台开展教学的动力。

（四）建立平台账号双向认证机制

利用国家"智教中国通行证"的技术规范，省、市、县级平台账号通过四川省教育大数据平台的"基础数据共享库"进行用户校验，完成账号双向认证，实现全省师生一个账号即可在所有平台登录，并获得授权使用四川省数字教育资源共享库中的各类数字教育资源。

（五）持续完善智慧教育平台功能

按照《智慧教育平台基本功能要求》《直播类在线教学平台安全保障要求》等行业标准，完善省级平台功能，试点接入资源备授课工具，丰富智慧平台应用场景。指导市、县平台升级改造，

尽快与国家级、省级平台对接。推动市、县平台部署统一的运行监测插件，加强资源使用和用户行为数据统计功能，根据数据反馈有针对性地进行功能升级和资源建设。

通过以上构建策略和路径，贯通数字资源体系，完善智慧教育平台建设，为中小学生提供精准、普适且均衡的教育资源与教育机会，为中小学教师提供优质丰富的教学资源。

参考文献：

[1] 国务院.国务院关于印发"十四五"数字经济发展规划的通知[J].中华人民共和国国务院公报，2022（03）：5-18.

[2] 习近平.高举中国特色社会主义伟大旗帜为全面建设社会主义现代化国家而团结奋斗——在中国共产党第二十次全国代表大会上的报告[J].中华人民共和国国务院公报，2022（30）：4-27.

[3] 新华社.习近平在中共中央政治局第五次集体学习时强调加快建设教育强国为中华民族伟大复兴提供有力支撑[J].旗帜，2023（06）：8-9.

[4] 柯清超，刘丽丽，鲍婷婷，等.国家智慧教育平台赋能区域教育数字化转型的四重机制[J].中国电化教育，2023（03）：30-36.

[5] 雷朝滋.抓住数字转型机遇 构建智慧教育新生态[J].中国远程教育（综合版），2022（11）：1-5，74.

[6] 徐碧波，裴沁雪，陈卓，等.国家中小学智慧教育平台推进基础教育数字化转型的现实意义与优化方向[J].中国电化教育，2023（02）：74-80.

[7] 冯建军.义务教育优质均衡发展的理论研究[J].全球教育展望，2013，42（01）：84-94，61.

[8] 任友群，杨晓哲.新时代乡村教育的强师之路[J].中国电化教育，2022，（07）：1-6，15.

零件博物馆融入 STEAM 教育，促进幼儿综合能力发展

◎苏萍娟

摘　要 幼儿园创设零件博物馆，并融入 STEAM 教育来全面促进幼儿的综合能力发展。文章首先介绍了 STEAM 教育的核心理念及其对幼儿教育的意义，随后详细描述了零件博物馆如何作为一个实践平台，帮助幼儿在科学、技术、工程、艺术和数学等领域实现全面发展。研究发现，STEAM 教育能够激发幼儿的学习兴趣，提高他们的动手能力、创新思维和团队协作能力，进而促进他们在语言、数学逻辑、科学探索、空间、艺术等多元智能领域的发展。零件博物馆的创设和 STEAM 教育的实施能够有效促进幼儿的综合能力发展，提高其学习兴趣和创新能力。

关键词 STEAM 教育；综合能力；零件博物馆；幼儿教育

作者简介 苏萍娟，江苏省无锡市梁溪区崇安中心幼儿园世茂园副园长，一级教师。

随着教育理念的不断更新，越来越多的教育者开始关注幼儿综合能力的培养。STEAM 教育作为一种新兴的教育模式，强调科学、技术、工程、艺术和数学等多个领域的融合，是跨学科的学习与实践，对于促进幼儿综合能力发展具有重要意义。而零件博物馆作为一种集科学、技术、工程和艺术于一体的教育资源，为幼儿园实施 STEAM 教育提供了良好的平台。幼儿园创设零件博物馆，全面融入 STEAM 教育，高效助力幼儿在科学、技术、工程、艺术和数学等多个领域实现全面综合发展。

一、STEAM 教育的核心理念及其对幼儿教育的意义

STEAM 教育强调科学（Science）、技术（Technology）、工程（Engineering）、艺术（Arts）和数学（Mathematics）的跨学科整合，注重培养幼儿的创新能力和实践能力，让幼儿在活动中获得多元的智能发展，从而培养综合性、复合型人才。对于幼儿教育而言，STEAM 教育不仅有助于激发幼儿的好奇心和探索欲望，还能促进他们在各个领域综合均衡发展。

幼儿正处于好奇心旺盛、探索欲望强烈的阶段。STEAM 教育正好满足了幼儿的这一需求，通过一系列有趣而富有挑战性的活动，引导幼儿们主动探索、发现和学习。在这个过程中，孩子们不仅能够在各个领域获得均衡发展，还能培养出独立思考、解决问题的能力，为他们未来的成长打下坚实的基础。

此外，STEAM 教育还强调团队合作和沟通能力的培养。在解决问题的过程中，孩子们需要与他人合作、交流想法、分享经验，从而不断提升自己的社交能力。这种能力的培养对于孩子们未来的学习和生活都具有重要的意义。

二、零件博物馆——STEAM 教育的实践乐园

零件博物馆汇聚了丰富多样的机械零件和材料，为 STEAM 教育提供了一个绝佳的实践平台。在零件博物馆中，孩子们可以自由地观察、操作和实验。他们可以通过亲手触摸、拆卸、组装零件，了解各种机械的工作原理和结构特点。他们还可以利用零件和材料进行创新设计，制作出属于自己的小发明。孩子们可以通过团队合作，共同完成一个复杂的机械装置，体验团队协作的力量，还可以通过参加科技竞赛，展示自己的才华和成果，获得成就感和自信心。这些活动不仅激发了孩子们对科技的兴趣和热爱，还锻炼了他们的动手能力和创新思维。

零件博物馆为孩子们提供了一个实践与理论相结合的学习环境。在这里，孩子们可以将课堂上学到的理论知识应用到实际操作中，通过亲身实践来巩固和拓展所学知识。这种学习方式不仅增强了孩子们的学习效果，还培养了他们的实践能力和创新精神，培养了解决问题的能力，促进了多元的智能发展。

零件博物馆作为 STEAM 教育的实践平台，为孩子们提供了一个充满乐趣和挑战的学习环境。在这里，孩子们可以充分发挥自己的想象力和创造力，实现自我价值的提升。同时，这也是一个培养孩子们综合素质和综合能力的重要场所，为他们的未来发展奠定了坚实的基础。

三、STEAM 教育在零件博物馆中的实践应用

STEAM 教育通过有趣的主题和项目活动，激发幼儿的好奇心和探索欲望。在零件博物馆这样的实践场所中，幼儿可以亲身参与到各种科学实验和工程项目中，感受学习的乐趣和实用性。这种主动学习的方式有助于培养他们的学习兴趣和动力，为后续学习奠定坚实的基础。

（一）激发幼儿学习兴趣

STEAM 教育通过其独特的方式，有效地激发了幼儿对学习的浓厚兴趣。在零件博物馆这样的实践场所中，幼儿不再是被动的知识接收者，而是主动探索者。他们亲手操作、亲身体验，从每一个科学实验和工程项目中，感受到学习的乐趣和实用性。

STEAM 教育与零件博物馆的结合，让幼儿在玩耍中学习，在游戏中成长。他们通过实践，逐步掌握科学原理，理解技术应用，培养工程思维，发挥艺术创造力，提高数学逻辑。这种综合性的学习体验，不仅让幼儿对学习产生了浓厚的兴趣，更为他们后续的学习奠定了坚实的基础。比如，在零件博物馆的展示区，形态各异、功能丰富的机器人引起了孩子们的关注。他们好奇地观察着每一个机器人的动作，惊叹于它们扫地、巡查、变形的神奇功能。这些机器人不仅激发了孩子们对科技的热爱，更让他们开始思考怎样才能创造出这么神奇的机器人。

STEAM 教育正是通过这样有趣的主题和项目活动，引导幼儿走进科学的殿堂，探索未知的世界。它让幼儿在快乐中学习，在探索中成长，为他们的未来打开了无限可能的大门。

（二）提高幼儿动手能力

在 STEAM 教育的熏陶下，幼儿们不再满足于书本上的知识，而是渴望通过亲自动手，去感知、去创造。这种教育理念鼓励幼儿们积极参与，通过亲手操作和实践，去探索和发现世界的奥秘。

在零件博物馆这一实践场所中，幼儿们自己动手完成从选择零件、设计结构，到最后的组装的每一个步骤，充分展示自己的动手能力和创造力。以组装扫地机器人为例，幼儿们首先结合所学的知识，思考如何组装机器人。然后通过不断尝试、不断实验，完成作品。在这一过程中，他

们遇到困难也不气馁，而是耐心地寻找原因。胶枪的使用、电池的组装、零件的拼接，每一个环节都锻炼了孩子们的动手能力。他们通过一次次的更改、实验、提升，不仅掌握了更多的技能，还培养了耐心和细心。

这种学习方式，让幼儿们在动手中感受到了学习的乐趣和成就感。他们不再害怕困难，而是敢于挑战、敢于创新。这种精神将伴随他们成长，为未来的学习和生活奠定坚实的基础。因此，STEAM教育不仅提高了幼儿们的动手能力，还培养了他们的探索精神和创新精神。这种教育方式让每一个幼儿都能在快乐的氛围中成长，展现出自己的无限潜力。

（三）培养幼儿创新思维

STEAM教育能激发幼儿的创新思维与实践能力。在零件博物馆中，幼儿们得以尽情挥洒自己的想象力，设计出独一无二的作品。

在零件博物馆的"茂茂星球"展示区中，孩子们学习了宇宙的相关知识，了解了不同星球的特性，并开始构思自己心目中的星球形象。他们化身设计师，发挥想象力，用各种各样的材料制作星球模型。在孩子们的巧手下，面包星球、风车星球、飞碟一号等别具一格的星球逐一亮相，它们或梦幻或奇特或充满科技感，都是孩子们创新思维的完美体现。

在这个过程中，幼儿们不仅锻炼了动手能力，更学会了如何解决问题。他们在制作和修改中不断探索、不断尝试，逐渐掌握了创新的方法和技巧。这种亲身体验的学习方式，让他们深刻体会到了创新的乐趣和价值。所以，STEAM教育在培养幼儿创新思维方面发挥着举足轻重的作用。它鼓励孩子们敢于想象、敢于创造，让他们在快乐的氛围中不断发掘自己的潜力，为未来的学习和生活做好充分的准备。

（四）促进团队协作能力

在STEAM教育中，幼儿需要与他人合作完成各种任务和项目。这样的过程有助于培养他们的团队协作能力和沟通能力。在零件博物馆中，幼儿可以与其他小朋友一起合作完成作品，学会倾听他人的意见、尊重他人的想法，从而提升自己的团队协作能力。在零件博物馆100个机器人计划展示区中，孩子们需要商讨如何划分展示区，每个展区又展示什么类型的机器人。孩子们围绕这几个问题进行商讨，最后决定分成三个区域：纸盒机器人、塑料机器人、零件机器人。根据这三个主题，孩子们分为不同的小组，合作完成机器人的制作。在制作过程中，孩子们分工合作，有的负责设计，有的负责找材料，有的则重点负责组装。最后各小组根据不同分工，各自完成了展示区。在整个活动中，孩子们学会了团队合作，培养了协作能力，同时学会了发表自己的意见和建议，也愿意倾听别人的想法，提高了沟通水平。

（五）促进幼儿的多元智能发展

1. 语言智能的发展

在零件博物馆的STEAM教育项目实施时，孩子需要与他人进行交流和沟通以完成任务。这一过程锻炼了他们的语言表达能力和沟通技巧。例如，在零件拼装项目中，幼儿需要描述自己的想法和意图以便与他人合作完成作品；同时他们也需要倾听他人的意见和建议来不断完善自己的作品。通过这些互动，幼儿的语言表达能力得到了锻炼，沟通技巧也得到了提升，他们的语言智能在不知不觉中得到了发展。

2. 数学逻辑智能的发展

STEAM教育强调跨学科整合和应用实践。在零件博物馆中，幼儿可以通过各种科学实验和工程项目来学习数学概念和原理。例如，在测量零件尺寸的过程中，幼儿可以学习到长度、宽度和高度等基本概念，还可以学习基本的测量方法和测量工具的使用；在拼装零件的过程中，幼儿可以学习到形状、颜色和数量等基本概念。这些活动不仅让幼儿在实践中学习了数学知识，还锻炼了他们的逻辑思维和解决问题的能力，促进了数学逻辑智能的发展。

3. 科学探索智能的发展

STEAM 教育鼓励幼儿通过观察和实践来探索世界。在科学认知方面，幼儿可以通过对零件的功能和用途的探索，培养科学思维和解决问题的能力。例如，在零件博物馆中，幼儿可以接触到各种形状和材质的零件，通过观察和实验，了解它们的结构、功能和用途。这种亲身参与和探索的过程能够激发幼儿的好奇心和求知欲，提高他们的科学探索能力。再如，在进行一项关于零件导电性的实验时，孩子们使用各种材料制作简单的电路，并尝试将不同的零件连接到电路中，观察它们是否能导电。幼儿通过观察和实验，探索了零件导电性的奥秘，培养了科学思维和解决问题的能力。这一活动激发了幼儿们对科学的好奇心，提高了他们的科学探索能力。

4. 空间智能的发展

在零件博物馆中，幼儿可以通过观察和操作各种零件来培养自己的空间感知能力。例如，在拼装三维模型的过程中，幼儿需要理解各个部件之间的空间关系和结构特点以便正确组装；在绘制图纸的过程中，幼儿需要掌握透视和比例等基本概念以便准确表达自己的想法。这些活动都有助于提高幼儿的空间智能水平。

5. 艺术智能的发展

尽管零件博物馆主要侧重于科学和工程领域，但它同样可以间接促进幼儿艺术智能的发展。在 STEAM 教育活动中，幼儿可以通过涂色、装饰等方式将自己的作品打扮得更加美观有趣。幼儿还可能会接触到与声音、节奏、旋律相关的项目或实验。这种艺术表达的过程不仅能够培养幼儿的审美能力和创造力，还能够让他们更好地表达自己的情感和想法。例如，在零件博物馆

的艺术创作区，孩子们用彩笔为零件涂上鲜艳的颜色，用贴纸和彩带进行装饰，使作品变得更加生动有趣。幼儿在装饰过程中展现出了丰富的想象力和创造力。他们不仅为零件涂上了美丽的颜色，还设计了一些独特的装饰图案，让作品更具个性。这一活动不仅让孩子们的审美能力得到了提升，还帮助他们更好地表达了自己的情感和想法，促进了艺术智能的全面发展。

四、结语

幼儿园创设零件博物馆并融入 STEAM 教育能够有效提升幼儿的综合能力发展，通过整合科学、技术、工程、艺术和数学等多个领域的知识和技能，运用 STEAM 教育全面激发幼儿的学习兴趣，提高他们的动手能力、创新思维和团队协作能力，以及促进语言、数学逻辑、空间、艺术等多元智能领域的全面综合发展。STEAM 教育对于促进幼儿综合能力发展具有积极的影响。幼儿园还可以与社区和企业合作，共同建设和管理零件博物馆，通过引入更多的资源和支持，丰富博物馆的展品和活动内容，提高其对幼儿的吸引力和教育价值。同时，也可以借助社区和企业的力量，为幼儿园提供更多的教育资源及支持。

参考文献：

[1] 程龑, 曹冰心, 王梦露. 用多学科思维助力博物馆教育——以博物馆 STEAM 课程开展为案例的思考 [J]. 博物馆管理, 2022 (01): 61-71.

[2] 林红娟. STEAM 教育理念下幼儿园建构活动的实施探究——以福州市 A 幼儿园为例 [D]. 福州：福建师范大学, 2021.

[3] 陈玲, 陈丽凤, 宁美玲, 等. STEAM 教育模式特征及其在幼儿教学中的实施路径 [J]. 江西科学, 2023, 41 (03): 607-613.

学习共同体：走向小学数学深度学习的重要路径

◎ 王德兵

摘　　要 为使每个人都能获得适应未来的生存能力，学校教育必须使学生经历"真实性学习"。"深度学习"是"真实性学习"的范式之一，建构学习共同体是开展深度学习的重要途径。本文在理解、辨析相关概念的基础上，探究建构学习共同体的策略，即通过培养学生的共同愿景、明确学习任务、设计问题等策略，建构学习共同体，促进小学数学深度学习，为培养更多具有创新精神和实践能力的人才做出贡献。

关 键 词 学习共同体；小学数学；深度学习

作者简介 王德兵，江苏省盱眙县穆店中心小学校长，高级教师。

我们正处于急剧变化的时代，面对不断发展的社会，每个人都必须通过教育获得适应未来的生存能力——广博的知识、灵动的思维和智慧地解决课题的能力。这是当前世界各国界定核心素养的共同追求，这就意味着当前乃至未来学校教育的办学目标必须锚定"真实性学力"，而"真实性学力"又必须通过"真实性学习"来达成。"深度学习"就是"真实性学习"的范式之一。

深度学习与学习共同体是密切相关的，建构学习共同体是落实深度学习理念的重要途径。

一、深度学习的概念与意义

教育领域深度学习的概念是由弗伦斯·马顿和罗杰·萨尔乔提出的。"深度学习"相对于"浅层学习"，是指学习者能动地寻求意义与知识、经验的链接，旨在培育囊括了认知性、伦理性、社会性能力，以及教养、知识、体验在内的通用能力。发现学习、问题解决学习、体验学习、调查学习等都属于深度学习的范畴。

深度学习是一种符合时代要求的教育新理念，对培养学生的学科核心素养，发展素质教育，实现义务教育阶段培养目标有着重要意义。

（一）有利于建构学习意义

在小学数学学习中，教学的重要任务是帮助学生建构学习的意义，包括引导学生意识到学习数学必须将教材上的知识点转化为个人的知识，进而发展个人的数学素养。实施深度学习，让学生养成在学习中自主成长的习惯和意识，不断地强化学习的意义，明晰学习数学的目标。

（二）有利于提升思维品质

数学是思维的体操，思维也影响数学学习的质量。思维包括低阶思维和高阶思维，高阶思维让学生通过主动分析、归纳、总结等方式探究数学知识的具体内容与运用情境的联系，并习惯基于证据不断探究，得出结论，进而对知识的学习达到一定的深度和广度，使深度学习的过程与高阶思维指导下的学习过程相适应，所以说，深度学习是能够促进学生思维品质发展的。

（三）有利于培养核心素养

新课标强调核心素养。核心素养主要包括正

确价值观、必备品格和关键能力，其中关键能力主要由三种素养构成：交互运用工具的能力，在异质团队中交流的能力，自律地进行活动的能力。而深度学习的实施，特别是通过学习共同体来落实深度学习，对关键能力的形成有着重要意义。

二、学习共同体的概念与作用

实现深度学习，建构学习共同体是重要途径之一。

学习共同体由学习者（学生）以及助学者（教师、家长）构成，是指以共同愿景、价值观及情感等为基础，以教师的智慧设计为支持，以学生群体的互助能动为动力，以促进学生全面发展为导向，以完成共同的学习任务为载体，借助自主、互动、沟通、交流、协同、分享等方式达到相互影响、相互促进、共同成长的目的的一种学习组织。

学习共同体的构建有利于提高课堂效率。建构学习共同体的过程与引导学生经历真实性学习是一致的，通过学习共同体实施深度学习，对学习成果有着决定性作用。

学习共同体的构建有利于强化学生的主体地位。在学习共同体背景下，学生主动获取信息、主动探究，师生之间、生生之间的信息交流平等且自然，以学生主动发问为主，可以较为充分地体现学生的主体地位。

学习共同体的构建能够充分发挥教师的主导作用。教师通过设计任务单等方式组织、引导学生发现问题、提出问题、分析问题，进而解决问题，教师自然成为学习的组织者、引导者与合作者。

学习共同体的构建可以有效改变学生被动学习的情况，有效提升学生学习的积极性。

三、学习共同体的误区

建构学习共同体，在操作过程中容易存在以下四类误区：

（一）与"小组合作"混淆

两者的共同点：都是学生的学习团队。不同点："小组合作"安排组长，追求小组内的一体化或组际的一体化，有优生、中等生、学困生的区别。学习共同体是没有等级的，组合时没有刻意搭配，学生之间是平等的关系。

（二）仅仅改变座位

学习共同体座位形式的编排，是基于学生合作、讨论、交流的需要。但建构学习共同体不仅仅是调换座位，更重要的是学生伙伴关系的建立。如果没有平等合作的伙伴关系的建立，没有讨论交流的发生，座位不管怎么变，都是没有意义的。至于共同体座位编排是秧田式，还是"U"形式，或是圆桌式，可以在实践中进行研究和调整。

（三）教学任务难以完成

在学习共同体实施初期，由于多采取合作、讨论等比较耗费时间、又难以掌控的学习方式，会导致教学任务无法及时完成。但这是正常的现象，主要原因在于师生对规则不熟悉，模式操作不熟练，准备不充分，对讨论时间把握不精准等。当师生熟悉了共同体学习的规则，在共同学习前做好相对充分的准备，适应了多样化学习方式后，学习共同体的学习效果和对学生素养可持续发展的特征会逐渐显现。

（四）积极性难以保持

随着对共同体学习方式的新奇感逐渐消减，共同体学习任务难度的增加，学习共同体的学习历程不会永远一帆风顺、新颖有趣。在参与共同体学习的热情到达顶峰后，学生共同完成集体学习任务的积极性会慢慢降低。学习不能仅凭热情或激情维持长久。因此，教师需要凭借教学智慧调动和保持学生学习的兴趣，比如，关注每一个学生的点滴进步，以进一步激发参与的兴趣。判断一堂课成功的标准，不是教师的精彩表演，而是学生的"真学"，以评价方式的转变激发学生的学习积极性，保障每个学生学习的权利，让每个学生参与到学习中，而非追求每一节课的热热闹闹或是每一个细节的全体参与。

四、学习共同体的构建

（一）培养共同愿景，以共同价值观夯实共同学习的基础

巴恩斯说，在真正的"学习共同体"中拥有各式各样背景的个体集中在一起，每个人为自己与集体的"学习"而相互协作。而将这些个体凝聚到一起的必然是共同的愿景、情感和正确的价值观。因此，培养学生共同的愿景、情感和正确的价值观必须始终贯穿在学习过程中。

（二）明确学习任务，以学习清单组织学生参与共同学习

以学习共同体的方式开展学习，通过学习单的方式明确活动任务、活动要求，可以使每个学生都能清楚共同学习的任务是什么，让学生在问题的引导下，参与有效的共同学习，避免出现形式化的学习共同体。所以在具体的教学中，教师需要围绕大概念，结合学习目标及学习内容制订合理的阶段学习任务，并让学生通过自主、互动、沟通、交流等方式完成学习任务。

（三）设计问题，以挑战性问题支持学生开展共同学习

学习共同体是以教师的智慧设计为支持的，其中设计具有挑战性的问题是重要内容之一，对于激发学生共同学习的积极性也有重要作用。所以教师在教学过程中可以结合学生的认知特点和规律，合理地设计问题情境，使学生能够发现并提出问题；合理地设计问题的难度和坡度，使其对学生个体有挑战，又能通过共同学习得以解决，而且解决的过程不会太顺利；在设计问题情境时需要考虑问题是否具有开放性，情境是否贴合现实，是否有规律可循的思路、方法能够引导

学生进行思考和探究，并借用团队的智慧和力量攻克难题。

（四）采取多种方式，以达成相互影响、促进、共同成长的目的

学习共同体是借助自主、互动、沟通、交流、协同、分享等多种学习方式达到相互影响、相互促进、共同成长目的的一种学习组织。在共同学习的过程中根据学习内容与目标，选择多种适合的学习方式进行组合，不拘泥于某一种或几种固化的学习方式，注重学生间的倾听和互学，以形成协同的学习关系，帮助他们顺利地完成任务、解决问题，达成深度学习、素养提升的目的。

建构学习共同体对于促进数学深度学习具有显著的影响和意义。通过创设积极的学习氛围，鼓励学生之间的合作与交流，引入多元化的教学方法和技术，我们可以有效地提升学生的学习参与度，深化对数学知识的理解和应用。展望未来，随着教育技术的不断进步和学习理念的更新，学习共同体的构建将面临更多的机遇和挑战。继续深入研究，进一步探讨如何在学习共同体中融入更多的创新元素和实践案例，以更好地激发学生的学习兴趣和动力，更科学地推进深度学习的实施，为培养更多具有创新精神和实践能力的人才做出贡献。

参考文献：

[1]佐藤学.学校的挑战：创建学习共同体[M].钟启泉，译.上海：华东师范大学出版社，2010：15-22.

[2]钟启泉.深度学习[M].上海：华东师范大学出版社，2021：23-28.

[3]许荣桓.深度学习视角下小学数学课堂中学习共同体的构建策略[J].考试周刊，2021，（53）：85-86.